古典中国的侧面

文木 著

中国工人出版社

献给我的母亲!

自序

自史记年代开始计，中国逾5000年；

自考古确定年代计，中国逾4000年；

自有可查文献记载，中国逾3000年。

而无论5000年、4000年还是3000年，中国都堪称奇迹，并且是一个绝无仅有的人类奇迹——细想无论5000年，或是3000年来，中国还是那个中国（欣欣向荣），世界却早已经不是那个世界（物是人非）。仅此一点，中国就足以自豪！

埃及的金字塔、巴比伦的空中花园、希腊的阿尔忒弥斯神殿固然壮观，中国的秦直道、隋运河、明大典也不遑多让，于人世间而言，似乎更有意义。何况，中国还有长城、含元殿以及大报恩寺琉璃塔。可以说，没有中国的世界史将残缺不全，将失去最光辉的篇章，现代文明或许还在等待黎明！这不是坐井观天、妄自尊大，而是——中国着实是人类历史上最伟大的国家之一。

遗憾的是，在大多数的时候，国人眼中所见唯有伟大，而有意无意间都忽略了代价。数千年来，中国之意虽不曾改变，但夏商周、秦汉晋、隋唐宋、元明清，一次又一次改朝换代的代价触目惊心，如周代商时“血流漂杵”之惨状何止一例？甚至及至文明之20世纪，依然发生“伏尸百万”之内战悲剧，不可不谓民族之痛！

于是，始皇帝希冀“一世、二世、三世……直至万世”，其实不无意义——

在此，且不言王朝更迭之时所造成的露骨于野、饿殍遍地、鸡犬不留之悲惨景象，仅阿房宫、未央宫、大明宫3大恢宏的中国古建筑群被人为破坏、烧毁就让人痛惜不已。可惜，始皇帝虽有“万世之心”，却无“万世之法”——当他只是听说金陵有王者气之时，就阻断了那里的龙脉，却也未能改变秦王朝的悲剧命运，在建立仅15年之后即以一种非常不体面的方式匆匆告别了历史舞台，成为中国历史上历时最短的大一统王朝；而隋王朝呢，居然再次以同样一种近乎悲剧的方式结束了其短暂的统治，给后人留下无穷的叹息。史料显示，秦、隋两朝的开国君主都为一代英主、不世出之英雄——秦始皇被后世誉为“千古一帝”，隋文帝被时人许为“圣人可汗”。他们都名列“影响人类历史进程的100人”名单，奈何亲手创建之王朝均二世而亡、倏尔即逝？

至汉、唐两代，国祚稍久，都给后世留下无数璀璨的荣光与美丽的记忆，甚至成为民族的代名词，孰料差点中道夭折，黄巾起义、安史之乱对中国所造成的破坏影响至今。宋、明两朝可称道者也不少，尤其是宋朝，陈寅恪先生认为：“华夏民族之文化，历数千载之演进，而造极于赵宋之世。”谁知北宋皇帝被俘，南宋皇帝投海。明朝呢，结局也不比两宋好，末代皇帝在自杀之前，挥剑砍断女儿长平公主左臂，然后在一棵歪脖子树上自缢身亡。元、清两朝曾经傲睨天下，其中元朝是第一个南下入主中原、一统中国的少数民族王朝，清朝也建立了占据大半个东亚地区的庞大帝国，结果是元朝皇帝仓皇北逃，清朝太后则被零落的几声枪响吓着，慌忙带着末代小皇帝黯然下野。

元人张养浩云：“兴，百姓苦；亡，百姓苦。”在《二十四史》的字里行间，流淌着的是无数同胞的血泪。如何“为万世开太平”？宋人张横渠先生的个人心愿，何时才能成为天下有识之士，尤其是政治家们的共同理想？

历史，不是过去的事，不能沦为茶余饭后的谈资，而应该“鉴于往事，有资于治道”，一如唐太宗所云：“以史为镜，可以知兴替”。何其有幸！中国有着世界上最为悠久的历史和最为丰富的史籍，可供参考与学习的历史经验不胜枚举——

如治理问题，两汉时期，州郡官员多具“吏”与“师”双重功能。前者维护以法令为中心的政治秩序，后者建设以教化为目的的文化秩序，太史公称“循吏”，“奉职循理”是也。他们不仅致力于改善人民的经济生活（富民），而且也积极主动地改进人民的文化与社会生活（育民），把礼仪仁义和忠孝诚信的人文精神逐步注入民间，不断提高了中国传统价值观的影响力和影响范围，扩大了中国文化的版图。是故，余英时先生不无景仰地说：“汉代循吏在中国文化史的长远影响是不容低估的。宋、明的新儒家在义理的造诣方面自然远超汉儒。但是一旦为治民之官，他们仍不得不奉汉代的循吏为最高准则。”

又如治道，汉、唐两世一直为后世追慕，尤其西汉“文景之治”（前180－前141）与唐代“贞观之治”（626－649），可谓中国治世的典范。因何？不与民争、宽刑简政、薄赋轻徭、无为而治——16字而已。更重要的是，以这16字为核心，黄老思想将人置于万物中至高无上的地位。一如《太平经》云：“人者，乃中和凡物之长也，而尊且贵，与天地相似。”从这个意义上讲，道家可谓一种纯粹的人本主义哲学，真正强调以人为本，因而在漫长的中国历史中为无数国人所喜欢。它的清静无为、修道成仙的特质，使现世的人求得了生命的静谧和人生的圆满，以至上自帝王将相，下至贩夫走卒，特别是文人士大夫，都对它如醉如痴、顶礼膜拜。未来，道家如果与当下流行世界的绿色主义、环保意识以及“两山理论”等先进思想结合，谁说不能再次成为盛世的基础呢？若如此不仅将帮助求得人之圆满，也将保护自然及社会的和谐，及至世界大同。事实上，令今人倾慕不已、长思梦回的汉唐两代即是道家思想浇灌的繁盛之花——统一、包容、开明、开放，既善于从历代兴亡中总结治国安邦的政治经验，又锐于制度的建设与创新，是中国历史上全面发展的黄金岁月，中华民族的聪明才智和进取精神无论是在物质文明、精神文明还是政治文明领域都得到了酣畅淋漓的发挥，集前代之大成，开未来之典范。

换言之，中国之繁华可见，复兴亦不远。

选择而已。

就让我们一起翘首以待吧！

是为序。

文木

2017年08月24日初稿

2019年07月21日修改

目录

第一卷

周朝：边缘化的天子

虽然周朝长达800年，可谓悠久，然而仔细想来，在大部分时间内，与其说是周朝的历史，不如说是诸侯的天下。至少自周宣王开始，即基本上与周天子无关，而是诸侯的舞台。如此，800年有否真的意义？

公元前256年，这是一个不怎么被人记忆的年份，却悄悄地改变了中国——很少有人注意，这种改变源于两个人的一死一生，不知道是不是源于某种神秘力量的安排，也即中国人常说的“上天的安排”。其中，“一死”是指“非著名的”东周末代天子周赧王姬延（前336－前256），随着他的去世，东周（同时也意味着周朝）退出了历史舞台。一个灿烂的王朝以一种无可奈何的方式寂寞地结束了。“一生”是指“著名的”汉高帝刘邦，他生于这一年的12月28日——他的故事，中国人大多耳熟能详，在此暂且不表，我们先说说周赧王和他们姬家的周朝。

细说起来，周朝有的是时间——如果自周平王（前770－前720年在位）算起，仅东周就传25王，前后长达514年；如果自周武王（前1046－前1043年在位）算起，共传37王，长达791年，存在时间居古代中国历代王朝第一。其中，仅周赧王姬延一人在位时间就有59年（前314－前256年在位），纵观中国历史，在位时间如此之长的君王屈指可数、寥寥无几，故绝对不能说没有时间；并且，周朝也有人才，而且都是世界级的人才——老子、孔子、墨子、庄子、孟子、荀子、韩非子等诸子百家不仅奠定了中国的文化精神，也塑造了中华民族的性格；被后人艳羡的汉、唐两代也正是因为汲取了周代的文化营养才取得了非凡的成就，奈何周朝还是寂寞且无奈地死去？

分封的苦果

自古公亶父（追谥周太王）率领部族历尽艰辛，越过漆、沮和梁山，迁至渭河流域岐山以南之周原（今陕西岐山）算起，至他的曾孙姬发已积4世，逾百年。至公元前1046年，姬发率领庸、蜀、羌、髳卢、彭、濮等部族联军攻克商朝国都朝歌（今河南淇县一带），商纣王帝辛（前1075－前1046年在位）自焚于鹿台，商朝退出历史舞台，周朝起而代之，姬发即位，史称周武王。他所做的第一件事即"封诸侯，班赐宗彝，作分殷之器物。"[①]"追思先圣王，乃褒封神农之后于焦，黄帝之后于祝，帝尧之后于蓟，帝舜之后于陈，大禹之后于杞。于是封功臣谋士，而师尚父为首封。封尚父于营丘，曰齐。封弟周公旦于曲阜，曰鲁。封召公奭于燕。封弟叔鲜于管，弟叔度于蔡。馀各以次受封。"[②]并且，还"封商纣子禄父殷之余民"[③]。据《吕氏春秋》记载："周之所封四百余，服国八百余。"[④]另据清人顾栋高所作《春秋大事表》及杨伯峻先生之《春秋左传注》的考证，并参照前人的成果对西周的封国按姓分别列举如下，计有：姬姓56国，姜姓7国，子姓4国，嬴姓8国，妘姓7国，偃姓6国，任姓3国，姬姓4国，姒姓3国，风姓4国，已姓3国，祁姓3国，芈姓2国，姞姓2国，曹姓2国，以及其他诸姓32国，共146国。

从某种程度上讲，分封诸侯可以假借诸侯的力量拱卫王城，保卫天子与中央政府的安全，并且由此扩大中国的文化版图，但随着中央政府（周天子）统御和管制能力的衰微，终至骑虎难下，弊大于利，各国大多沦为诸侯的私地和势力范围，没能作为周朝的保障，反而成为周朝疆土的蚕食者和中央政府的威胁。即使是同宗兄弟，如在东周某年，从东周王室分出的东周公

① ［西汉］司马迁：《史记》卷4《周本纪》，北京：中华书局，1982年版，第126－127页。
② 同上。
③ 同上。
④ 陆玖：《吕氏春秋译注》（上），北京：中华书局，2011年版，第526页。

国和西周公国也不能同心协力，彼此攻杀，至周赧王五十九年（前256），西周国为秦国所灭，赧王死；7年后，东周国亦为秦国所灭，姬周彻底归于尘土。

历史显示，分封制度并不是一种最好的政治措施和管理方法，而是国家动荡、分裂及至崩溃的开始。唐人柳宗元在《封建论》中力陈封建之害：周代因分封制，使得诸侯强盛，尾大不掉，“徒建空名于公侯之上”，最后造成“周之败端”。事实确实如此！在周朝之后，西楚霸王项羽分封的结局是在乌江自刎，江山落入汉王刘邦之手；汉高帝刘邦（前202－前195年在位）不思教训，继续分封制度，结果酿成“七国之乱”，若非补救及时，汉朝可能由此终结；晋武帝司马炎（265－290年在位）篡位后，恢复古制，大封27个同姓王，以郡建国，之后还不断扩大宗室诸王的权力，使其可以自行选用国中文武官员，收取封国的租税，看上去很美，利益均沾，认为司马氏的统治由此可以千秋万代，孰料在武帝身后不久，即出现“八王之乱”，不仅彻底地断送了西晋王朝，同时造成了整个中国长达300余年的分裂局面；至明太祖朱元璋（1368－1398年在位），又一次分封，结果又一次证明分封制度是灾难的开始，明太祖第四子朱棣造反，美名曰“靖难”，逼迫自己的侄子、明孝文帝出走（一说死难），自己登基做了皇帝。因此，周朝的分封自一开始便注定了它的悲剧结局。何况，周天子还同意给予掘墓者名分。

天子加封窃国大盗

孔子（前551－前479）一生以维护周礼为己任，说：“郁郁乎文哉！吾从周。”[①] 他认为礼乐制度是三代昌盛的原因，尤其是视“正名”为“为政”的第一要义，强调“君君，臣臣，父父，子子”，希望重新扶正礼乐制度以

---

① 语出《论语·八佾》。

使整个社会重新有序、和谐。因此，当他看见鲁国大夫季平子私自用天子礼乐“八佾舞于庭”，一向温和的他也不禁大怒道：“是可忍，孰不可忍也。”①于是乎可以想象，对于晋国大夫魏斯、赵籍、韩虔三家分晋之事，孔子无疑会持强烈反对态度，而且一定会呼吁诸侯起兵讨伐他们。孰料，周威烈王亲自封许他们分别为韩侯、赵侯、魏侯，与晋侯（晋烈公，前416－前389年在位）并列。

如果说周幽王姬宫涅（前781－前771年在位）的失国故事（“烽火戏诸侯”）多少还带有些许浪漫气息的话（爱江山更爱美人），周威烈王姬午（前425－前402年在位）则只能看作愚蠢——须知，晋国与周天子同为王族，是武王血脉、成王弟弟（唐叔虞）的封国。周威烈王不公开谴责三家的忤逆行为，帮助晋烈公恢复国内秩序，反而自乱章法，准其所请，等于公开嘉奖窃国大盗。可以说，正是周威烈王此举开启了周朝的死亡之路。

正所谓“天子之职莫大于礼，礼莫大于分，分莫大于名。何谓礼？纪纲是也；何谓分？君臣是也；何谓名？公、侯、卿、大夫是也。”②“名”看似微不足道，却是底线，是天下（政治）秩序的最后一道防线。因此，尽管“春秋五霸”盛极一时，当时的周天子也不曾轻许名分，而齐桓公（前685－前643年在位）、宋襄公（前650－前637年在位）、晋文公（前636－前628年在位）、秦穆公（前659－前621年在位）、楚庄王（前613－前591年在位）5位春秋霸主也未敢逾越礼制，而是高举“尊王攘夷”的旗号，匡扶天下。至周威烈王，虽说周王室衰微，却依然是天下共主，天下人莫不知“溥天之下，莫非王土；率土之滨，莫非王臣”③。因此，若三家冒天下之大不韪而不尊礼仪，就会不请求天子而自立为诸侯。如果真是那样，他们就是悖逆之臣，即使周天子无力讨伐，也会有维护礼仪秩序的诸侯主动征讨他

---

① 语出《论语·八佾》。

② ［北宋］司马光：《资治通鉴》卷1《周纪一》，长沙：岳麓书社，1990年版，第1页。

③ 语出《诗经·小雅·北山》。

们。但他们请求天子而获得天子的任命，如此谁能够征讨他们？因此说“三晋之列于诸侯，非三晋之坏礼，乃天子自坏之也。”是周威烈王自己主动去除了残存“天子”身上的最后一点威严，是他自己敲响了周朝的丧钟，继而改变了中国历史的进程（若非如此，周王室未必灭亡）。但是，周天子们却浑然不觉，甚至自周成王和周公之后，一直不曾做一件最应该做的事！

只为诸侯所用的世界级人才

说周代成于文王应该不会有人反对。而周文王之所以能够成就大业，除了累世积累之外，与他礼贤下士、广罗人才不无关系。其中，他与太公姜尚（吕望，俗称姜子牙）的故事路人皆知，此外还有 3 人：闳夭、南宫适和散宜生。他们 4 人史称“文王四友”。在文王被商纣王拘于羑里时，是散宜生等 3 人用计谋向纣王贿赂，使文王幸免于难。文王去世后，他们 4 人又辅佐武王伐纣，为周王朝的建立做出了杰出的贡献。可以说，如果没有他们 4 个，周武王不一定能成功克商自代。

至周公姬旦执政，“朝读书百篇，夕见漆十士”[①]。在他代行天子之位的 7 年间，携带礼物以对待老师之礼亲自前往拜见的平民有 10 人，以朋友之礼相见的有 12 人，经人介绍而接见的、住在陋巷茅屋中的有 49 人，另外还有乡里称颂的善行者上百人、学者上千人，至于在朝廷接见的来访各界人士则有上万人之多。[②] 史载，他曾经“一沐三捉发，一饭三吐哺”[③]，总是担心失去贤才，以至后世无不向往，谓“周公吐哺，天下归心”[④]。然而，在周公之

① 周才珠、齐瑞瑞：《墨子全译》卷 12《贵义》，贵阳：贵州人民出版社，1995 年版，第 559 页。漆，同七。

② 钱宗武：《白话说苑》卷 8《尊贤》，长沙：岳麓书社，1994 年版，第 393 页。

③ ［西汉］司马迁：《史记》卷 3《鲁周公世家》，北京：中华书局，1982 年版，第 1518 页。

④ 语出［三国］曹操《短歌行》。

◀ 老子骑牛图
［明代］张路
纸本设色
101.5×55.3cm
台北故宫博物院藏

后，此类故事则鲜有所闻。周穆王姬满在位55年（前962－前908），历史上只记载了他不听谏言和周游天下的故事；周宣王姬静在位46年（前828－前782），不仅不见礼贤下士之举，而且不遵礼法，废长立幼，制造了鲁国的一场长达20年的混乱和灾难；周平王姬宜臼在位51年（前771－前720），因为朝中无人，而发生“周郑交质”的可悲事件，周平王的儿子狐在郑国做人质，郑庄公的儿子忽在周王室做人质。虽曰东周开国之君，但是周天子的颜面至此已荡然无存。此后，周惠王姬阆（前676－前652年在位）、周襄王姬郑（前651－前619年在位）、周灵王姬泄心（前571－前545年在位）、周敬王姬匄（前519－前476年在位）和周赧王姬延等周天子的在位时间都超过20年，依然不见他们有为国选才的举动。

而是时，人才辈出，是中国历史上少有的几个人才井喷的灿烂时期，学术黄金时代，诸子百家不仅是一时之俊杰，也是光耀后世的世界级人才。老子、孔子、墨子、庄子、孟子、韩非子、孙子、吴起、商鞅等（详见附表1：《先秦诸子简表》），无一人不是兴国之谋士，治世之良臣。吊诡的是，他们无一人为周天子所用。周天子甚至视而不见近在眼前的天下最著名学者、守藏室之史（国家档案馆兼国家图书馆馆长）老子，不曾向他请教，以致他彻底失望，悲愤地说：“天地不仁，以万物为刍狗；圣人不仁，以百姓为刍狗。”[①] 无奈而去国离乡，西出函谷关，一个人孤独地去寻找他心中的理想国。剩下的人，或郁郁而终，或为诸侯所用——最终成为周朝的掘墓人。故《传》曰：“患之起，必自此始也。”（详见附表2：《中国古代文人精神生活史简表》）

完全可以说，周朝不是亡于诸侯，而是亡于诸子——周朝历史长达791年，传37王，平均每个王在位时间都超过20年——相当于5个美国总统的任期。在这么长的时间里，除了周文王、周武王少数几位君主曾经重视人才

① 语出《道德经》。

之外，以后各位天子无一重视——这意味着周朝的覆灭是迟早的事。如果不是周公主持制定的礼乐制度的维系，周朝可能在周厉王（前 857 - 前 842 年在位）时就已倾覆（因此可见制度的建立是多么重要）。

结语

如果说“分封”还有它的时代性，周朝的天子们不可能超越时代，那么其后的两点则可谓常识问题。在中国历史上，没有哪个朝代的君主一而再地公开自乱章法（与狼为伍），同时任由诸子不奉天子，而谒诸侯（合纵连横），这些都是致命的错误。于是，虽然周朝近 800 年，可谓悠久，然而仔细想来，在大部分时间内，与其说是周朝的历史，不如说是诸侯的天下。至少自周宣王开始，即基本上与周天子无关，而是诸侯的舞台。如此，800 年有否真的意义？

当居正朔不被崇礼，当在正位不受敬畏，这些，难道不值得后世反思吗？天子者，天神之苗裔也，内圣外王，令闻不已。可惜，周朝自周穆王以后，不过是一群坐在王座的看客，惜乎哉！

附表 1 先秦诸子简表

流派	诸子名讳	生卒时间	籍贯	主要思想与著作
道家	伊尹，名挚。相商汤。	前 1649 – 前 1549 年	商代	《伊尹》（51 篇，已佚）。主张“德无常师，主善为师”，认为“七世之庙可以观德，万夫之长可以观政”。
	辛甲。西周太史。	约在周文王时	西周	《辛甲》（29 篇，已佚）。创导百官“官箴王阙”，以针砭国君缺失为己任。
	鬻子，姓芈，名熊。文王火师。	约在周文王时	西周	《鬻子》（22 篇）、《鬻子说》（19 篇），今传《鬻子》2 卷。主张为君在仁。
	老莱子	前 599 – 前 479 年	楚国	《老莱子》（16 篇，已佚）。主张清净、无欲。
	老子，姓李，名聃。西周守藏室之史。	前 571 – 前 471 年	陈国	《道德经》（81 篇）。主张清净、无为、顺其自然。认为“无为而无不为。取天下常以无事，及其有事，不足以取天下”。
	范蠡	前 536 – 前 448 年	楚国	主张“持盈者与天，定倾者与人，节事者与地”，以及“谷贱伤民、谷贵伤末”。
	子华子	约与孔子同时	魏国	《子华子》。主张“补不足”“损有余”“以智养生”“存诚操养”，其“六欲皆得其宜”“动以养生”。
	关尹子，名喜。函谷关令。老子弟子。	约晚于老子	西周	《关尹子》（9 篇）。主张贵本重神、澹然无为、清静自守。
	杨子，名朱，字子居。	前 450 – 前 370 年	魏国	主张“贵己”“重生”“人人不损一毫”。思想散见《列子》《庄子》《孟子》《韩非子》《吕氏春秋》等。在战国时期，有“天下之言不归杨则归墨”的现象。
	列子，名圄寇。关尹子弟子。	前 450 – 前 375 年	郑国	《列子》（8 篇）。主张循名责实，无为而治。在先秦诸子中对生命表现最达观、最磊落。
	詹何	约在魏武侯、齐威王时	楚国	认为“重生”必然“轻利”，反对纵欲自恣的行为。

续表

流派	诸子名讳	生卒时间	籍贯	主要思想与著作
	佚名	—	—	《黄帝四经》(4 篇)。
	尸子，名佼。	前 390 – 前 330 年	魏国	《尸子》(20 篇)。提出“四方上下曰宇，往古来今曰宙。”这是迄今在中国典籍中找到的与现代“时空”概念最好的对应。
	黔娄子。稷下先生。	约在齐威王时	齐国	《黔娄子》(4 篇，已佚)。主张励志苦节、安贫乐道。
	彭蒙。田骈师。	前 370 – 前 310 年	齐国	思想散见《庄子》。提出齐物论。
	宋子，名钘。稷下先生。	前 370 – 前 291 年	宋国	《宋子》(18 篇，已佚)。主张“崇俭”“非斗”。
	田子，名骈。稷下先生。	前 355 – 前 280 年	齐国	《田子》(25 篇)。反对“好得恶予”，认为“好得恶予，国虽不大为王，祸灾日至”。
	魏牟（公子牟）	约先于庄子	魏国	《公子牟》(4 篇)。
	庄子，名周。曾为宋漆园吏。	前 369 – 前 286 年	宋国	《庄子》(52 篇)。主张顺天道、绝人为。继承和发展了老子的“道法自然”的观点，并最早提出“内圣外王”思想。
	尹文子，稷下先生。	前 360 – 前 280 年	齐国	《文子》(9 篇，今存 2 篇)。主张道法相济。
	接子	约在齐宣王时	齐国	《接子》(2 篇，已佚)。主张“道或使。或使者，有使物之功也”。
	环渊（娟环、蜎子、涓子）。	生卒不详	楚国	《蜎子》(13 篇，已佚)。《史记》卷 74《孟子荀卿列传》中提到的环渊所著“上下篇”，郭沫若认为这实是指《道德经》上下篇，乃环渊所录老子之遗训。
	长卢子	约与孟子同时	楚国	《长卢子》(9 篇)。
	告子	约与孟子同时	—	思想简介散见《孟子》。主张“(人)性无善无不善”。

续表

流派	诸子名讳	生卒时间	籍贯	主要思想与著作
	鹖冠子	约在楚顷襄王时	楚国	《鹖冠子》（19 篇）。提出“元气”思想，上承老子道气关系论，下启两汉“元气”论思潮，中与《列子》《吕氏春秋》互相印证，成为先秦黄老学派学术发展的重要力量。
兵家	姜子牙，姓姜，吕氏，名尚，一名望，字子牙。	约前 1156 – 前 1017 年	齐国	《太公》（237 篇）。其中，《谋》（81 篇），《言》（71 篇），《兵》（85 篇）。主张“尊贤尚功”。
	司马子，本姓田，名穰苴。	约在齐景公时	—	《司马法》（大部分散佚。今本约 3400 余字）。
	孙子，名武，字长卿。	前 545 – 前 470 年	齐国	《孙子兵法》（13 篇）。
	吴子，名起。	前 440 – 前 381 年	卫国	《吴子》（6 篇）。主张“明法审令，捐不急之官，废公族疏远者，以抚养战斗之士”。
	孙膑，本名孙伯灵。	约在齐威王时	齐国	《孙膑兵法》（89 篇，大部分散佚，今存 16 篇）。
	白起，又称公孙起。封武安君。	？ –前 257 年	秦国	主张“穷兵猛追”，消灭敌人一切有生力量。
	尉缭子，任秦国尉。	约在秦始皇时	魏国	《尉缭子》（29 篇）。主张“并兼广大，以一其制度”。
	魏无忌，即信陵君。	？ –前 243 年	魏国	《魏公子兵法》（21 篇，已佚。）
儒家	周公，姓姬，名旦。因其采邑在周，爵为上公，故称周公。	生卒不详	西周	主张“尊尊”“亲亲”，“礼乐征伐自天子出”。西汉贾谊云：“孔子之前，黄帝之后，于中国有大关系者，周公一人而已。”
	孔子，名丘。儒家学派创始人。	前 551 – 前 479 年	鲁国	《论语》（22 篇）、《孝经》（18 篇）。主张“礼”“仁”“为政以德”“安贫乐道”。

续表

流派	诸子名讳	生卒时间	籍贯	主要思想与著作
	曾点，字皙。曾子父亲。	前 546 – ?	鲁国	孔门 72 贤之一。主张“安贫乐道”。
	仲由，字子路。	前 542 – 前 480 年	鲁国	孔门 72 贤之一。主张“无宿诺”“见义必为”。
	漆雕子，字子开，又云子若、子修。	前 540 – 前 489 年	鲁国	孔门 72 贤之一。《漆雕子》（13 篇）。主张“色不屈于人”“目不避其敌”，具有“勇者不惧”的美德。
	闵子，名损。孔子弟子。	前 536 – 前 487 年	鲁国	孔门 72 贤之一。主张“忠孝仁爱”。
	冉子，名雍。	前 522 – ?	鲁国	孔门 72 贤之一。《敬简集》（6 篇，已佚）。主张“以德化民”“居敬行简”。孔子对其有“雍也可使南面”之誉。
	颜子，名回。孔子弟子。	前 521 – 前 481 年	鲁国	孔门 72 贤之一。主张“安贫乐道”。
	宓子，名不齐，字子贱。	前 521 – 前 445 年	鲁国	孔门 72 贤之一。《宓子》（16 篇）。主张“以德化民”。
	端木赐，字子贡。	前 520 – 前 456 年	卫国	孔门 72 贤之一。主张“诚意”“重诺”“守礼”。
	有子，名若，字子有。	前 518 – ?	鲁国	孔门 72 贤之一。主张“孝悌为本”“贵和有节”“藏富于民”。
	原宪，字子思。	前 515 – ?	宋国	孔门 72 贤之一。主张“安贫乐道”。
	卜商，字子夏。	前 507 – ?	晋国	孔门 72 贤之一。主张“取信于民”。魏文侯尊以为师、李悝、吴起是弟子。
	言偃，字子游。	前 506 – 前 443 年	吴国	孔门 72 贤之一。主张“礼乐教化”。孔子思想南传者，被誉为“南方夫子”。
	曾子，名参，字子舆。	前 505 – 前 435 年	鲁国	孔门 72 贤之一。《曾子》（18 篇）、《大学》。主张“修齐治平”。
	左丘明，姓姜，氏丘，名明。世为鲁太史。	前 502 – 前 422 年	鲁国	《左传》（30 卷）、《国语》（21 篇）。主张“礼”“义”，认为“君子动则思礼，行则思义，不为利回，不为义疚”。

续表

流派	诸子名讳	生卒时间	籍贯	主要思想与著作
	公孔尼子，字子石。	约前 498 – ?	楚国	《公孔尼子》（28 篇）。
	李克，子夏弟子。相魏武侯。	约在魏武侯时	魏国	《李克》（7 篇）。
	子思，名伋。孔子嫡孙、曾子学生。	前 483 – 前 402 年	鲁国	《子思》（23 篇，已佚）、《中庸》。主张“诚意”“中庸”。
	世子，名硕。	生卒不详	陈国	孔门 72 贤弟子。《世子》（21 篇）。
	穀（谷）梁子，名俶，字元始。子夏再传弟子。	生卒不详	鲁国	《穀（谷）梁传》（11 卷）。主张“尊王”“仁政”。
	公羊子，名高。子夏再传弟子。	生卒不详	齐国	《公羊传》（11 卷）。主张“改制”“拨乱反正”，宣扬“大一统”。
	孟子，名轲，字子舆。	前 372 – 前 289 年	齐国	《孟子》（11 篇）。主张性善论，提倡“仁政”“王道”。
	景丑，孟子弟子。	生卒不详	齐国	《景子》（3 篇）。
	荀子，名况，字卿。	前 313 – 前 238 年	赵国	《荀子》（一名《孙卿子》，33 篇）。主张性恶论，提倡“隆礼尊贤而王，重法爱民而霸”。
	铎椒，曾任楚威王太傅。	约在楚威王时	楚国	《铎氏微》（3 篇，已佚）。
墨家	尹佚。西周太史。	约在周武王时	西周	《尹佚》（2 篇）。
	墨子，名翟。宋大夫。	前 476 – 前 390 年	宋国	《墨子》（71 篇，现存 53 篇）。主张“兼爱”“非攻”“尚贤”“节用”。
	随巢子。墨翟弟子。	生卒不详	随国	《随巢子》（6 篇，已佚）。
	胡非子。墨翟弟子。	生卒不详	齐国	《胡非子》（3 篇）。

续表

流派	诸子名讳	生卒时间	籍贯	主要思想与著作
	田俅子（田鸠）。墨家第 4 代钜子。	约与庄子同时	齐国	《田俅子》(3 篇，正文已佚)。思想散见《韩非子》《吕氏春秋》《淮南子》。
法家	管子，姓姬名夷吾。相齐桓公。	前 723 – 前 645 年	楚国	《管子》(86 篇，今存 76 篇)。被誉为“法家先驱”，主张“尊王攘夷”。
	晏子，名婴。相齐灵公、庄公、景公 3 朝。	前 578 – 前 500 年	齐国	《晏子春秋》(8 篇)。重礼爱民，提倡节俭，反对严刑峻法，减轻人民负担，在当时即有“仁人”之称。
	子产，姓姬名侨。相郑简公、郑定公。	? –前 522 年	郑国	主张“天道远，人道迩，非所及也”。同时，第一个提出“宽”“猛”相济的治国方略。前 536 年 3 月，“铸刑书于鼎，以为国之常法”，这是中国史上第一次正式公布成文法。
	李子，名悝。相魏文侯。	前 455 – 前 395 年	魏国	《李子》(32 篇)、《法经》(6 篇，已佚)。主张废止世袭贵族特权，提出“食有劳而禄有功，使有能而赏必行，罚必当”。
	商君，姓姬，名鞅。相秦孝公。	前 395 – 前 338 年	卫国	《商君》(29 篇，今存 24 篇)、《公孙鞅》(27 篇，已佚)。主张“当时而立法，因事而制礼”。
	慎子，名到。稷下先生。	前 390 – 前 315 年	赵国	《慎子》(42 篇，今存 7 篇)。主张“公而不党，易而无私”。
	申子，名不害。相韩昭侯。	前 385 – 前 337 年	郑国	《申子》(6 篇，已佚)。认为“君必有明法正义，若悬权衡以秤轻重”。
	韩子，名非。荀子学生。	前 280 – 前 233 年	韩国	《韩子》(55 篇)。法家思想的集大成者。主张“臣事君，子事父，妻事夫，三者顺则天下治，三者逆则天下乱，此天下之常道也”。
小说家	师旷，字子野。	前 572 – 前 532 年	晋国	《师旷》(6 篇)。主张“清静无为”“务在博爱”“惟仁义为奉”。
	屈子，姓芈，屈氏，名平，字原。	前 340 – 前 278 年	楚国	《离骚》《九歌》《九章》《天问》等。主张“举贤授能”“抚壮弃秽”，追求“大一统”。

续表

流派	诸子名讳	生卒时间	籍贯	主要思想与著作
杂家	伍子，名员，字子胥。	前559－前484年	楚国	《伍子胥》（8篇，已佚）。
	子晚子	约晚于管仲	齐国	《子晚子》（35篇，已佚）。
	由余，字怀忠。	约在秦穆公时	秦国	《由余》（3篇）。
	吕不韦。相秦庄襄王。	前292－前235年	卫国	《吕氏春秋》（26篇）。主张“兼儒墨，合名法”“无为而治”。
名家	邓析。郑国大夫。	前545－前501年	郑国	《邓析》（2篇）。主张“不法先王，不是礼义”，反对“礼治”思想。
	惠子，名施。	前390－前317年	宋国	《惠子》（1篇，已佚）。主张“合同异”。
	公孙龙子，字子秉。	前320－前250年	赵国	《公孙龙子》（14篇，今存6篇）。提出“白马非马”与“离坚白”等著名论点。
	毛公，名遂。	前285－前228年	赵国	《毛公》（9篇）。
	成公，名生。	约晚于李斯	秦代	《成公生》（5篇）。
	黄公，名疵。秦博士。	约在秦始皇时代	秦国	《黄公》（4篇，已佚）。
阴阳家	子韦	约在宋景公时（前516－前451年在位）	宋国	《宋司星子韦》（3篇，已佚）。
	邹子，名衍。燕昭王师。稷下先生。	前305－前240年	齐国	《邹子》（49篇）、《邹子终始》（56篇），均佚。提出“五行”概念与“五德终始”及“大九州说”。
	邹奭子，一作驺奭，号雕龙奭。稷下先生。	约在邹衍之后	齐国	《邹奭子》（12篇，已佚）。
	闾丘子，名快。	生卒不详	魏国	《闾丘子》（13篇，已佚）。
	冯促	生卒不详	郑国	《冯促》（13篇，已佚）。

续表

流派	诸子名讳	生卒时间	籍贯	主要思想与著作
医家	扁鹊。姓秦，名缓，字越人。	前407－前310年	齐国	《扁鹊内经》《扁鹊外经》，均佚。中国历史上第一位有正式传记的医学家。
纵横家	鬼谷子，姓王名诩，又名王禅，号玄微子。	约前390－前320年	卫国	《鬼谷子》《本经阴符七术》（7篇）、《关令尹喜内传》。主张“清净”“无争”。
	鲁仲连	约前305－前245年	齐国	《鲁仲连子》（14篇，已佚）。
	张子，名仪。相秦惠王。	？－前309年	魏国	《张子》（10篇，已佚）。主张连横。
	苏子，名秦。	？－前284年	东周	《苏子》（31篇，已佚）。主张合纵。
	虞卿，名信。相赵孝成王。	约在赵孝成王时	赵国	《虞氏微传》（2篇）、《虞氏春秋》（15篇）。
	徐子	约在魏惠王时	宋国	《徐子》（42篇）。
农家	许行	前372－前289年	楚国	《神农》（20篇）。主张“贤民并耕”“市贾不二”。

说明：

①本表以《汉书》卷30《艺文志》（中华书局1962年版）为蓝本，另参照《史记》（中华书局1982年版）与钱穆先生《先秦诸子系年》（河北教育出版社2002年版）等著作及最新考古成果编制而成。

②本表各个学术流派罗列顺序以创始人所在年代为主要依据。年代久远者置于前列，分别为道家、兵家、儒家、墨家、法家、小说家、杂家、名家、阴阳家、医家、纵横家、农家，计12家。

③本表仅为作者一家之言。

附表2　中国古代文人精神生活史简表

朝代	环境	人生状态	文化大事件	成就及其他
先秦	宽松	“他们以最严肃的态度、最卓越的意志去从事平治天下的伟大事业，尤为可贵的是具有这种心态的不是一两个先知或几个文化精英，而是整个文化群体。虽然当时也有一些文人（如杨朱）鼓吹极端利己主义的思想（‘拔一毛利天下而不为’），宣扬消极避世的人生观，但这毕竟不是战国文人心态的主导方面，而且这些超脱出世的学说也是作为平治天下理论的面目出现的，也就是说在消极的形式下包含了某些积极的内容。”①	①共和元年至共和十四年（前841 – 前828）中国出现14年的共和政治，之后复为帝制；②周僖王元年（前681），齐桓公第一次会盟；③老子出关；④鲁定公十三年（前497），孔子开始周游列国；⑤孙武入吴；⑥墨子救宋；⑦李悝改革；⑧齐宣王（前319年即位）重建稷下学宫（前后逾6世，历时150余年）；⑨苏秦、张仪合纵、连横；⑩秦孝公二十三年（前359），商鞅改革；⑪周赧王八年（前307），赵武灵王胡服骑射；⑫秦襄王元年（前249），吕不韦相秦；⑬周赧王三十七年（前278），屈原自沉；⑭秦王嬴政十年（前237），李斯上《谏逐客书》；⑮秦王嬴政二十六年（前221），中国统一。	道家老聃的《老子》、庄周的《庄子》；儒家孔子的《春秋》、孟轲的《孟子》、荀况的《荀子》；墨家墨翟的《墨子》；法家韩非的《韩非子》、商鞅的《商君书》；杂家吕不韦的《吕氏春秋》；兵家孙武的《孙子兵法》、孙膑的《孙膑兵法》，以及《战国策》《楚辞》等，都是传世经典。此外，阴阳家邹衍，名家公孙龙、惠施，纵横家苏秦、张仪，农家许行，小说家虞初与医家扁鹊的学说也均为后世思想源流。史称“百家争鸣、百花齐放”。他们可以说是中国历史上最壮志雄心的一群文人，他们200多年所创造的思想成果，比此后2000多年所创造的思想总和还要多。除佛学东来之外，中国的思想创造基本上没有走出他们的理论范围。他们及其学说不仅奠定了之后2000年的中国思想体系、政治格局，也基本决定了传统中国的国民性格。

① 陈桐生：《天柱断裂之后：战国文人心态史》，石家庄：河北教育出版社，2001年版，第194页。

续表

朝代	环境	人生状态	文化大事件	成就及其他
两汉	开放	“终汉之世，无论君主（武帝、宣帝、光武、明帝等）还是文人，都试图恢复秦以前重视文人自由传统的价值观，并自觉按照孔子所建构的大同及小康标准建设和评价社会进步的成果。由于孔子的主张更多带有理想化特征，在大同及小康时代，也未必如两汉那般精彩，因此，两汉的社会和两汉的文人，都可以说具有理想化色彩。所以说，两汉时代是中国历史上最自觉实践孔子理想的时代，两汉的文人也是最追求圣人人格的文人。这样的特点，理应为汉以后的任何一个时代所仰慕。”① 其中，尤其是汉武帝，意欲效法尧舜，建设一个“德及鸟兽，教通四海”②的国家。	①高帝七年（前200），叔孙通制朝仪，威严烦琐，群臣恐惧；②八年（前199），令商人不得衣锦，不得骑马；③文帝六年（前174），贾谊上《治安策》；④建元元年（前140），举方正直言极谏之士，纳董仲舒议，“凡非五经之书，及孔丘之著，皆予禁读，不准流传”。自此开始，罢黜百家；⑤建元三年（前138），郎中令张骞出使西域；⑥建元五年（前136），置五经博士；⑦元光元年（前134），郡国各举孝廉，为孝廉入官开始；⑧元朔五年（前124），令兴学校；⑨建藏书之策，置书写之宫；⑩司马迁著《史记》；⑪班固修《汉书》；⑫建武五年（29），光武重建太学。光武、明帝两代君王亲自讲授经学；⑬永元三年（91），窦宪破北匈奴，出长城关塞5000余里，匈奴西迁；⑭蔡伦造纸；⑮延熹九年（166）开始“党锢之祸”，凡20年。	司马相如、东方朔、枚乘、扬雄、王褒、张衡的诗赋（如《子虚赋》《上林赋》《七发》《两都赋》《两京赋》）；刘安、刘向、刘歆、韩婴的小说（《韩诗外传》《说苑》《列女传》等）；司马谈、司马迁、班彪、班固、班昭等人的史学（如《史记》《汉书》）；董仲舒、王充等人的经学（如《春秋繁露》《论衡》），还有贾谊的政论等，都是古典名著。特别是司马迁的《史记》，可谓划时代著作，所记录的不止一国之历史，还有一族之精神。对此，余英时不无感慨道：“中国的‘士’不能坐视世界的衰落而无动于衷，他们无论在平时或在乱世，都不能忘情于怎样变无道为有道。汉代儒教的最大功效便是在于塑造了第一批这样的‘士’”③，创造了中国历史上最理想化的一群文人，他们或者以“一家之言”而成“万人之言，万世之言”；或者“把大传统（礼乐精神）注入中国民间，而且努力地将中国的生活方式传播到边疆地区和少数民族社会，因而不断地扩大了中国文化的影响范围”。④

① 方铭：《期待与坠落：秦汉文人心态史》，石家庄：河北教育出版社，2001年版，第3－4页。

② ［东汉］班固：《汉书》卷6《武帝本纪》，北京：中华书局，1962年版，第160－161页。

③ 余英时：《士与中国文化》，上海：上海人民出版社，1987年版，第215页。

④ 余英时：《士与中国文化》，上海：上海人民出版社，1987年版，第193页。

续表

朝代	环境	人生状态	文化大事件	成就及其他
魏晋六朝	动荡	“苦难的六朝，是中国文人的心灵的炼狱。”“动荡的社会使他们成为精神上的离群索居者。纲维不摄，社会不再是温暖的大家庭。文人必须认真考虑全身自保的问题。……他们为远祸而遗世、遁世、玩世。”① 即使温文尔雅、位极人臣的王导；不汲汲于进的谢安也不免遭遇猜忌，但他们并没有变得唯唯诺诺、进退失据。而是从政治的附庸走向了自我的独立。	①孔融、何晏、嵇康、陆机、陆云、张华、潘岳、郭璞、刘琨、谢灵运、范晔……当时第一流的诗人、作家、哲学家均惨遭杀害；②“竹林七贤”；③“金谷二十四友”；④升平四年（360），谢安出山；⑤永和九年（353），王羲之参加兰亭集并为参与之人文章合集作序；⑥义熙元年（405），陶渊明弃官；⑦陈寿著《三国志》、范晔著《后汉书》、沈约著《宋书》、萧子显著《南齐书》、魏收著《魏书》；⑧刘义庆著《世说新语》，昭明太子编《文选》；⑨慧皎著《高僧传》；⑩郦道元著《水经注》；⑪北魏太平真君七年（446）北魏太武帝下诏灭佛；⑫建德三年（574）北周武帝下诏灭佛。	这是一个政治诡异，而文化极盛的年代。何晏、王弼等的哲学；三曹、嵇康、阮籍、陶渊明、谢灵运、谢朓等的诗学；曹丕、钟嵘、刘勰、昭明太子、谢赫等的文艺评论；钟繇、卫夫人、王羲之、王献之等的书法；范晔、沈约等的史学，都成为后世不可企及的高峰。而且，“六朝文人认识到自己是独立的存在，神并不再眷顾自己，社会群体并不再拥抱自己，他们无所依傍，除了自救以外，没有其他办法。”② 在经过一番灵魂的挣扎之后，他们勇敢地面对了自我，实现了“人的觉醒”。“在怀疑和否定旧有的传统标准和信仰价值的条件下，人对自己生命、意义、命运的重新发现、思索、把握和追求”，成为中国历史上最具个性的一群文人，形成后世念念不忘的“魏晋风度”。一部《世说新语》，不只是他们的逸事，还是他们灿烂人生的写照，“一种历史前进的音响”。

① 孙若风：《高蹈人间：六朝文人心态史》，石家庄：河北教育出版社，2001 年版，第 1－2 页。

② 孙若风：《高蹈人间：六朝文人心态史》，石家庄：河北教育出版社，2001 年版，第 9 页。

续表

朝代	环境	人生状态	文化大事件	成就及其他
唐朝	稳定	“唐朝是一个思想解放、文禁松弛的时代，与其他时代相比，文人享有更大的自由，可以尽情地倾吐内心的喜怒哀乐。因此，从某个角度讲，唐代文人向我们呈露了更为丰富、生动的内心世界。”① “即使是享乐、颓废、忧郁、悲伤，也仍然闪烁着青春、自由和欢乐。”② 事实上，“‘独在异乡为异客，每逢佳节倍思亲’不过是那个时代的文人们刹那的忧郁，他们展现出来的更多的是‘海内存知己，天涯若比邻’的人生的欢喜，与‘九天阊阖开宫殿，万国衣冠拜冕旒’的国家的自信。”③	①贞观元年（627），玄奘西行取经，贞观十九年（645）回国；②贞观四年（630），四夷君长尊唐太宗为“天可汗”。是年，米每斗仅34钱；③贞观十八年（644），太宗下诏修史，曰“大矣哉，盖史籍之为用也!”。“二十五史”有6部史书（《晋书》《梁书》《陈书》《北齐书》《周书》《隋书》）在太宗时期完成；④刘知几著《史通》、杜佑著《通典》；⑤吴兢著《贞观政要》；⑥天宝十五年（756），安史之乱；⑦元和四年（809），“八司马事件”，柳宗元贬柳州、刘禹锡贬连州；⑧会昌三年（843），武宗下诏灭佛；⑨牛（僧孺）、李（德裕）党争。	深邃的思想、玄奥的哲学在自信、强大的唐朝似乎不是文人们的课题，除了玄奘法师的译经工作之外，唐朝的文人们“基本上就没有养成理性的思想探求和哲学思考的习惯”，不过他们把“绝句、草书、音乐、舞蹈，这些表现艺术合为一体，构成当时诗书王国的美的冠冕，它把中国传统重旋律重感情的‘线的艺术’，推上又一个崭新的阶段，反映了世俗知识分子上升阶段的时代精神。而所谓盛唐之音，非他，即此之谓也”④。事实上，唐朝文人抒写的不只是诗歌，更是诗意的生活，乃至于一个诗意的国度。他们可以说是中国历史上最幸运的一群文人。虽然也有柳宗元的苦难与李商隐的悲愁，但是“杜诗、颜字，加上韩愈的文章，却不止领了数百年的风骚，它们几乎为千年的后期封建社会奠定了标准，树立了楷模，形成正统”⑤。至于李白的诗，王维的画，张旭的草书，则成为一种生活的境界。于是，还有什么比“诗情画意”更接近理想社会的本质呢?

① 池万兴、刘怀荣：《梦逝难寻：唐代文人心态史》，石家庄：河北教育出版社，2001年版，第4页。

② 李泽厚：《美的历程》，桂林：广西师范大学出版社，2000年版，第225－229页。

③ 文木：《中国人研究——中国家庭、社会与国家角色的历史分析》，北京：首都师范大学出版社，第334页。

④ 李泽厚：《美的历程》，桂林：广西师范大学出版社，2000年版，第243页。

⑤ 李泽厚：《美的历程》，桂林：广西师范大学出版社，2000年版，第245页。

续表

朝代	环境	人生状态	文化大事件	成就及其他
宋朝	优越	“宋朝给士大夫以很高的政策待遇和优厚的俸禄。通过科举考试的文人，往往不数年便位至高第，‘名卿巨公，皆由此选’，文官政治成为宋朝一大特色。”“佑文政策、文官政治为宋朝文人提供了最大的舞台，任其施展。宋朝也是中国古代文人的成熟期。宋朝文人有着强烈的文人自觉意识和文化建设的使命感，他们创造了辉煌的业绩，并对后世文人产生了深刻的影响。”①	①建隆二年（961），宋太祖“杯酒释兵权”；②景德元年（1004），宋、辽订立“澶渊之盟”；③胡瑗、孙复、石介办学；④庆历三年（1042）至庆历四年（1043），范仲淹新政；⑤熙宁二年（1069）至熙宁九年（1076）之间，王安石改革；⑥元丰二年（1079），乌台诗案；⑦元丰七年（1084），司马光上《资治通鉴》；⑧欧阳修著《新五代史》、李焘著《续资治通鉴长编》、马端临著《文献通考》。⑨崇宁四年（1105），“元祐党人碑”事件；⑩宣和七年（1125），陈东上书；⑪靖康二年（1127），北宋亡，徽宗、钦宗被虏；⑫淳熙三年（1176），朱熹、陆九渊“鹅湖会”；⑬庆元四年（1198），置伪学党籍，计留正、朱熹等59人被废为民；⑭至元二十年（1283），文丞相殉国。	陈寅恪先生云：“华夏民族之文化，历数千载之演进，造极于赵宋之世”，如佛学，开临济、曹洞两宗；理学，源于中唐韩愈、李翱诸人，经宋朝周敦颐、张载、邵雍、程颐、程颢、朱熹、陆九渊发扬，成为中国学术主流；经学，朱熹《四书章句集注》成为后世范本；史学，《资治通鉴》为另一部“史家之绝唱”；古文，“唐宋八大家”有宋一代占有6家；诗词多有成就；山水画、花鸟画经宋、元而臻成熟，成为中国传统绘画主体；书法，“宋四家”苏轼、黄庭坚、米芾、蔡襄成为唐朝颜真卿、柳公权之后的第二标准。但凡种种，可谓蔚为大观。不过，他们可以说是中国历史上最为保守的一群文人。尊祖法而不识机变；格物知而不能救社稷。于是，与其说“宋朝是中国古代文人的成熟期”，不如说是退化期更合适些。范仲淹、王安石之败，狄青、岳飞之死，与宋朝文人不无关系。尤其是，西湖边，岳王庙前跪着4个人，其中两个进士，一个宰相。这，又作何解释？

① 马茂军、张海沙：《困境与超越：宋代文人心态史》，石家庄：河北教育出版社，2001年版，第3-4页。

续表

朝代	环境	人生状态	文化大事件	成就及其他
元朝	冲突	“在蒙古军队摧枯拉朽般的武力进攻面前，武装抵抗很难达到消除心理挫折的目的，相反只能导致失败意识与日俱增和挫折感的扩大并加深，蒙古帝国迅速统一北方并日益向南扩展的事实也宣布了此路不通。广大汉族文人士大夫更多是选择了后者，或者在极力鼓吹汉法，力图使自己由军事上的被征服者变为文化上的征服者，从而达到传统上用夏变夷，即文化反征服的目的。或者走向世俗，寻求新的生活方式以缓解痛苦，从而导致了背离传统的新的价值选择的产生。”① 可以这么说，整个元代的文人们，在前一种选择中走向幻灭（因为他们不可能改变），在第二种选择中得到了收获，导致了社会风气的根本转变和一代文学——元曲的诞生，却最后又不得不逃遁（是前一种选择不可能改变之后的必然结局）。	①元朝统一中国，结束了自唐朝覆灭以来中国第二个分裂时期，同时，也使传统中国第一次被非中国传统民族统治；②关汉卿著《窦娥冤》；③马致远作《汉宫秋》、王实甫撰《西厢记》；④辛文房辑《唐才子传》；⑤元祐二年（1314），仁宗诏令开科取士；⑥至顺元年（1330），文宗加封孔子父母与诸弟子，并遵循儒家礼仪，亲自祭祀昊天上帝，以太祖成吉思汗配享；⑦天历二年（1329），文宗下令仿唐宋会要体例，编纂《经世大典》，两年后修成，成为明代修《元史》的依据；⑧顺帝禁汉人学习蒙古文及色目文。	元代的文人们没能在政治上有所作为，也没有在思想上有所贡献，但在文学、绘画领域却出现了众多一流人物，创造出了许多一流的作品。关汉卿的杂剧，即使“列之于世界大悲剧中，亦无愧色”。而白朴、马致远、郑光祖、王实甫等人的作品也流传至今。至于黄公望、王蒙、倪瓒、吴镇等人的绘画，其价值早已经超越了画面，成为另一座文人精神的高峰（黄公望的险奇、王蒙的苍茫、倪瓒的空疏、吴镇的孤拔，与其说是他们画的意境，不如说是那个时代的文人真实的自述）。生活于“文明的冲突”（也许应该叫作“特权与士权的冲突”更合适些）之下的元朝，文人无疑是中国历史上遭遇最为艰难的一个文人群体。他们无力挽救国家，也无力挽救自我（士人与普通平民一样地被俘掠为奴隶）。于是，眼睁睁看着一个原本可以“大同的梦”成为有史以来最美丽、最壮观的泡影。回首元朝，蒙元的武士，与中原的文人，失去的不是一个古今没有的朝代，而是一个文明融合的机会。97 年时间，除了留下几声元曲、几幅画之外，再也看不到其他的痕迹！历史的悲哀莫过于此！

① 徐子方：《挑战与抉择：元代文人心态史》，石家庄：河北教育出版社，2001 年版，第 27 页。

续表

朝代	环境	人生状态	文化大事件	成就及其他
明朝	压抑	钱宾四先生在《国史大纲》一书中写道："明代不惜严刑酷罚来对待士大夫。……鞭笞捶楚，成为朝廷士大夫寻常之辱。终明之世，廷杖逮治不绝书。其残酷无理，殆为有史以来所未见。而监杖用内官，行杖用卫卒，遂使士大夫悬命其手。而尤甚者在使内监审狱。……既不能不用士人，遂不惜时时用一种严刑酷罚，期使士人震慑于王室积威之下"。于是，在这种政治情势生活下的明代文人，惶惶不可终日，"每日入朝，必与妻子诀。及暮无事，则相庆以为又活一日。"①如此，从乖戾走向堕落，乃至于最后成为降臣乃自然而然。	①洪武十二年（1380），明太祖废中书省，不设宰相，皇帝直辖六部；②建文四年（1402），方孝孺被夷十族；③永乐元年（1403），成祖下令编纂《永乐大典》，经过3000文士5年的努力，于永乐五年（1407）完成，全书22211卷，11095册，3.7亿字；④自永乐3年（1405）至宣德八年（1433），郑和七下西洋；⑤以八股取士；⑥正德十六年（1521），"大礼仪之争"；⑦万历"国本之争斗"；⑧隆庆六年（1572）至万历十年（1582），张居正改革；⑨李时珍著《本草纲目》、徐霞客著《徐霞客游记》；⑩罗贯中著《三国演义》、施耐庵著《水浒传》、吴承恩著《西游记》、冯梦龙著《三言二拍》；⑪弘光元年（1645，清顺治二年），刘宗周殉国，同年，钱谦益降清。	明代的哲学、文学、史学、艺术（绘画、书法与建筑）、医学、地理学等，都有相当的成就。尤以文学与史学对后世的影响最深。其中，罗贯中、施耐庵、吴承恩、冯梦龙的小说（《三国演义》《水浒传》《西游记》《警世通言》），汤显祖的戏剧（《牡丹亭》）等已经不是几份通俗读本，而是成为某种价值标准；至于说黄宗羲（《明夷待访录》）、顾炎武（《日知录》《天下郡国利病书》）、王夫之（《船山遗书》），可以说是继司马迁（《史记》）、司马光（《资治通鉴》）之后的第三座高峰，不过，这座高峰略显荒凉。如果说元朝文人是中国历史上最艰难的一个文人群体，那么明朝文人则是中国历史上性情最为压抑的一个文人群体。即使当他们有机会改变现实（政治）的时候，他们也因为长久的压抑变得只能"徒逞臆见"而已，至明末，"书生多误国"。② 不独明末，整个明朝的文人亦缺乏汉唐文人的风度学识，仅有一个张居正也终究被反弹，落得身后凄凉。

① 钱穆：《国史大纲》（下），北京：商务印书馆，1996年版，第666－669页。

② ［清代］赵翼著，王树民校正：《二十二史札记校正（下）》卷35，北京：中华书局，1984年版，第806页。

续表

朝代	环境	人生状态	文化大事件	成就及其他
清朝	专制	“康乾盛世”并没有带给他们自信；《四库全书》也没有带给他们光荣。所以，他们是中国历史上最不幸的一群文人。戴震、金圣叹、蒲松龄、纳兰性德、袁枚、郑板桥、曹雪芹、吴敬梓、龚自珍等，他们亲身感受到的不是大清帝国的繁华，而是一种末世的悲凉。“性灵之说”与“乾嘉之学”不过是一种无可奈何的退路罢了，“红楼一梦”才是他们人生的写照。	①顺治二年（1645），强推剃发令；②顺治三年（1646），开科取士；③乾隆三十八年（1774），诏修《四库全书》；④曹雪芹著《红楼梦》；⑤蒲松龄著《聊斋志异》、吴敬梓著《儒林外史》；⑥道光二十年（1840），鸦片战争爆发，之后签署《南京条约》；⑦咸丰元年（1851），太平天国事起；⑧咸丰八年（1858），香港发行第一份中文日报《中外新报》；⑨咸丰十年（1860），火烧圆明园；⑩光绪二十年（1894），中日甲午战争；⑪光绪二十四年（1898），百日维新；⑫光绪二十六年（1900），义和团事起。	黄宗羲、顾炎武、王夫之虽然生活于清朝，但不能因此算作清朝人。于是，他们的学术成就自然不能算作清朝的成绩；而“乾嘉之学”“桐城之文”与“性灵之说”等，又逐渐走出后人的记忆。好在还有《聊斋志异》《儒林外史》与《红楼梦》（这3部作品可谓举重若轻。前者是社会批判之杰作，中者是自我批判之宏文，后者是文化批判之史记）等，让我们看见一群虽然不幸却也在努力抗争的可敬的文人。300年前个人被迫剃发易服，300年后国家被迫割地赔款。在这样的前因后果之中，再次回望清代文人，除了同情，我们不能有任何非议。终究，他们不是历史的主人，甚至于自我的主人都不是！只是可惜了“康乾盛世”。在那样的一个结局中，有否真的意义？

第二卷

齐国：一个物质文明发达的国家的悲剧

遗憾的是，姜齐（吕齐）失败了，田齐并没有吸取教训，整体上并不比姜齐做得好。尽管齐威王田因齐也堪称一代雄主，不过如昙花一现。今天合纵，明天连横，堂堂大国被张仪、苏秦、苏代等一班书生玩弄于口舌与言语之中，不知道国家的最终利益和目的是什么。

周赧王二十七年（前288），那一年也是秦始皇的曾祖父秦昭襄王十九年，与齐湣王十三年，昭襄王嬴稷（前325－前251）自称西帝之后，立即派遣大使尊称湣王田地（约前323－前284）为东帝。著名的纵横家苏秦的弟弟苏代那时刚好到了齐国，他也是一位有名的谋士，审时度势建议齐湣王放弃帝号，认为那不过是一个虚名，弊大于利，而应该集中精力攻宋伐秦。齐湣王虚心地接受了苏代的建议，果断地放弃了帝号。① 两年后，齐国吞并宋国，宋康王（亦称宋王偃、宋献王，前328－前286年在位）仓皇出逃，死在魏国温邑（今河南温县）。随后，齐国又向南占领了楚国淮水以北的大片土地，向西侵入三晋，还计划吞并周室，自立为天子（真是雄心万丈）。泗水流域的邹、鲁等国都向齐称臣，其他各国也都心怀恐惧。隐约间，齐国似乎拥有统一天下的可能。

说起来，齐国也具备了这个能力。第一，齐国历史悠久，是周朝最早的封国，至齐湣王时代已有750年，无论“春秋五霸”，还是“战国七雄”，齐国都位列其中，而且居“五霸”第一位，这份荣耀无人能及。第二，齐国的始祖齐太公姜尚（前1046－前1015年在位）也即杰出的吕望、著名的姜子牙——这可是传说中的神仙、高高在上的元始天尊的弟子、封神榜执行人，事实上他也是周朝的开国宰辅、一代圣君周武王姬发的“师尚父”，他给齐

① ［西汉］司马迁：《史记》卷46《田敬仲完世家》，北京：中华书局，1982年版，第1898－1899页。

国打下了坚实的基础，在他治下，“人民多归齐，齐为大国”①，他甚至拥有诸侯中唯一的征伐大权，“东至海，西至河，南至穆陵，北至无棣，五侯九伯，实得征之”②。第三，齐国明君贤相辈出，除齐太公姜子牙之外，还有齐桓公九合诸侯，齐威王（前 356 – 前 320 年在位）称霸战国，管仲、晏婴和邹忌等宰相也都名动天下，是新历史的开创者。从某个角度讲，这可谓齐国的传统。第四，齐国文化事业发达。设在齐国都城临淄的稷下学宫是当时的中国文化与学术中心，百家争鸣的发源地之一。凡此种种，都是不可或缺的统一基础。用一句现在流行的政治术语说，齐国那可是一个老牌的超级大国，执天下之牛耳。

然而，谁也不曾想到，周赧王三十一年（前 284），也就是齐湣王灭宋后两年，燕昭王（前 335 – 前 279）为报当年灭国之仇——那是 30 年前，也即前 314 年，那时燕昭王还只能称为燕公子，燕国发生内乱。在孟夫子的劝说下，曰“此文、武之时，不可失也”（不曾想孟夫子还曾有这样一段故事吧，夫子并不迂腐）③，齐宣王于是命令将军匡章率“五都之兵”“北地之众”伐燕，“五旬克之”，一度占领燕国，以致燕、齐两国结下世仇。④ 这次，燕昭王以乐毅为上将军，联合了燕、秦、韩、赵、魏 5 国攻齐，连下 70 余城，最后只剩莒城（今山东莒县）和即墨（今山东即墨）没有被攻破。齐湣王逃入莒城，为楚将淖齿所杀。幸亏齐湣王近侍王孙贾呼吁莒人截杀了淖齿，立湣王子田法章为齐襄王（前 283 – 前 265 年在位），在莒城组织齐国临时政府。5 年后，燕昭王去世，燕惠王继位（前 279 – 前 272 年在位），坚守即墨的齐国将军田单使用反间计，迫使燕惠王解除了乐毅的职务，改派骑劫代替乐

---

① ［西汉］司马迁：《史记》卷 32《齐太公世家》，北京：中华书局，1982 年版，第 1480 – 1481 页。

② 同上。

③ 史次耘：《孟子注译》，《梁惠王篇第一》，重庆：重庆出版社，2009 年版，第 45 页。

④ ［西汉］司马迁：《史记》卷 34《燕召公世家》，北京：中华书局，1982 年版，第 1557 页。

毅，乐毅出奔赵国。田单组织反攻，以“火牛阵”大败燕军，逐一收复失地，并迎接齐襄王回到淄博。齐虽复国，但元气大伤，从此再也无力与秦抗衡。

齐襄王在位19年后去世，其子田建即位，史称齐王建。这位齐国的末代君主在位时间长达44年，初期有赖于母后的扶持，母后去世后，完全听信舅父兼丞相后胜的主张。后胜收受了秦国大量的贿赂，于是一次又一次劝齐王建与秦国修好，不做战备，也不帮助其他5国抵御秦国的进攻。当秦军攻占了5国，兵临齐国城下时，齐王建还是一味地听从后胜的荒唐建议，“不战，以兵降秦。”① 终于导致齐国灭亡，秦国统一天下。秦始皇将齐王建囚禁在共地（今河南辉县），不久齐王建饿死。历史总是那样玄妙莫测、叫人震惊！

齐国经济高度繁荣，尤其是首都临淄，“车毂击，人肩摩，连衽成帷，举袂成幕，挥汗成雨，家殷人足，趾高气扬”②，堪称东周时代的上海。当时，“商贾归齐如流水”，“天下强国无过齐者，大臣、父兄殷众富乐，无过齐者”。③ 经济实力居天下第一。虽然史书上并没有数据记载当时的盛况，但可以由西汉时的情形逆推——至西汉武帝时，齐地的盐官约占全国的1/3，工官约占1/4，铁官近1/5。这里面的大部分生产和产值都是从战国时期即开始。如今，淄博也还是中国16个工业经济过万亿的城市之一、全国城市GDP四十强。因此，一个GDP居各国之首的国家元首居然会被饿死，就不能不让人深刻反思；何况，齐王建并非齐国被饿死的第一位君主！

---

① ［西汉］司马迁：《史记》卷46《田敬仲完世家》，北京：中华书局，1982年版，第1902页。

② ［西汉］司马迁：《史记》卷69《苏秦列传》，北京：中华书局，1982年版，第2257页。

③ 缪文远、缪伟、罗永莲：《战国策译注》卷8《齐策一》，北京：中华书局，2012年版，第264页。

◀ 渭滨垂钓图
[明代] 戴进
绢本设色
139. 6 × 75. 4cm
台北故宫博物院藏

王室丑闻

周襄王九年（前643），那一年，齐桓公姜小白在位已经43年，已是一位垂暮老人，自然多病。但是，他的5个儿子（公子无诡、公子昭、公子潘、公子元、公子商人）忙于拉帮结伙、争权夺位，谁都没想去看望和照顾生病的父王，甚至都不知道父王在哪里——齐桓公被他曾经舍不得驱逐的易牙、竖刁和公子开方3个佞臣秘密囚禁在一间漆黑的小屋。

对这段历史，《史记》卷32《齐太公世家》中有一段精彩但读来让人无限心酸和愤懑的注释，曰："公有病，易牙、竖刁相与作乱，塞宫门，筑高墙，不通人。有一妇人逾垣入至公所。公曰：'我欲食。'妇人曰：'吾无所得。'公曰：'我欲饮。'妇人曰：'吾无所得。'公曰：'何故？'曰：'易牙、竖刁相与作乱，塞宫门，筑高墙，不通人，故无所得。'公慨然叹，涕出，曰：'嗟乎，圣人所见岂不速哉！若死者有知，我将何面目见仲父乎？'蒙衣袂而死于寿宫，虫流于户，盖以杨门之扇，二月不葬也。"① 谁也不会想到，一个曾经叱咤风云、被周天子礼遇、被强悍的诸侯们敬重有加的一代霸主临终之前居然如此凄惨，甚至得不到及时安葬——他曾经无限宠爱的夫人们也都忙于帮着各自的儿子争权夺位，无暇殓尸，以致齐桓公的遗体搁于病床之上长达67天（或说3个月），蛆虫都溢于户外。

或许，我们可以将齐桓公的悲凉晚景归结为他不听仲父管子的劝告，但凭自己的好恶，不能做到"亲贤臣，远小人"，致使易牙、竖刁和公子开方3个小人有机会作乱，唆使五子相攻，最后葬送了齐国的霸业。此话不无道理。由明转暗，这是许多伟大的君主的共同结局，齐桓公如是，唐太宗、唐玄宗亦如是。除此之外，齐桓公的奢侈多欲也是导致他以悲剧告终的主要原因，甚至可以说是首要原因。虽然在管仲临终之前，他答应仲父驱逐易牙等

---

① ［西汉］司马迁：《史记》卷46《齐太公世家》，北京：中华书局，1982年版，第1493页。

宵小，不准入朝。但是，当易牙他们走后，齐桓公顿时感觉食不甘味、寝不安稳，生活枯燥无味，没有一点乐趣，就给自己找了一个理由说："也许，圣人也难免看错人吧！"（"圣人固有悖乎"）不到一年，就主动将3个人官复原职，征召还朝。①

易牙是个什么人呢？让齐桓公如此"想念不已"？甚至，连亚圣孟夫子都不无称赞说："至于味，天下期于易牙。"② 传说，"淄渑之合，易牙尝知之"。淄、渑二水即今山东临淄境内的淄河和渑河，相传二水滋味不同，但相混后难以辨别，而易牙却能尝出差异。曾经有这样一位超三星级的御厨侍候，难怪齐桓公食不甘味。再说，易牙爱齐桓公好像胜过爱他自己的亲生骨肉。回想那一天，齐桓公对易牙说：寡人尝遍天下美味，"惟烝婴儿之未尝"。桓公此言其实只是酒后戏言，但易牙却把这话牢记在心。几天后的一次午膳上，齐桓公就喝到一鼎鲜嫩无比、此前从未尝过的、特别的肉汤，便询问易牙："此系何肉？"易牙哭着说是他家3岁小孩的肉，为祈祷齐桓公身体健康、万寿无疆，甘愿杀子以献。齐桓公听罢，不仅没有斥责易牙的犯罪行径，反而被他的行为感动，从此宠信有加。殊不知，后来桓公被饿死，且"尸床六十七日，尸虫出于户"，焉知不是易牙的复仇和上天的惩罚？

话说一天夜里，齐桓公饿了，想吃点夜宵。易牙就用煎熬烧烤各种方法，做了一顿异常美味可口的佳肴献给齐桓公，齐桓公吃得很饱，一觉睡到天亮还不醒，醒了之后不禁感慨地说："后世必有以味亡其国者。"③ 可谓一语成谶。曾经，齐桓公坦白说自己有"大邪三"："好田""好酒""好色"，还要加上一条：好贿赂。《史记》卷32《齐太公世家》记载："雍巫有宠于

① 李山、轩新丽：《管子译注》卷11《小称》，北京：中华书局，2019年版，第558页。

② 史次耘：《孟子译注》，重庆：重庆出版社，2009年版，第312页。

③ 缪文远、缪伟、罗永莲：《战国策译注》卷23《魏策二》，北京：中华书局，2012年版，第736页。

卫共姬，因宦者竖刁以厚献于桓公，亦有宠，桓公许之立无诡。”此后故事无须赘言，“齐无宁岁”，王室内乱至齐桓公死后将近50年才逐渐平息。

名相污点

周庄王十二年（前685），齐釐公姜禄甫（前731－前698年在位）第三子、齐襄公姜吕诸儿（前698－前685年在位）异母弟弟姜小白即位，就是史上著名的齐桓公。同年，桓公拜管仲（前719－前645）为国相。3年之后，齐国即大治，政治安定、经济平稳；第4年，齐国新军训练成功；第5年，出兵讨伐不义，先后分吴、存鲁、陵蔡、割越、伐楚、救晋、擒狄、败胡、破屠，并且攻伐山戎，制伏令支，斩杀孤竹，共建12件大功。那时，东夷、西戎、南蛮、北狄和中原诸侯各国，没有人不服从齐国。随后，齐桓公在阳谷（今山东阳谷）大会诸侯，朝觐周天子。终其一生，“九合诸侯、一匡天下。”[①] 其中，管仲居功至伟。

对此，孔子真诚赞美说：“微管仲，吾其被发左衽矣。”[②] 意思是说：管仲辅助齐桓公成就霸主，尊王攘夷，一匡天下。如果没有管仲，我们都会披散头发，左开衣襟，成为野蛮人。又说：“桓公九合诸侯，不以兵车，管仲之力也，如其仁，如其仁！”[③] 没有比这更伟大的仁义之举了！

但是，对于管仲的奢侈，孔子也不无严厉的批评。尽管孔子也是一个颇为讲究的人，食不厌精、脍不厌细，但相比管仲，则是小巫见大巫了。管仲的要求是必须吃味道最美的食物，听旋律最动听的音乐，鸡蛋要先在上面画上图画再煮了吃，木柴要先雕刻成美丽的艺术品再焚烧。奢侈浪费到这种程度，不仅惊世骇俗，简直是骇人听闻了，其奢侈程度远远超过当时的很多诸

---

① ［西汉］司马迁：《史记》卷62《管晏列传》，北京：中华书局，1982年版，第2131页。
② 语出《论语·宪问》。
③ 语出《论语·宪问》。

侯与国君。不仅如此，“管仲镂簋而朱纮，旅树而反坫，山节而藻棁。贤大夫也，而难为上也”[①]。其中，“镂簋”指的是在器物上雕刻花纹；“朱纮”指的是系在颔下的红色帽带；“山节”指的是建筑的梁柱装饰华丽；“旅树”指居所大门内的照壁；“反坫”指接待宾客时放置空酒杯的土台子。按照周朝礼制，前四样都是天子御用，后两样也只有诸侯才能享有。管仲作为宰相，虽然位极人臣，但是与天子和国君之间还隔着好几道鸿沟。所以，孔子批评管仲僭越礼法界限，说管仲虽然是贤大夫，行为也大不妥当。

甚至，管仲还设置了，至少没有反对的“女闾”，即国营妓院。当时，“齐桓公宫中七市，女闾七百，国人非之。”[②]这比古希腊人梭伦（前638－前559）创立雅典国家妓院（前594）至少还要早50年以上！结果呢？“内事属鲍叔，外事属管仲，桓公被发而御妇人，日游于市。”[③] 其中的意思，相信每个人都能看得懂。管仲自己呢，传说他的如夫人田倩就是他在冶游时的偶遇，一见倾心。齐国人如何能“不非之”？“女闾七百”是一个什么概念？一闾就是25户，七百闾是17500户……

正所谓上行而下效。一国君王和宰辅都如此，人民焉能不好好学习？何况，在齐国，本来就有“齐桓公好服紫，一国尽服紫”的习俗传统。于是，我们在《诗经·齐风》里就读到了《鸡鸣》一诗，它如电影一般真实且生动地记录了一个场景，曰：“鸡既鸣矣，朝既盈矣。匪鸡则鸣，苍蝇之声；东方明矣，朝既昌矣。匪东方则明，月出之光；虫飞薨薨，甘与子同梦。会且归矣，无庶予子憎。”《毛诗序》以为是“思贤妃”，朱熹也认为是“美贤妃”，都是睁着眼睛说瞎话，诗中的语言特色显示，这是一首“刺荒淫”之

---

① 胡平生、张萌：《礼记译注》卷21《杂记下》，北京：中华书局，2017年版，第825页。

② 缪文远、缪伟、罗永莲：《战国策译注》卷1《东周策》，北京：中华书局，2012年版，第15页。

③ 高华平、王齐洲、张三夕：《韩非子译注》，《外储说右下·说三》，北京：中华书局，2010年版，第511页。

作：一名冶游的齐国高级官员贪恋美色，流连忘返。陪宿女子不得不多次提醒他赶快起床，不然上朝就要迟到，还连累她被人嫉恨和嘲笑（“无庶予子憎”）。可谓当时最真实的写照，而著名的“齐人之福”的故事就更加深刻地说明了问题。

齐人糗事

据《孟子·离娄下》记载：齐国一位男子有一妻一妾。那名男子每次出门后，必定是吃得饱饱的，喝得醉醺醺地回家。有一天，他妻子问，和他一道吃喝的都是什么人呢，他说都是些有钱有势的人。但他的妻子不是很相信，而不无疑惑地对他的妾说：“我们家先生出门，总是酒醉肉饱回来，问他和些什么人一道吃喝，他说都是些有钱有势的人，可是我们从来没见到有钱有势的人到家里做客，我打算悄悄跟着，看他到底去些什么地方。”第二天，那名男子像往常一样出门，他的妻子就一直在后面悄悄跟着，一路上，她也没有看到一个人停下来和她先生说话。最后，看到他进了东郊墓地，向祭扫坟墓的人讨要剩余的祭品；不够，又东张西望地到别处去乞讨——这便是他酒醉肉饱的来源。

孟夫子站在君子的立场上严厉批判说：“虽然很多人在众人面前作威作福，其实他们的所作所为，像齐人一样，只是令他的家人羞耻。”（“由君子观之，则人之所以求富贵利达者，其妻妾不羞也而不相泣者，几希矣。”）孟子是一位讲求浩然之气的大丈夫，自然瞧不起那种不入流的角色。今天的我们在认同夫子的观点之外，是否还可以从另一个角度重新审读这个故事——一个依靠残羹剩饭度日的男子如何供养他的妻妾？他如何有了一妻一妾？是否当时的齐风使然？如果是齐风使然，这与齐桓公和管仲两位明君贤相不无关系——在此，我们不妨再读一则齐人故事：

说的是有一个齐国人想金子想得快疯了，于是有一天清早，穿戴整齐之后就去了集市。到了金铺，正好看见有人买了金子出来，他以迅雷不及掩耳之势抢了那人的金子飞快离开。但衙役很快就把他逮住了。法官问他："大家都在那里，你还强抢别人的金子，这是为什么?"齐人非常坦率地回答说："我抢金子的时候，没有看见人，只看见金子。"这即是著名的（但同时也被遗忘许久的）"齐人攫金"的故事。毋庸置疑，这只是个案，却不能忽视他发生的背景。

无可否认，"尚侈"思想，注重高消费（拉动内需）曾经是管仲治国策略的一部分。他不仅自己"尚侈"，还提倡众人也要仿效（享受人生），"尝至味，而罢至乐。而雕卵然后瀹之，雕橑然后爨之"。因此，虽然"管仲富拟于公室，有三归、反坫"①，但齐人并不介意（认为理所当然），却必然会引发一个严重的社会问题——管仲自己有能力，可以做到比王室还富有，可以迎娶三房漂亮的太太，可以每天享受美酒佳肴，甚至把明星请到自己家里开演唱会，普通人家呢？当政府提倡而人民做不到的时候，就只能公开"攫金"。至于中间者，也即齐国的中产阶级，"无不吹竽鼓瑟，弹琴击筑，斗鸡走狗，六博蹋鞠"②。在这样一种氛围下，齐国将会走向何方?

结语

周安王姬骄十一年（前 391），齐国国相田和摄政，齐康公姜岱（前 404－前 379 年在位）因常年沉溺酒色，不理政事，被田和放逐到一座岛上，"食一城，以奉其先祀"③。安王十五年（前 387），田和通过魏文侯贿赂周王，求为诸侯。周安王贪财好货，非常爽快地答应了魏文侯的请求。次年，

---

① ［西汉］司马迁：《史记》卷 62《管晏列传》，北京：中华书局，1982 年版，第 2134 页。

② ［西汉］司马迁：《史记》卷 69《苏秦列传》，北京：中华书局，1982 年版，第 2257 页。

③ ［西汉］司马迁：《史记》卷 46《田敬仲完世家》，北京：中华书局，1982 年版，第 1886 页。

▲采薇图

［南宋］李唐

绢本设色

27.2×90.5cm

北京故宫博物院藏

田和正式位列诸侯，妫姓陈（田）氏取代姜姓吕氏，但仍然沿用了齐国名号，曰“田齐”或“陈齐”，以别于姜姓齐国，这一事件史称“田氏代齐”，田和为田齐太公（前404－前384年在位）。安王二十三年（前379），齐康公寂寞死去，田氏并其食邑，姜太公至此绝祀，凡20世，32位国君，享国660年。

而早在100多年前，齐景公姜杵臼（前548－前490年在位）时期的宰相、著名的晏子（前578－前500）就曾经准确地预见了这样一个结果。在一次和老朋友叔向见面时，他不无感慨地说：“齐国之政卒归于田氏矣。”可惜无力回天。尽管他处处以身作则，“食不重肉，妾不衣帛”，是一个绝对的高尚人士，以至太史公无限神往地说：“假使晏子还活着，我即使替他挥鞭赶车，也是非常高兴和十分向往的啊！”① 终究是独木难支。

你说孟尝君行？荀子（前313－前238）非常不屑地说：“上不忠乎君，下善取誉乎民；不恤公道通义，朋党比周，以环主图私为务。”② 夫子乃一代大儒，曾任稷下学宫祭酒，其地位和影响力超过北京大学、清华大学、复旦大学三校校长总和，他的话从来掷地有声，《荀子》一书乃永恒的中国经典。从一个小故事大约就可知孟尝君的作为：话说有一天，他途经赵国，赵国平原君以贵宾相待。赵国人听说孟尝君贤能，都纷纷前来围观、一睹风采，其中有人见了，无意说：“原来以为孟尝君是个魁梧的大丈夫，如今看到他，怎么是个瘦小的男人？”孟尝君听到这些玩笑的话，居然大为恼火。命令随行的人跟他一起跳下车，砍杀了几百人，几乎毁了一个县才离去。器量如此，焉能指望他挽狂澜于既倒？事实上，正是这位孟尝君做了齐国的掘墓人。他虽然出生于齐国王族（祖父即著名的齐威王），却从来没有家国观念，不过是一个沽名钓誉之徒。当他感觉个人利益受到危害之时，不惜出卖祖

① ［西汉］司马迁：《史记》卷62《管晏列传》，北京：中华书局，1982年版，第2137页。
② 熊公哲：《荀子注译》卷9《臣道篇》，重庆：重庆出版社，2009年版，第274页。

国。《史记》卷75《孟尝君列传》记载："齐湣王灭宋，益骄，欲去孟尝君。孟尝君恐，乃如魏。魏昭王以为相，西合于秦、赵，与燕共伐破齐。齐湣王亡在莒，遂死焉。"其中，齐湣王固然咎由自取，但孟尝君公报私仇，甚至不惜牺牲父母之邦，千刀万剐也不为过。于是乎，太史公不无调侃地说："我曾经去过孟尝君的封地薛地，那里民风剽悍、凶暴，与邹地、鲁地迥异。我问那里的人是什么缘故，人们都说：'孟尝君曾经招来天下许多不三不四的人，仅乱法犯禁的人进入薛地的大概就有六万多家。'世间传说孟尝君以乐于养客而沾沾自喜，的确名不虚传啊。"可惜的是，他的客人多是"亡人有罪者"，鸡鸣狗盗而已。

说到这里，就又不得不说到管仲，曾经云："仓廪实，则知礼节；衣食足，则知荣辱。"[①] 这是他的执政理念，也是千百年来的中国历代王朝和执政者的共同认识。但是，不无偏颇。无论是"仓廪实"与"知礼节"，还是"衣食足"与"知荣辱"之间，都没有必然的关系。前者不是，也不会是后者的决定性条件，而只是一种选项。否则，也就不会有"渴不饮盗泉之水，饥不吃嗟来之食"的风骨出现——后者就发生在齐国。作为政府和执政者，解决人民的温饱问题是他的日常工作，而不是最终目的。政府和执政者的目的是培养国民成为一个文明人，将国家建设成为一个文明的国家。虽然管仲也阐述了这个目的，却分了主次，结果只看见了前者（管仲并不重视礼仪法制，不然不会放纵齐桓公）。

遗憾的是，姜齐（吕齐）失败了，田齐并没有吸取教训，整体上并不比姜齐做得好。尽管齐威王田因齐（前356－前320年在位）也堪称一代雄主，他在位期间，尤其是后期，"齐最强于诸侯，自称为王，以令天下，"[②] 不过如昙花一现。他有称霸诸侯的决心，却无一统天下的策略。今天合纵，明天

① 李山、轩新丽：《管子译注》卷1《牧民第一》，北京：中华书局，2019年版，第2页。

② ［西汉］司马迁：《史记》卷46《田敬仲完世家》，北京：中华书局，1982年版，第1893页。

连横，堂堂大国被张仪、苏秦、苏代等一班书生玩弄于口舌与言语之中，不知道国家的最终利益和目的是什么。尤其是稷下学宫，作为当时的中国文化与学术中心，居然不见一项学术成果，甚至抵不上秦国的吕不韦的个人力量——集门客之力就出了一部流传千古的《吕氏春秋》，其中的“大一统”理论成为秦始皇兼并六国、统一天下的指导思想。① 反观稷下学宫，虽然使当时士子由争相“留魏”变成了争相“客齐”，不过是齐国历史上一项著名的形象工程。呜呼！

① 陆玖：《吕氏春秋译注》，北京：中华书局，2011 年版，第 620 页，载曰：“王者执一，而为万物正。军必有将，所以一之也；国必有君，所以一之也；天下必有天子，所以一之也；天子必执一，所以抟之也。一则治，两则乱。”

第三卷

晋国：窃国者的梦魇

赵衰、魏犨还有韩厥无疑有功于晋侯，但是否需要以整个晋国作为酬劳？尤其是韩家，他的祖先虽非曲沃桓叔嫡子，但也是曲沃一脉，居然与外人一起瓜分自己的国家，这是怎样的罪行？于是乎，越发显出介子推的珍贵和伟大。

周考王七年（前434），在位18年，形同傀儡的晋哀公姬骄去世，晋幽公姬柳（前434－前416年在位）即位。但他甚至不如他的父王，晋幽公仅有绛（今山西翼城东南）与曲沃（今山西闻喜东）两地不说，居然还必须向他的臣子魏（文侯）、赵（襄子）和韩（康子）三家请安。至周威烈王二十三年（前403），魏（斯）、赵（籍）、韩（虔）三位当家人终于忍不住，向周天子讨封成功，正式位列诸侯，而且与晋国国君一样，都是侯爵，晋国至此名存实亡。33年后，周安王二十六年（前376），魏、赵、韩三家，也就是魏武侯（前395－前370年在位）、赵敬侯（前386－前375年在位）、韩哀侯（前377－前371年在位）一起废黜晋静公（前377－前376年在位）为平民，三家联合瓜分了晋国，这就是历史上著名的“三国分晋”。一个春秋时代的超级大国就这样轻易且彻底地被瓦解了，魏、赵、韩三国正式登上历史舞台——《资治通鉴》也就是从那一年开始书写，它开篇的第一句话和记载的第一件事就是“初，命晋大夫魏斯、赵籍、韩虔为诸侯”。[①]

至此，魏、赵、韩不仅跻身诸侯，而且都成为“战国七雄”之一，甚至于魏斯（即著名的魏文侯）时期的魏国还是战国250年历史中最先强盛而称雄的国家；赵国也军力不俗，良相名将辈出，多次打败秦、齐两国，还让强悍的匈奴不敢南下；韩国稍弱，却也不容小觑，在分晋后的第二年就灭掉了非常古老的和曾经不可一世的郑国。因此，如果三家合一，晋国不分裂，将会是怎样一种情形？它有可能统一中国吗？从某个角度讲，晋国可谓春秋时期

① ［北宋］司马光：《资治通鉴》卷1《周纪一》，长沙：岳麓书社，1990年版，第1页。

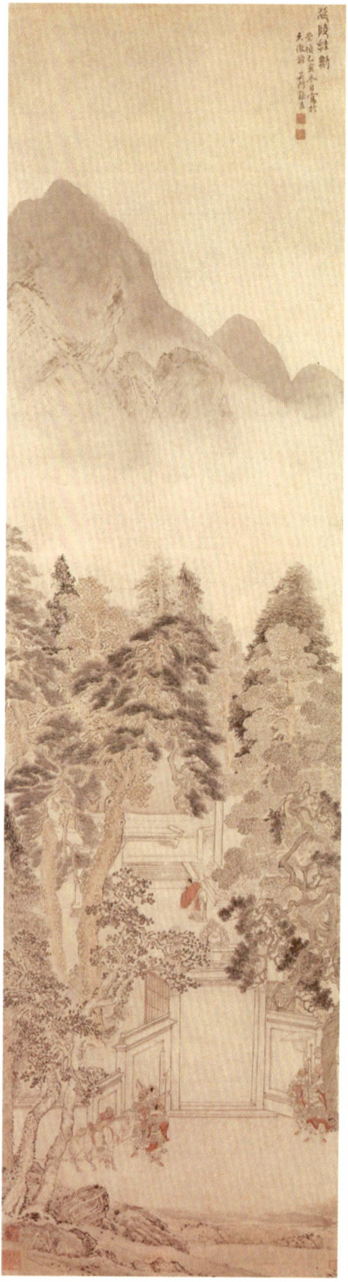

◀ 延陵挂剑图
[明代] 张宏
纸本设色
180. 5×50cm
北京故宫博物院藏

第一强国，称霸时间最长，除晋文公姬重耳（前636－前628年在位）之外，晋襄公姬驩（前627－前621年在位）、晋厉公姬寿曼（前580－前573年在位）、晋悼公姬周（前572－前558年在位）都先后称霸，国力相对稳定，秦、楚、齐三大国都曾经多次败于晋国——周襄王二十年（前632），城濮之战中楚国大败；周襄王二十五年（前627）崤之战中秦国大败；周灵王十七年（前555）平阴之战中齐国大败，此三战都是中国历史上的著名战役，晋国都是胜利者，以至一部《国语》近一半篇幅讲述的都是晋国历史，但最终结局却出人意料。

或许是因为晋国立国源于一句戏言？一天，周武王（约前1046－1043年在位）的两个儿子周成王（前1042－前1021）和他的弟弟叔虞一起游戏。成王即位时才9岁，还是一个孩子，他把一片桐叶削成珪状送给弟弟叔虞，说："用这个分封你。"随行史官马上请求选择一个吉日册封叔虞为诸侯。成王说："我和弟弟开玩笑呢！"不料史官严肃地说："天子无戏言。"坚决要求成王履行诺言。于是，周成王就把唐地封给了弟弟叔虞。唐地在黄河、汾河的东边，方圆100里（约在今山西晋南地区一带），所以原名姬子于的成王之弟也叫唐叔虞。至叔虞之子侯燮（又称燮父）时，改国号为晋。这便是晋国的来历。①

自唐叔虞受封，历经晋侯燮、武侯、成侯、厉侯、靖侯（前858－前841年在位）、釐侯（一称僖侯，前840－前823年在位）、献侯（前822－前812年在位）七世，虽然文字记载不多，但晋国也相对平静，晋侯都是周天子重臣。至周平王姬宜臼（前770－前720年在位）东迁，晋文侯还出兵勤王，功在社稷。然而，正所谓好景不长！

---

① ［西汉］司马迁：《史记》卷39《晋世家》，北京：中华书局，1982年版，第1635页。

王族内讧

自晋献侯姬籍去世，太子弗生继位为晋穆侯（前 811 – 前 785 年在位），晋国王族内乱长达 67 年。这一切都源于穆侯的两个儿子：太子仇和幼子成师。在此之前，还有一段悲伤的插曲——在位 27 年后，穆侯去世，他的弟弟殇叔自立为王，太子仇被迫逃亡，4 年后率众反击，继承了父亲的王位，史称晋文侯（前 780 – 前 746 年在位）。文侯在位 34 年后去世，太子姬伯继位，就是晋昭侯（前 745 – 前 740 年在位）。昭侯即位后做的第一件事就是把曲沃封给了他的王叔成师，尊称桓叔。曲沃是一座大城，规模超过当时的晋国都城翼（绛）；而且，桓叔似乎颇得民心，"晋国之众皆附焉"。对此，有识之士不无担忧地说："晋国的动乱之源就在曲沃。末大于本并且深得民心，怎么可能不乱?"① 话音未落，晋国大臣潘父就弑杀了国君昭侯，打算迎接曲沃桓叔即位。至此，王族动乱一发不可收拾。曾经，晋国大夫师服认为嫡子（仇）、庶子（成师）名号相反相逆，预示着晋国将要内乱，结果一语成谶。详见下表：

① ［西汉］司马迁：《史记》卷 39《晋世家》，北京：中华书局，1982 年版，第 1638 页。

附表 3　晋国太子仇与成师世系

太子仇（晋文侯）世系		成师（曲沃桓叔）世系	
姓名	结局	姓名	结局
晋文侯姬仇	穆侯子，前 780 – 前 746 年在位。自然死亡。	曲沃桓叔	穆侯子，约前 802 – 前 731 年。自然死亡。
晋昭侯姬伯	文侯子，前 745 – 前 740 年在位。为大臣潘父所杀。	鱓（曲沃庄伯）	桓叔子，生年不详，卒于前 716 年。自然死亡。
晋孝侯姬平	昭侯子，前 739 – 前 724 年在位。为曲沃庄伯所杀。	称（曲沃武公）	庄伯子，前 754 – 前 677 年。自然死亡。在齐桓公称霸那一年，即周釐王元年（前 681），“伐晋侯缗，灭之，尽以其宝器赂献于周釐王。釐王命曲沃武公为晋君，列为诸侯，于是尽并晋地而有之”①，史称“曲沃代翼”。
晋鄂侯姬郄	孝侯子，前 723 – 前 718 年在位。自然死亡。	晋献公姬诡诸	武公子，生年不详，卒于前 651 年，在位 26 年。自然死亡。
晋哀侯姬光	鄂侯子，前 717 – 前 709 年在位。为曲沃武公所杀。	申生	献公子，生年不详，卒于前 656 年。自缢。
晋小子侯	哀侯子，前 708 – 前 705 年在位。为曲沃武公所杀。	奚齐	献公子，申生异母弟。他杀。
晋侯姬缗	鄂侯子、哀侯弟，前 704 – 前 678 年在位，为曲沃武公所杀。	悼子	献公子，申生异母弟。他杀。
晋诸公子	为晋献公所杀。	晋惠公姬夷吾	献公子，太子申生和晋文公重耳弟弟。生年不详，卒于前 651 年，在位 14 年。病逝。
		晋怀公姬圉	惠公子，约前 655 – 前 636 年，在位两年。他杀。
		晋文公姬重耳	献公子，申生弟、晋惠公兄。前 697 – 前 628 年，一说前 671 – 628 年，在位 8 年。自然死亡。

① ［西汉］司马迁：《史记》卷 39《晋世家》，北京：中华书局，1982 年版，第 1640 页。

由上表可知，太子仇一脉被他的同母弟弟成师一脉根除，不知晋穆侯泉下有知，将有如何感想？甚至为了杜绝所谓的后患，晋献公还采用大夫士蔿（约前716－前660）的计谋，对同出成师一脉的诸公子（桓庄之族）也不放过，大肆捕杀，即使他们已经逃往虢国，就假途灭虢。之后，为了更立他宠幸的骊姬之子奚齐为太子，还逼死了太子申生，逼走了另外两个儿子重耳与夷吾。他不会也没有机会去想，骊姬之子奚齐和骊姬妹妹之子悼子在他死后不久就相继被杀。至此，晋国王室几乎无人可用，只能依赖于卿大夫。

大夫乱政

如果，重耳的一生只是一名不断逃亡的晋公子，而非晋文公，晋国的历史一定会是另外一个样子，至少“六卿专政”的现象不会出现。可惜的是，历史不容假设。从某个角度讲，正是这位近乎伟大的晋文公造就了这种在春秋时期独一无二的政治现象，从而为晋国的灭亡埋下了伏笔。只是，他并不知道，一如他的父亲不知道诛灭公族之后的悲惨结局，晋文公也不知道由他亲手培育壮大的卿大夫势力最终分食了他的国家。当然，在他流亡在外的19年里，也是那些未来的卿大夫陪伴在他左右。

那是晋献公二十二年（前656），献公对重耳与夷吾两位公子不辞而别十分不满，认为他们计划阴谋篡位——其实那只是献公的宠妃骊姬的谗言，她趁着献公外出打猎，暗中派人在胙肉中放了毒药，然后诬陷太子申生意图谋害献公，导致太子自杀。有人对骊姬说：“重耳与夷吾两位公子都恨谗言害死太子。”骊姬害怕，又诽谤两位公子，说他们也知道胙肉，言下之意是重耳和夷吾也参与其中了，他们只能逃走，重耳逃到蒲邑（今山西隰县西北），夷吾逃到屈邑（今山西吉县东北）。但献公听信谗言，认定其中必有阴谋，而派军队讨伐蒲邑。重耳侥幸逃走，之后辗转流亡于翟、狄、卫、齐、曹、宋、楚、秦之间，几乎走遍了当时大半个中国，他的那些自少年时就在一起的朋友如狐毛、狐偃、赵衰、贾佗、胥臣、先轸、魏犨，还有其他几十位不知姓名的朋友一直陪伴左右，不离不弃。

至前637年，晋惠公夷吾（前650－前637年在位）去世，太子圉即位，史称晋怀公。之前，怀公在秦为人质，听说父王病重，担心王位旁落，就私自回国，没有禀告秦穆公（前659－前621年在位），穆公十分生气，就计划护送公子重耳回国。而怀公即位后，担心秦国问罪和重耳归国，急忙下令跟随重耳逃亡在外的晋人必须按期归国，逾期不归者灭族，以至逼死了狐毛、狐偃的父亲狐突——而狐氏为晋舅氏，晋献公曾娶二女于戎，大戎生晋文公重耳，小戎生晋惠公夷吾，引发朝野上下怨声载道。次年正月，重耳在3000名秦兵的严密护送下，回到阔别19年的晋国，晋怀公逃跑，不久被杀。重耳即位，史称晋文公。

新君即位，大封功臣，这既是人之常情，又是必要的政治程序。尤其是晋文公重耳，如果没有狐毛、狐偃、赵衰等人不离不弃，终其一生也不过一位贤明的晋公子。因此，封赏势在必行。此前，在周釐王元年（前681）“曲沃代翼”之后，晋武公灭荀国，以其地封原黯，原黯别为荀氏，称荀息，他是晋献公的托孤重臣，其后有中行氏、智氏；士蔿曾为晋献公出谋划策，尽灭晋国诸公子，升为大司空，其后为范氏——顺便说一句，士蔿长子士会曾经出使秦国，后来归国，幼子士鱄却留在秦国为官，恢复刘氏，名刘鱄，为汉高帝刘邦祖先；献公灭霍、耿、魏，而以魏封司空毕万，其后有魏氏；以耿赐给了赵夙（赵衰祖父），便是后来的赵氏。至晋文公，因为长久与从亡人士在一起，有了深厚的革命感情，必然给予厚报，这就让以上家族又多了一份坚实的基础，及至逐渐左右了晋国的局势。详见下表：

附表 4 晋文公从亡人员及后裔执政简表 1

家族名称	担任晋国正卿成员	正卿人数	年限	从亡晋文公先祖
赵氏（邯郸氏、梁氏）	赵盾、赵武、赵鞅、赵无恤	4 人	73 年	赵衰
荀氏（中行氏、智氏、程氏）	荀林父、荀罃、荀偃、荀跞、荀瑶	5 人	45 年	—
韩氏（蔺氏、箕氏）	韩厥、韩起	2 人	34 年	—
魏氏（毕氏、吕氏、令狐氏）	魏舒、魏斯	2 人	27 年	魏犨
范氏（杜氏、士氏、随氏、刘氏、巩氏）	士会、士匄、士鞅	3 人	17 年	—
栾氏（架氏）	栾书	1 人	14 年	—
先氏（原氏）	先轸、先且居	2 人	11 年	先轸
郤氏（步氏、苦成氏、温氏、冀氏）	郤縠、郤缺、郤克、	3 人	9 年	—
狐氏（贾氏、续氏）	狐射姑	1 人	1 年	狐毛、狐偃

由上表可知，从亡晋文公人员后裔占了晋国历代正卿、中军将人数一半以上，执政时间最长的是赵氏，即赵衰一族，4 人执政，时长 73 年，人均 18 年。详见下表：

附表 5 晋文公从亡人员及后裔执政简表 2

晋国历代正卿	谥号	家族关系	执政时间
郤縠（前 682 – 前 632）	—	—	前 633 – 前 632 年
先轸（？ – 前 627）	—	—	前 633 – 前 627 年
先且居（前 660 – 前 622）	—	先轸之子	前 627 – 前 622 年
狐射姑（？ – 前 621）	—	别名贾季。狐偃之子	前 622 – 前 621 年
赵盾（？ – 前 601）	赵宣子	赵衰之子	前 621 – 前 601 年

续表「」『』

晋国历代正卿	谥号	家族关系	执政时间
郤缺（? －前 597）	郤成子	郤芮之子	前 601 – 前 597 年
荀林父（? －前 594）	中行桓子	荀息之孙	前 597 – 前 594 年
士会（前 660 – 前 583）	范武子	士蔿之子	前 594 – 前 591 年
郤克（? －前 587）	郤献子	郤缺之子	前 591 – 前 587 年
栾书（? －前 573）	栾武子	栾枝之孙、栾盾之子	前 587 – 前 573 年
韩厥（生卒不详）	韩献子	韩简之孙	前 573 – 前 566 年
荀罃（? －前 558）	智武子	荀首之子、荀林父之侄	前 566 – 前 560 年
荀偃（? －前 554）	中行献子	荀林父之孙	前 560 – 前 554 年
士匄（? －前 548）	范宣子	士会之孙	前 554 – 前 548 年
赵武（前 591 – 前 541）	赵文子	赵盾之孙	前 548 – 前 541 年
韩起（? －前 514）	韩宣子	韩厥之子	前 541 – 前 514 年
魏舒（? －前 509）	魏献子	魏犨曾孙、魏绛之子	前 514 – 前 509 年
士鞅（? －前 501）	范献子	士匄之子	前 509 – 前 501 年
荀跞（前 548 – 前 493）	智文子	荀罃曾孙	前 501 – 前 493 年
赵鞅（? －前 475）	赵简子	赵武之孙	前 493 – 前 475 年
荀瑶（前 506 – 前 453）	智襄子	别名智伯。荀跞之孙	前 475 – 前 453 年
赵无恤（? －前 425）	赵襄子	赵鞅庶子	前 453 – 前 425 年
魏斯（前 472 – 前 396）	魏文侯	魏舒玄孙	前 425 – 前 403 年

自晋文公即位至三家分晋，晋国凡 233 年，政权大多掌握在以上家族手中，尤其自晋平公以后，晋侯只具有一种象征意义，史称“六卿专权”。但正所谓“一山难容二虎”，何况 6 只大老虎，加上不甘被控制的晋侯，斗争之惨烈可想而知。

第一阶段以狐射姑（贾季）逃亡翟国开始。狐射姑在父亲狐偃（约前

715－前629）去世后担任晋国中军佐，但他更有意军队主帅的中军将的职位，孰料晋国大夫阳处父对晋襄公说，赵盾是更为合适的中军将的人选。不久后，赵盾改任中军将，狐射姑为中军佐，因而为狐射姑所恨，就派堂弟、伯父狐毛之子狐鞫居杀死阳处父，赵盾逮捕了狐鞫居并将他处死，然后还借机罢黜了狐射姑的职务，狐射姑仓皇逃亡北狄和潞国，最后死在潞国。当然，这并非狐射姑出逃的全部原因，主要还是他与赵盾在拥立新君之争中失败了，不得不逃亡。

前621年八月，晋襄公去世。当时，太子夷皋还是一名孩童。赵盾因为国家多难，希望拥立年长一些的、襄公的弟弟公子雍为君，他说："公子雍温和、善良，先君（晋文公）曾经非常喜欢他，而且他与秦国友好。立善良的人国家就稳固，侍奉年长的人国家就顺利，侍奉先君喜欢的人就孝顺，与旧日的朋友结交就安定。"但狐射姑强烈反对，说："雍不如他的弟弟乐。他的母亲辰嬴曾经为两位国君所宠爱，立她的儿子，百姓一定安心。"赵盾说："辰嬴卑贱，地位在9个妃妾最末，她的儿子能有什么威望。况且她被两位国君宠爱，这是淫乱失节。乐作为先君之子，不出使大国而居小国，这是孤立。母亲淫乱，儿子孤立，没有人君威严；陈国小又远，得不到援助，怎么可以为君？"①于是派了士会和先蔑去秦国迎接公子雍归国，狐射姑也派人到陈国召回公子乐。赵盾的谋划不无道理，正所谓国赖长君，在这个问题上并没有多少私心，而且公子雍确实是一位比较合适的候选人，除了年长之外，他还具有丰富的执政经验，在秦国官至亚卿，虽然论及和秦国的关系不如公子乐——他的母亲辰嬴是秦穆公的女儿，她先被许给晋文公的侄子晋怀公为妻，晋怀公独自回国之后，又被许给晋文公，所以狐射姑说"嬖于二君"——这也不是什么致命的问题，关键在于赵盾和狐射姑都忽视了一个不可忽视的人的意见——那就是太子的母亲、

① ［西汉］司马迁：《史记》卷39《晋世家》，北京：中华书局，1982年版，第1671页。

▲北溟图
［明代］戴进
绢本设色
139.6×75.4cm
台北故宫博物院藏

襄公的夫人缪嬴，结果包括赵盾在内的晋国大臣都迫于缪嬴的压力，最终册立了年幼的夷皋为君，并派兵拦截秦军，阻止士会和公子雍回国。

此次更立事件不仅造成了一次严重的外交与军事冲突，发生令狐之战，秦国战败，晋国迎接公子雍的大使士会和先蔑逃亡，事后也证明了拥立夷皋完全是一个错误。史称晋灵公的夷皋荒淫无道，以欺人和杀人为乐，并且企图暗杀赵盾，是中国历史上最无耻的暴君之一，而被赵盾的弟弟赵穿杀死。之后，赵盾从周朝都城洛邑迎回晋文公最小的儿子、襄公的弟弟、灵公的叔叔黑臀继位，史称晋成公（前607－前600年在位）。这段时间，晋国相对平静，政治也颇为清明，但是风暴也孕育其中，详见下表：

附表6　晋国六卿之间及与王室矛盾简表

时间	六卿之间矛盾	六卿与王室矛盾及晋君结局
晋灵公（前620－前607）	前621年八月，狐射姑被迫逃亡翟国；前618年正月，下军佐先都刺杀中军佐先克，赵盾杀先都、上军将箕郑父、下军佐梁益耳、司空士縠和蒯得。同年，赵盾重组六卿，这也是晋国历史上第一次由卿大夫主持的六卿将佐安排。	前607年九月，灵公无道被杀。赵盾以晋无公族为由，在晋国设立公族大夫、余子、公行建制，其职位主要由卿族世家子弟担任，这是对晋国君权的一次公开的和致命的攻击，世卿对晋侯权力的渗透大大加速。至此，晋国公族益弱，卿族日强。
晋成公（前606－前600）	—	前606年，成公命赵盾的异母弟弟赵括为公族大夫。
晋景公（前599－前581）	前583年，司寇屠岸贾以赵穿杀害灵公为由，围剿赵氏；同时假借有人诬告赵同、赵括谋反，栾书、郤锜作伪证，赵氏灭族，史称“下宫之难”。	—
晋厉公（前580－前573）	前575年，晋楚鄢陵之战。晋厉公从郤至之速战，不纳栾书之谋，大败楚军，栾书忌郤至之才。	前573年十二月，厉公憎恨郤氏专横跋扈，命胥童族灭郤锜、郤焠（郤犨）、郤至三郤。胥童顺势将正卿栾书擒获，厉公不忍杀，令栾书官居原职。栾书恐惧，联合中行偃趁厉公出行，突然袭击，囚禁厉公，随后将其杀死。

续表

时间	六卿之间矛盾	六卿与王室矛盾及晋君结局
晋悼公（前572－前558）	前557年，秦晋迁延之役，栾钺与士鞅（士匄嫡子）攻秦，栾钺亡而士鞅存，栾黡乃驱士鞅，士鞅奔秦，投奔士雃（士会之子）。至此栾范交恶。	前566年，晋悼公对八卿实行重组，提拔上军将荀罃为正卿。
晋平公（前557－前532）	前552年夏，栾祁（士匄之女，栾盈之母）告栾盈将反，鼓动晋平公驱除栾氏。栾氏无奈留楚，后辗转至齐；前550年，栾盈在齐庄公的协助下反叛，攻范氏不克，栾氏亡。	前544年，吴国延陵季子出使晋国，与赵文子、韩宣子、魏献子会谈。过后说："晋国的政权，最终将归于这三家了。"前539年，齐国晏婴出使晋国，与叔向会晤。叔向说："晋国处于末世了。晋平公加重赋税修建池台楼阁却不务政事，政务落在私家门下，它还能长久吗？"
晋昭公（前531－前526）	—	—
晋顷公（前525－前512）	前514年，魏舒执政，六卿联合诛杀了宗族羊舍氏、祁氏，把他们的领地分为10县，魏、韩、智、赵四家各得一县，士鞅、荀寅一无所获，不满魏氏。	晋室卑弱，六卿皆大。
晋定公（前511－前475）	前509年，魏舒猝死，士鞅执政，令以大夫规格下葬。前497年，赵氏发生内乱，赵氏与旁支邯郸氏火拼，中行寅与士吉射反叛，围攻赵鞅；同年，荀跞为加强智氏，欲立士皋夷领范氏、以宠臣梁婴父代中行氏，遭到赵鞅阻止。荀跞深恨赵鞅，逼迫赵氏家宰董安于自杀。前489年，赵鞅攻灭范氏、中行氏。	前497年，晋定公命攻打范氏、中行氏，救赵氏。

续表

时间	六卿之间矛盾	六卿与王室矛盾及晋君结局
晋出公（前474－前457）	前464年，荀瑶（智伯）伐郑，酒宴中轻辱赵毋恤。赵毋恤隐忍不发。自此智赵交恶。前458年，智、赵、韩、魏四卿分原范氏、中行氏之地，智氏获利良多。	前457年，出公因四卿联合瓜分范氏、中行氏而通告齐国、鲁国，想依靠他们讨伐四卿。智、赵、韩、魏四卿抢先下手，出公逃亡齐国，病死途中。荀瑶立哀公。
晋哀公（前456－前438）	前453年，韩、赵、魏三家联合灭了智氏，杀荀瑶。	晋国政出智伯，哀公不得有所制。
晋幽公（前437－前420）	前425年，赵毋恤去世，赵氏内乱，魏斯继任晋国正卿。	幽公恐惧三家权力，反而要朝见魏、赵、韩之君。前420年，幽公夜间偷出宫门宣淫，被盗所杀。
晋烈公（前419－前393）	—	前403年，周天子立魏斯、赵籍、韩虔为诸侯，三家分晋。
晋孝公（前392－前378）	—	—
晋静公（前377－前376）	—	前376年，韩、赵、魏三国瓜分了晋国公室仅有的土地，废静公为庶民。晋国灭亡。

由上表可知，一部晋国史完全可谓六卿家史，他们甚至可以全权代表晋侯会盟，如晋灵公元年（前620）八月，赵盾作为晋灵公的全权代表，与齐昭公、宋成公、鲁文公（迟到）、卫成公、陈共公、郑穆公、许僖公、曹共公8国国君在郑国扈地（在今河南原阳西）结盟，并向诸侯介绍晋国新君，实际上晋灵公根本没有参加，一切都是赵盾的组织和安排，他在会盟中的角色有如齐桓公与晋文公一样的霸主；至晋灵公八年（前613），赵盾第二次代表晋灵公会同宋、陈、卫、郑、许、曹6国国君，在宋国新城（今河南商丘南）结盟；次年十一月，晋、宋、卫、蔡、郑、许、曹7国国君再次结盟于

扈地。晋成公五年（前 602）冬天，赵盾又一次以霸主的名义召集诸侯，晋成公与周王室的王叔桓公、宋文公、鲁宣公、郑襄公、曹文公、卫成公在晋国黑壤（今山西沁水县西北）结盟。

在此，且不说晋侯，即使其他诸侯也没有几个人有如赵盾一样的权势和荣耀，可谓“无冕之王”！何况在他身后还有一个魏文侯，他于晋幽公十年（前 424）自行称侯，并以该年为文侯元年，其目的可想而知，晋国不过是在为他人铺路搭桥、作嫁衣裳。

结语

曾经，在“曲沃代翼”的过程中，原晋国君主太子仇一脉被杀戮殆尽，其中，仅曲沃武公一人就杀害了 3 位，可谓残忍之极，他们都是姬姓子孙，真正的同胞兄弟。然而，正所谓因果报应，曲沃桓叔与曲沃武公一脉虽然夺得大宝，但大多死于非命，如晋灵公被将军射死，晋厉公被大臣暗杀，晋幽公被盗贼砍头，而著名的晋景公，也就是发动“下宫之难”，制造“赵氏孤儿”的那位则掉入茅坑溺亡。对此，《左传》云：“将食，涨，如厕，陷而卒。”[①] 千年之后的我们在嬉笑过后，是否会有更深的思考呢？

那么分了晋国的魏、赵、韩三国的结局又如何？秦始皇十七年，那一年也是韩王安九年（前 230），秦军俘虏了韩王安，秦国设韩地为颍川郡，韩国灭亡；5 年后，秦始皇二十二年，秦军引黄河与鸿沟之水灌入魏国首都大梁，水淹三个月，城内死伤无数，魏王假投降，魏国灭亡；又 3 年后，秦始皇二十五年，秦军俘虏赵王嘉，赵国灭亡——三家虽然过了一把瘾，与晋侯同列，而且也曾称霸称王，终究没有摆脱被俘亡国的命运。尤其是赵国，长平一役，“血流淙淙有声，杨谷之水皆变为丹，至今号为丹水”。当时，45 万赵

① 李梦生：《左传译注》（《成公十年》），上海：上海古籍出版社，1998 年版，第 566 页。

军全部被坑杀，仅240名少年战士归赵，以致赵国的每个家庭“子哭其父，父哭其子，兄哭其弟，弟哭其兄，祖哭其孙，妻哭其夫，沿街满市，号痛之声不绝”。谁之过？除了下令坑杀降卒的秦军统帅武安君白起之外，难道赵家，还有魏家及韩家就没有责任吗？

赵衰、魏犨还有韩厥无疑有功于晋侯，但是否需要以整个晋国作为酬劳？尤其是韩家，他的祖先虽非曲沃桓叔嫡子，但也是曲沃一脉，居然与外人一起瓜分自己的国家，这是怎样的罪行？于是乎，越发显出介子推的珍贵和伟大。遗憾的是，如他一样，在漫长的中国历史长河中，寥寥数人而已。更多的是“贪天之功以为己力”[①]，不过是一群善于伪装的窃国大盗而已，都无化腐朽为神奇之力，终如一场梦魇。

细说起来，自周威烈王二十三年（前403）三家受天子册封立国，韩国历11君，享国173年；魏国历9君，享国178年；赵国历11君，享国181年，三家合计31君、532年，仅魏文侯尚儒、李悝改革、赵武灵王胡服骑射与李牧破胡等三五事尚可称道，其余时间大多乏善可陈。至于说韩氏，可谓一事无成，结果最先灭亡。他们有窃国的野心，但无治国的能力……悲乎哉！

---

① ［西汉］司马迁：《史记》卷39《晋世家》，北京：中华书局，1982年版，第1662页。

第四卷

楚国：不改革的代价

在公元前300年左右，楚国拥有辽阔的江汉流域、江淮流域、太湖流域和阮湘流域等中国南部大部分地区100多万平方公里土地，和500万以上人口，是东方唯一一个地域辽阔、人文鼎盛的『超级大国』。如何那般不堪一击？

周桓王十三年（前706），著名的齐桓公、晋文公和秦穆公都还没有出生，楚武王熊通（前741－前690年在位）则已经在位35年，楚国在他的治下国力日增，但他还是感觉有些不满足，原因是楚国的子爵地位低微，仅处于第四等，这让楚武王感觉非常没面子。然而，受当时礼制束缚，诸侯国的等级都必须由众人公认的周天子册封。没有周天子的许可，擅自越位僭号，不仅各国不认可，而且还会受到天子亲自率领的军队或诸侯联军的征讨。不过，楚武王自认为楚国已经今非昔比，而不无威胁道："我有敝甲，欲以观中国之政，请王室尊吾号。"[①] 虽然用了一个"请"字，却依然可见其霸气侧漏，不无逼封的味道。当时的周天子姬林（前720－前697年在位）并非一个强主，甚至被郑庄公（前743－前701年在位）的部下射伤，却也没有答应这个"无礼"的要求。熊通闻讯大怒道："我的祖先鬻熊曾经是文王的老师，但成王奖励我的先公（鬻熊曾孙熊绎）却只给了低级的子爵，封地距离都城遥远，终年人迹罕见、一片荒凉。如今，周边各个蛮夷部族都已归顺，一片繁荣景象，可是天子不加封爵位，这是什么道理?"于是自称"武王"，公然藐视天子权威——按照规矩，只有周天子才可以称"王"，诸侯只能称公、侯、伯、子、男。熊通称王，是一种非常明显的、大不敬的僭越行为。不仅如此，熊通还在沈鹿（今湖北荆门一带）召集了一次他的个人影响力所及的封国（国际）会议。一些早已臣服楚国的周朝封国，如巴国（今四川重庆）、庸国（今湖北竹山）和一些因他的武力征伐而归

① ［西汉］司马迁：《史记》卷40《楚世家》，北京：中华书局，1982年版，第1695页。

附的封国，如申国（今河南南阳）、邓国（今湖北襄阳）、郧国（今湖北安陆）、罗国（今湖北宜城）都来朝拜，他们像觐见周天子一样地觐见楚武王熊通，史称“沈鹿会盟”。

这在中国历史上是一件被忽略的大事。从某个角度讲，是楚武王熊通正式拉开了春秋战国的大幕。只不过，“称王”并非他为第一人，楚君称王早已有之，那是在比熊通还早150年的熊渠时代，熊渠封他的3个儿子为王，这更是一件石破天惊的大事，后来因为担心残暴的周厉王讨伐，又主动摘除了王号。以上三人之一就有熊通的6世祖熊延（前876－前847年在位），他被父亲熊渠封为越章王。至熊通的重孙，与齐桓公、晋文公齐名的楚庄王（前613－前591年在位）在位时期，则不仅保留了王号，而且陈兵天子脚下。那是周定王元年（前606），楚庄王率军北上讨伐陆浑之戎（今河南嵩县东北），借机把楚国大军开至东周都城洛阳南郊（兵临王都城下），还举行了一场盛大的阅兵仪式。刚刚即位的周定王闻讯忐忑不安，派遣巧言善变的王孙满前去慰劳。楚庄王接见了王孙满，两人谈论天下大势，楚庄王有意无意问道：“天子的鼎不知有多大？多重？”言外之意昭然若揭。[①]

从正统角度看，楚武王和楚庄王野心勃勃；然而，若从历史层面讲，也可谓有进取心。回想当初，楚国封地方圆不过50里，仅有丹阳（今河南淅川一带），而且被视为蛮族（蔑称南蛮子），不受尊重，在周成王和诸侯在岐山会盟之时，身为楚君的熊绎只是一名勤杂人员（说得好听一些也就是一名王室宴会服务员），与东夷、鲜卑代表编在一组，负责在会场上安放蓍草（滤酒祭神用的香草）、铭牌（用以标明天子和诸侯席次），看守火炬不让熄灭（夜班卫士），还没有资格参与盟会。但是，熊绎与他身后的10余代楚君并没有自怨自艾、自暴自弃，而是奋发图强、筚路蓝缕、开疆拓土、由弱变强。尤其是楚武王，大启群蛮，化蛮夷为中国，汉水中下游和长江中游一带

① ［西汉］司马迁：《史记》卷40《楚世家》，北京：中华书局，1982年版，第1700页。

荆、濮、苗等原始民族及其居住地区随着楚国的扩张脚步逐渐融入华夏文明。至楚武王之孙楚成王（前671－前626）之时，楚地已至千里，被周天子承认为南方领地首领，曰："镇尔南方夷越之乱，无侵中国。"① 在楚国鼎盛之时，"其地跨今十一省，兼县三百余，为战国时代最大之国"。兼并的小国，有案可稽的，在四五十个以上。

有实力，也有名分，一切都已经准备就绪，可实现祖先的宏愿——"观中国之政"，甚至改周鼎为楚鼎也并非不可能之事，尤其是在楚庄王之时，他不鸣则已，一鸣惊人，"天下大事尽在楚"，由楚国做主，大小附庸，争先纳贡朝见。何况，楚国还有其他诸侯国所没有的忠臣。

被浪费的光辉

当初，楚平王（前528－前516年在位）听信谗言，杀害了伍子胥全家，只有伍子胥（前559－前484）侥幸逃脱。临走前，他对申包胥（《战国策》中名棼冒勃苏）说："我一定要颠覆楚国。"申包胥说："我一定要保存楚国。"②

至周敬王十四年（前506），伍子胥率领吴军攻破楚国郢都，搜寻楚昭王（前516－前489年在位）不得，就挖开楚平王的坟茔，拖出他的尸体，鞭打了300多下才停手。申包胥逃到山里，派人对伍子胥说："您这样报仇，太过分了！我听说：'人多可以胜天，天公降怒也能毁灭人。'您原来也是平王的臣子，亲自称臣侍奉过他，如今侮辱死者，这难道不是伤天害理到极点了吗！"伍子胥对来人说："请替我转告申包胥，'我就像一个行者，眼看太阳就要落山了，但路途还很遥远。所以，只能逆情悖理了。'"

---

① ［西汉］司马迁：《史记》卷40《楚世家》，北京：中华书局，1982年版，第1697页。

② ［西汉］司马迁：《史记》卷66《伍子胥列传》，北京：中华书局，1982年版，第2176页。

◀ 屈原图
［清代］陈撰
纸本设色
61.5×30cm
天津博物馆藏

于是，申包胥日夜兼程西行至秦国，请求救援。秦国起初不答应，申包胥就站在秦国朝堂上，日夜不停地痛哭，七天七夜没有休息，他的赤诚终于感动了秦哀公（前536－前501年在位），亲赋《无衣》一诗表示嘉许，说："楚王无道，但有这样的臣子，能不保存楚国吗？"便派遣了秦国近一半的兵力——战车500乘，援救楚国。吴国受秦、楚夹击，加之发生内乱而退兵。楚昭王复国后封赏申包胥，他坚持不受，带一家老小避入山中隐居（一如晋国介子推）。

流传至今的典故《哭秦庭》和京剧《七日七夜》说的都是他的故事，两千多年以来一直被列为中国的忠贤典范。他就像黑暗中的一盏明灯，照亮了那个时代，更照亮了中国历史。如果没有他，春秋战国只有乱臣贼子的丑事，没有英雄的传奇。而楚国何其有幸，不仅有申包胥，还有屈原——他的故事已然家喻户晓，无须赘言。遗憾的是，楚人无限热爱楚国，但是楚国却没有给予楚人最基本的保护。在三闾大夫自沉汨罗江52年后，秦始皇二十三年（前224），秦国名将王翦率领60万秦军南下攻楚，楚国溃败，楚将项燕（后世的西楚霸王项羽的祖父）自杀；次年，楚王负刍（前227－前223年在位）被俘，楚国灭亡，楚国成为秦朝的3郡。

死于非命的改革者

回想前278年，秦昭襄王（前325－前251年在位）派遣将军白起挥兵南下，攻破郢都，楚顷襄王熊横（前298－前263年在位）逃至今河南淮阳，迁都至陈城（河南淮阳）。放逐中的屈原听闻，在绝望和悲愤下怀抱大石自沉而死。

那一天，汨罗江沉溺的不只是三闾大夫，还有楚国最后的希望。此前，吴起曾经带给楚国一次伟大的希望。在他担任楚国令尹的短短6年时间里，楚国焕然一新，国力迅速恢复和强大；在对外关系中，也逐步变被动为主动，“南平百越；北并陈蔡，却三晋；西伐秦”。当时，“诸侯患楚之强”①，引起其他各国的极大惊恐。然而，楚国内部恰恰相反，“楚之贵戚尽欲害吴起”②。因为吴起变法严重触犯了他们的既得利益——吴起认为楚国积贫积弱的原因是“大臣太重，封君太众”。那些王公贵族对上威逼君主，对下欺凌百姓，人民负担不起，导致国贫、兵弱、民穷，而不能不推行“均爵平禄”的政策，“使封君之子孙三世而收爵禄，绝减百吏之禄秩，损不急之枝官，以奉选练之士”③。废除了贵族世官特权，同时“废公族疏远者，以抚养战斗之士”④。也就是说停止非王族核心家庭的供给，作为军费，以减轻国家财政的负担；并且，吴起还迁徙败落的旧贵族，充实广虚之地，以促进边远山区的经济发展。因为贵族迁徙都以一族为单位，大批前往。无论在人力上还是生产技术水准上，都给边远地区带去了楚国中心地带的先进生产力。但是，对于那些之前养尊处优的楚国贵族及封君子孙而言，则认为苦不堪言，满怀怨愤。

至前 381 年，楚悼王熊疑（前 401 – 前 381 年在位）突然去世。而那一年，楚军以极大优势击败了魏、齐、卫联军，将魏军赶到黄河以北，占领了魏、卫、郑三国在黄河南岸的大片土地，控制了魏、卫、郑所有的黄河南北两岸，为楚国实现了“饮马黄河”的梦想。当时，吴起正在对魏作战前线，闻讯匆忙赶回都城，进宫料理悼王后事。然而，楚国贵族屈宜臼、阳城君等人不甘心之前的失败，认为复仇的时机已经到了，就密谋借悼念悼王之机，丧心病狂地向吴起发起突然袭击。吴起情知自己性命难保，急中生智，卧伏在悼王的遗体上，那些疯狂的贵族仍未停息，继续射杀吴起。乱箭射中吴起，

① ［西汉］司马迁：《史记》卷 65《孙子吴起列传》，北京：中华书局，1982 年版，第 2168 页。

② 同上。

③ 高华平、王齐洲、张三夕：《韩非子译注》，北京：中华书局，2010 年版，第 127 页。

④ ［西汉］司马迁：《史记》卷 65《孙子吴起列传》，北京：中华书局，1982 年版，第 2168 页。

▲瓮牖图

[元代]赵孟頫

绢本设色

27.1×100.5cm

台北故宫博物院藏

同时也射中悼王遗体。更过分的是，他们将吴起射死犹不解恨，还把吴起的尸体拿出去肢解了，愚蠢的他们并不知道，他们肢解的也是自己的希望。

甚至他们对于同为公族的屈原也不信任（屈原的祖先是楚武王之子屈瑕，曾任楚国最高官职“莫敖”），反而心生妒忌，欲除之而后快，于是先是在楚怀王（前 328 - 前 299 年在位）面前极力诬陷，导致怀王“怒而疏屈平”①，被免去左徒（约相当于国务院第一副总理）之职，流放汉北；怀王客死异乡之后，他们又在继任者楚顷襄王面前继续诋毁，导致屈原再次被流放。史实证明，屈原并非只是一个浪漫的诗人，而是有着非凡远见与才华的政治家。继吴起之后，在楚国另一个主张变法的政治家就是屈原——在对外关系上，他主张连齐抗秦，尽力维护齐楚关系，曾经极力反对楚怀王与秦国订立“黄棘之盟”（秦、楚两国互为婚姻，秦迎妇于楚，楚迎妇于秦，结为昆弟之国）。当时，楚国内部在屈原的积极努力下，国力有所增强。如果不是楚怀王连连失策，改变连齐抗秦的方针，转而与秦修好，秦始皇未必能如愿统一中国，而统一中国的也许是熊氏子孙。西汉刘向在《战国策序》中云：“苏秦为纵，张仪为横；横则秦帝，纵则楚王。所在国重，所去国轻。”因此，当屈原得知楚怀王听信宠妃郑袖谗言，把张仪再次放跑了，不无着急地说：“您为什么不杀了张仪呢？”怀王听罢回味过来，非常后悔，派人去追赶，但已经来不及了。结果是，怀王为“黄棘之盟”所累，被骗入秦，最后客死他乡。

楚国沦为少数贵族的禁脔

自前 1042 年，周成王（前 1055 - 前 1021 年在位）加封他的祖父、

① ［西汉］司马迁：《史记》卷 84《屈原贾生列传》，北京：中华书局，1982 年版，第 2481 页。

周文王的老师鬻熊的曾孙熊绎为子爵，楚始建国，至前223年为秦所灭，楚国历819年，45君。其中，仅楚悼王一任君王怀抱改革之心——而从某个角度讲，不改革即意味着拉开了悲剧的帷幕。他们有称王的野心，却从不曾有改革的勇气，即使如著名的楚武王、楚文王、楚成王和楚庄王，虽然拓土千里，却没有留下哪怕一种制度和规矩，甚至如一代英主楚成王，最终居然被自己的亲生儿子、太子商臣勒死，上演了又一幕王室丑剧，留下无穷叹息。

至于说到楚国公族，800余年间，除了屈原一人之外，几乎不见第二人有改革之志。他们凭借祖荫享受高官厚禄，冠冕堂皇地反对任何改革行为，说："善治国家者不变故，不易常。"认为"楚国无贵于举贤"[①]。然而，朝堂之上，少有外国人才。当其他诸侯各国都在千方百计吸引人才之时，楚国一片沉寂；再检索楚国令尹，自楚武王设置及至楚国灭亡，大多由楚国王族成员出任，非王族担任令尹之人，可考证的只有楚文王时的彭仲爽（申国平民）、楚悼王时的吴起，以及战国末期的春申君黄歇与李园两人而已。详见下表：

---

① 钱宗武：《白话说苑》卷15《指武》，长沙：岳麓书社，1994年版，第461页。

附表7 楚国令尹简表

序号	任职时期	令尹	家世
01	楚武王时期（前740－前690年之间）	斗伯比	楚君若敖（前791－前764年在位）次子，楚武王叔父。斗氏始祖。
02		斗祁	斗伯比弟。
03	楚文王时期（前689－前677年之间）	彭仲爽	申国人。
04	前675－前664年	公子善（字子元）	楚文王弟。
05	前664－前637年	斗谷於菟（字子文）	斗伯比之子。
06	前637－前632年	成得臣（字子玉）	斗伯比之子，子文弟。
07	前632－前631年	蔿吕臣（字子皮）	楚国贵族。芈姓，蔿氏。
08	前631－前627年	斗勃（字子上）	楚君若敖后裔，之文、子玉族人。
09	前627－前615年	成大心（字孙伯）	子玉之子。
10	前615－前612年	成嘉（字子孔）	子玉之子、成大心弟。
11	前612－前611年	斗般（字子扬）	子文之子。
12	前611－前605年	斗椒（字伯棼）	斗伯比之孙，之文、子玉族弟。
13	前613－前605年	虞丘（字子桱）	楚穆王之子，楚庄王弟。
14	前605－前596年左右	蔿敖（字孙叔）	蔿吕臣之孙。
15	前595－前570年	公子婴齐（字子重）	楚穆王之子，楚庄王弟。
16	前570－前568年	公子壬夫（字子辛）	楚穆王之子，楚庄王弟。
17	前568－前559年	公子贞（字子囊）	楚庄王之子，楚共王弟。
18	前558－前552年	公子午（字子庚）	楚庄王之子，楚共王弟。
19	前552－前551年	公子追舒（字子南）	楚庄王之子，楚共王弟。

续表

序号	任职时期	令尹	家世
20	前551－前548年	蔿子冯	蔿敖（孙叔敖）之侄。
21	前548－前545年	屈建（字子木）	楚国莫敖屈到之子。
22	前545－前541年	公子围	即楚灵王，初名围，后改名虔。楚共王之子、楚康王弟，杀侄（楚慜王）自立，前549－前529年在位。
23	前541－前529年	薳罢（字子荡）	楚国贵族。芈姓，薳氏。
24	前529年	公子黑肱（字子皙）	楚共王之子，楚灵王弟。
25	前529－前528年	斗成然（字子旗）	子文六世孙、大夫斗韦龟之子。
26	前528－前519年	阳匄（字子瑕）	楚穆王曾孙。
27	前519－前506年	囊瓦（字子常）	楚庄王之孙、子囊之子。
28	前505－前479年	公子申（字子西）	楚平王庶出长子，楚昭王兄。
29	前479－前478年	沈诸梁（字子高）	楚庄王重孙、左司马沈尹戌之子。叶姓始祖。封地叶邑（今河南叶县）。
30	前478－前432年	公孙宁（字子国）	子西之子。
31	前431－前422年	郜公子春（字子春）	楚昭王之孙、大夫之良之子。
32	前386－前381年	吴起	卫国人。
33	前380－前370年之间	州侯（姓名阙佚）	不详。
34	前369－前340年	昭奚恤	不详。
35	不详。	鄂君子晰	不详。
36	前323－前320年 前318－前301年	赵献（昭鱼，一作昭献，字子士）	不详。
37	前322－前310年	昭阳	昭奚恤之孙。

续表

序号	任职时期	令尹	家世
38	前 310 – 前 298 年	景鲤	楚平王后裔。
39	前 298 – 前 285 年	子兰	楚怀王之子，楚顷襄王弟。
40	前 285 – 前 280 年	子椒	楚怀王弟。
41	前 279 – 前 278 年	昭雎	不详。
42	不详	州侯（姓名阙佚）	楚悼王时期州侯后裔。
43	前 262 – 前 238 年	春申君	楚国贵族。
44	前 237 – 前 228 年	李园	赵国人。

由上表可知，楚国令尹大多由王族担任，并且集中在莫敖氏和楚庄王后裔两支，外姓只有区区 4 人，不足十分之一。不过，中国自古就有“举贤不避亲”的优秀传统，能者居之。遗憾的是，在出身楚国王族和贵族的历代令尹当中，能者寥寥无几——在 40 位令尹中，只有斗伯比、子元、子文、孙叔、子木、子西、子高几位堪称优秀，其他人不仅没有做出过什么贡献，反而祸国殃民，如公子围（即后来的楚灵王）和子兰等。

而自春秋以降，各国都以吸引人才为基本国策，大多由客卿执政。楚国则刚好相反，人才外流严重，楚材晋用，其中著名的有伍子胥、范蠡、白起和李斯——他们不仅是当时最杰出的人才，也是中国历史上不可多得的将相，都开创了新历史——当然，这种新历史是以楚国的伤痛与亡国作为代价。其中，伍子胥、范蠡和李斯的故事家喻户晓，无须赘言；但知道白起是楚国人的可能少一些——他不仅是楚国人，而且出身楚国王族，是楚平王的太子熊建之子熊胜后裔。熊建在世之时，楚国人称他为王孙胜，号白公。当年，楚平王听信谗言，逼走太子，他们全家先逃到郑国，后又辗转逃到吴国。楚惠王二年（前 487），楚国令尹子西召白公胜回国，封在白地（今河南息县东），号白公。楚惠王十年（前 479）六月，吴国攻打楚国慎邑（今安徽颍上北），白公胜击败来犯吴军；同年七月，白公胜以贡献为名，带兵入郢，杀楚国令尹子西和大夫子期，劫走楚惠王，史称“白公之乱”。白公欲立子闾为楚王，子闾不受，被杀。公子高（即沈诸梁）闻白公胜作乱，率领封地步卒前来平叛，打败了白公胜，白公胜逃到山中，自缢而死。他的儿子与家人逃亡秦国，白起即为他们的后人。

历史总是那样吊诡。楚国虽然避免了如晋国和齐国一样王权旁落、由大夫专政的危局，但公族共治也并没有给楚国带来希望。他们就是《诗经》所描述的“硕鼠”，而且是吃人的“硕鼠”，因而吴起希望打击和减少世袭贵族的政治经济特权。但那些习惯享受既得利益的王公贵族自然不甘心被“收地”“绝禄”，暗地里联合起兵造反，在楚悼王治丧期间射杀了吴起，后来又逼死了屈原。他们固然维护了自己的利益，却导致了楚国的灭亡，最终沦为秦国的俘虏。

结语

在春秋战国时期，楚国灭国最多，贰国、谷国、绞国、弦国、黄国、英国、蒋国、道国、柏国、房国、轸国、夔国，以及著名的陈、蔡、越等国都先后并入楚国版图。当时，楚国是诸侯公认的“天下之强国”，“西有黔中、巫郡，东有夏州、海阳，南有洞庭、苍梧，北有汾陉之塞、郇阳。地方五千里，带甲百万，车千乘，骑万匹，粟支十年，此霸王之资也”①。是它所在的年代的“超级大国”，如何那般不堪一击？归根结底，都是楚国公族惹的祸。可想而知，一个800多年不思变革，只想着既得利益的集团不可能永享太平。即使秦军不兵临城下，人民也将揭竿而起。

---

① 缪文远、缪伟、罗永莲：《战国策译注》卷14《楚策一》，北京：中华书局，2012年版，第405页。

不过，细说起来，曾经的楚国终究还拥有了楚武王、楚文王、楚成王、楚庄王、楚惠王、楚悼王、楚宣王和楚威王等明君贤主大启群蛮，他们都是中国历史上举足轻重的英雄人物，对中国的历史进程，对中华民族的融合与形成，对中国文化版图的发扬与扩大都做出了重大的贡献，其功绩彪炳史册、与日月同辉。于是乎，楚国拥有了819年悠久的历史……

第五卷
魏国：大梁哀歌

魏国不是没有人才，吴起、商鞅、孙膑、张仪、乐毅、范雎、尉缭等，这些一个个闪亮的名字，都曾深刻地影响了战国的走势。与此同时，还有亚圣孟轲，就在魏惠王眼前，却一再被错过。

公元前225年是魏王假三年，同时也是秦王嬴政二十二年。在那一年，西方的罗马帝国开始攻打高卢；东方的秦国也计划进军魏国——时年34岁的秦王嬴政派遣比他更为年轻的将军王贲出征魏国，进行他统一中国的第4战。此前，秦国已经以迅雷不及掩耳之势先后吞并了韩国（前230）、赵国（前228）和燕国（前226），至公元前225年，王贲率领5万秦军严密包围了魏都大梁（今河南开封）。魏军凭借坚固的城池坚守不出。然而，年轻的王贲将军不愧为将门之后，不仅骁勇善战，而且足智多谋。他并没有一味强攻，而是安排兵士挖掘渠道，引来黄河与鸿沟之水灌注大梁。3个月后，大梁城不堪重负坍塌，秦军不战而胜，魏王假投降，魏亡。秦王嬴政取得第5场统一战争的彻底胜利！

是年，距离周威烈王二十三年（也即魏文侯四十五年，前403年）正式"承认"魏国（和赵国、韩国）为诸侯国凡178年（著名的《资治通鉴》即从这一年开始叙事），距离周安王二十六年（也是魏武侯二十一年，前376年）魏、赵、韩三家分晋151年。回想魏文侯当政期间（前446－前396），选贤任能，内修德政，外治武功，使魏国成为战国255年间的第一代霸主，"得誉于诸侯"① ——从这个角度讲，魏国可以说是统一中国的主要候选者之一（魏国的几任国君也都有这般思想）。尤其是，魏文侯任用李悝主持魏国的变法工作和法制建设，富国强兵，影响了未来中国政治2000年。后来的商鞅变法、吴起变法大都是以魏国为蓝本。此外，魏文侯

① ［西汉］司马迁：《史记》卷44《魏世家》，北京：中华书局，1982年版，第1839页。

拜孔子弟子、孔门七十二贤之一的子夏（前507－前400）为师，把儒家地位提到了从来未有的高度，达到了收取士子人心的政治目的，是后世帝王尊儒笼络知识阶级的始作俑者。所有的这一些，都是建立一个大一统帝国的基础。孰料，他的子孙竟落到战败被俘的命运。

莽撞的继承人

公元前396年，在位50年的一代雄主魏文侯溘然长逝。他给其子魏武侯（前395－前370年在位）留下的是一个如日中天的魏国——人才济济、国富兵强。最重要的是，他还留下了一个稳健的国家发展战略：联合三晋、内外兼修。

魏文侯如此设计，可谓深谋远虑。首先，从政治地理角度讲，魏国西有秦韩，南有楚，北有赵，东有齐，地处中央四战之地，易攻难守。为免腹背受敌，“联合三晋”是为上策。以“三晋”之力联合御敌，或向外扩张，分享胜利果实无疑比单打独斗的风险系数小得多，最为划算——很少有人想过一个问题：晋国一分为三的力量都各自成为“战国七雄”，合力该有多大？如果能够合“三晋”之力先扫荡群雄，而后再争天下，是为最稳妥和最有效的战略。因此，“联合三晋”不仅是魏文侯留下来的治国方略，他生前也严格遵照执行。

曾经，赵献侯（前423－前409年在位）想联合魏文侯消灭韩氏，赵、魏平分韩氏，而韩武子（前424－前409年在位）也想联合魏文侯消灭赵氏，韩、魏平分赵氏。对于赵、韩的提议，魏文侯均给予了明确的拒绝。魏文侯向赵、韩说明了自己对3家发展的想法。晋地披山戴河，比较封闭，身处其中的赵、魏、韩只有赵国向外伸出了代和邯郸两个触角，但由于身后韩、魏的威胁，赵国也无力通过这两个触角继续向外扩张。赵、魏、韩3国紧邻，必须要和平相处，如果内斗，就会被困在原来的晋地，谁都无法发展。赵、魏、韩 3 国只有联合起来一起向外扩张才有出路。对于魏文侯的联合发展策略，赵献侯与韩武子都表示同意，暂时放弃了内斗，走上了各自发展的道路。

随后，魏文侯内修德政、外治武功。他首先实行变法，改革政治，奖励耕战，兴修水利，发展封建经济，然后开始向外扩张，北灭中山国（今河北西部平山、灵寿一带），西取秦西河（今黄河与洛水间）之地，遂使魏国成为战国时期最先强盛而称雄的国家。

然而，其子魏武侯继位之后，首先就破坏了“联合三晋、外治武功”的治国方针。他严重缺乏战略眼光，而是显得小家子气。因此，当公元前 386 年，这一年也是赵敬侯元年，赵武侯之子赵朝不服，起兵作乱——周安王二年（前 400），赵烈侯去世，赵人立他的弟弟武侯（也称赵武公）。周安王十五年（前 387），赵武侯去世，赵人立烈侯之子赵章，史称赵敬侯（前 386－前 375 年在位）。原本，这纯属赵家家事，与魏国毫无干系。但是，魏武侯以为有机可乘，派兵协助武侯之子赵朝为乱，攻打赵国新都邯郸，不料兵败，由此成为魏、赵关系破裂的起点（至前 368 年完全破裂），以至此后每当魏国向外用兵，总要担心赵国会否乘虚而入！

不仅如此，魏武侯还盲目用兵，扩张毫无方略。而早在文侯三十八年（前 409），魏国就完全占据了西河地区，向北还夺取了戎狄等少数民族的大片土地，在此设置了上郡（今陕西洛河以东，黄梁河以北，子长以南）；占领了陕（今河南三门峡西），控制了西域与中原交通的黄金通道，秦国被压迫在洛水以西，对秦构成侧翼包围与高屋建瓴之势。如果能趁秦国发展缓慢，国穷民弱之际，安抚各国，审时度势、鼓行向西，一举灭秦也不是没有可能，即使不能灭秦，也可夺泾渭平原，独霸秦川，以免受腹背受敌之困，而且将拥有山河之险，控天下之枢，尽地利之饶，东向以争诸侯，从此既无西顾之忧，又可避免东西两线作战，霸业可期。然而，魏武侯却白白丧失了这样一个天赐良机，四面出击、到处树敌。在他与其子魏

◀ 孔子问道渔父图
[南宋]佚名
绢本设色
152×80cm
私人藏品

惠王（前369－前319年在位）统治期间，完全抛弃了由魏文侯制定的、卓有成效的、韬光养晦的国家战略，对外战争虽多，却未能取得实质性战略进展，反而结仇于诸侯，最后在各个大国的夹击中，国力枯竭，一蹶不振，彻底走向了衰落。

为他人作嫁衣裳

与此同时，自魏武侯开始，虽然老臣犹在，但控御无道，致使人才流失。他任田文为相，吴起以功高与田文相争，他不能妥善安置吴起，失之于前，后又任公叔痤为相，还听信公叔痤谗言，怀疑吴起。至于礼贤下士，招引人才，更无从谈起。故武侯在位期间，文侯时“贤人是礼，国人称仁，上下和合”① 的局面不复存在。

更严重的是，魏国自武侯开始，成为“资助”别国人才最多的国家。首先流失的就是上将军吴起。史载：“与诸侯大战七十六，全胜六十四，余则钧解。辟土四面，拓地千里，皆起之功也。”② 可是，魏武侯听信相国公叔痤谗言，怀疑吴起，吴起惧诛逃往楚国。楚悼王（前401－前381年在位）一向仰慕吴起的才能，很快任命他为令尹（楚国相国），主持变法。经过吴起变法之后的楚国再次强盛起来，南定百越，北灭陈、蔡，并且接连击败了韩、秦等强国，拓地数百里。尤其是楚悼王二十一年（也是魏武侯十六年，前381年），楚国出兵援助赵国，与魏军大战于州西（今河南武陟西南），大败魏军。魏国可谓自食苦果。然而，这还只是开始。魏武侯去世之后，他的继任者魏惠王不但没有吸取教训，反而在他执政的50年里流失了许多后来改变战国命运的人物，其中以商鞅、孙膑2人最为可惜——商鞅亲帅秦军收

---

① ［西汉］司马迁：《史记》卷44《魏世家》，北京：中华书局，1982年版，第1839页。

② 陈曦：《吴子译注》卷1《图国》，北京：中华书局，2018年版，第3页。

复西河之地，孙膑两败魏国大将庞涓——发生于前 341 年（魏惠王三十年、齐威王十八年）的马陵之战，孙膑率领齐军以弱胜强，歼灭魏军 10 万人，并俘虏了魏国主将太子申，成为中国战争史上的著名案例。经此一战，魏国元气大伤。

但如果亡羊补牢，犹未晚也。不料，魏国的君主们对身边可能扭转乾坤的人才视而不见。至魏昭王时期（前 318 – 前 296 年在位），名将乐毅和名士范雎又先后出走他国。尽管乐毅被拜为大夫，却没有受到重用，而为燕昭王（前 312 – 前 279 年在位）所识，以其卓越的军事才能完成五国伐齐的大业；[①] 至于范雎，本来想要报效自己的国家，却被奸人陷害，备受侮辱，“宾客饮者醉，更溺雎”[②]，还差点丢了性命，后来辗转到了秦国，向秦昭王（前 306 – 前 251 年在位）献上“远交近攻”之策，本来就难以招架的魏国，处境就更加艰难。除此之外，范雎还帮助秦昭王实行“固干削枝”的政策，加强王权，削夺亲贵大臣的权力，为后来秦王嬴政统一六国扫清了最后的障碍。而在范雎之后，又有尉缭，他向秦王嬴政献上了用重金收买和刺客刺杀的方式瓦解和消灭六国人才的策略，后来秦国将这种阴谋与正面进军的阳谋相结合，最终完成了统一大业。

细说起来，魏国于中原腹地立国，四面强敌环伺，其势犹如围棋里的“草肚皮”，围棋对弈中，非棋力过人者岂敢在腹心开局？立足中原而争霸天下者，非仗人谋、得人和不可。然而，尽管魏国人才济济，却大多奔走他国建功立业，为他人作了嫁衣裳。甚至于王室兄弟，也备受猜忌。结果，正应了那句古话：“得士则强，失士则亡。”

---

① ［西汉］司马迁：《史记》卷 80《乐毅列传》，北京：中华书局，1982 年版，第 2428 – 2429 页。

② ［西汉］司马迁：《史记》卷 79《范雎蔡泽列传》，北京：中华书局，1982 年版，第 2401 页。

失去最后一根救命稻草

据《史记》卷77《魏公子列传》记载："公子为人仁而下士，士无贤不肖皆谦而礼交之，不敢以其富贵骄士。士以此方数千里争往归之，致食客三千人。当是时，诸侯以公子贤，多客，不敢加兵谋魏十余年。"这里，太史公所说的"公子"即是"窃符救赵"的主角信陵君魏无忌，"战国四公子"中唯一一位于时局举足轻重的大人物。然而，魏安釐王（前276－前243年在位）畏惧这个异母弟弟的贤能，不敢任用他处理国家大事。

在窃符救赵之后，信陵君更加害怕魏安釐王恼怒自己盗取兵符擅杀军队统帅的行为，不敢归国，就让军队将领带领魏国大军返回魏国，自己则与门客留在了赵国，一住就是10年。秦国得知，马上出兵攻打魏国。安釐王为此事焦虑万分，派使臣去请信陵君回国。信陵君担心安釐王恼恨自己，就告诫门下宾客说："有敢替魏王使臣通报传达者，一律处死。"由于宾客们都是背弃魏国来到赵国，所以也就没有谁敢劝信陵君回国。但信陵君在赵国结交的隐士毛公和薛公听说此事后，一起去见了信陵君，对他说："公子之所以在赵国备受敬重、名显于诸侯，只是因为有魏国的存在啊！现在秦国进攻魏国，魏国危急而公子毫不顾念，假使秦国攻破魏国国都大梁而把您先祖的宗庙夷平，公子还有什么脸面活在世上呢？"毛公和薛公的话还没说完，信陵君的脸色大变，立即嘱咐车夫赶快套车回去援救魏国。

回国之后，信陵君立即去见了安釐王，两个人相对落泪。魏安釐王把上将军大印亲授给信陵君，任命他为魏军最高统帅。魏安釐王三十年（前247），信陵君派使臣把自己就职一事通报各个诸侯国。诸侯们得知信陵君担任了魏军上将军，都各自调兵遣将救援魏国。信陵君率领5国联军在黄河以南地区大败一代名将蒙骜率领的秦军，进而乘胜追击，将秦军逼回函谷关内，使他们不敢再出函谷关。从此，信陵君的声威震动天下。

秦王嬴政担心信陵君将进一步威胁秦国的发展战略，就决定实施反间计，离间安釐王与信陵君的关系。他派人携带万金前往魏国，秦国使者到达魏国后，先是找到此前被信陵君杀死的魏国将军晋鄙的门客，买通了他们，让他们在安釐王面前诬陷信陵君。晋鄙的门客求见魏安釐王，对魏安釐王无中生有地说："信陵君流亡在外长达10年，现在担任魏国大将，诸侯国的将领都归他指挥，他们只知魏国有信陵君，不知有魏王。信陵君也趁机谋划自立称王。诸侯们因为害怕信陵君的权势声威，正打算共同出面拥立他为王呢。"与此同时，秦国还采用其他办法多次施行反间计。当时，秦国知道魏国在秦国安插了间谍，但不识破，而是请他们代秦国向信陵君表示祝贺，问信陵君是否已经立为魏王了。魏安釐王几乎天天都能听到类似不利于信陵君的传言，渐渐地信以为真，最后免除了信陵君的上将军职务，而信陵君也清楚自己是因为有人毁谤而被解职，于是推托有病，不再上朝，在家与宾客们通宵达旦宴饮，沉溺酒色。4年后，终因饮酒无度患病而死。同一年，魏安釐王也去世了。

秦王嬴政得知信陵君去世的消息，立即再次派遣蒙骜率军进攻魏国，攻占20座城邑，变成了秦国属地。自此之后，秦国像蚕食桑叶一样一点一点侵占魏国领土，18年后，彻底吞并了魏国。信陵君以一人之身攸关六国之存亡，在数百年的战国史中寥寥几见而已！

结语

回想魏文侯之世，魏国傲视群雄。内修德政，外治武功。兵锋所指，所向披靡！面对强悍的秦军，从无败绩！假使之后的魏武侯、魏惠王等后世魏国君主能够严格遵照文侯制定的治国方略，在外交上保持三晋一体，在军事上持续西进（压迫及至占领秦国），在经济上强调便民政策，始皇帝未必是嬴政，而是魏氏子孙也不一定。尤为可惜的是，魏国不是没有人

▲归去来兮辞图卷

［元代］钱选

纸本设色

26×106.6cm

美国纽约大都会艺术博物馆藏

才。吴起、商鞅、孙膑、张仪、乐毅、范雎、尉缭等，这些一个个闪亮的名字，都曾经深刻地影响了战国的走势、影响了中国的未来。与此同时，还有亚圣孟轲近在眼前，很长一段时间都不曾离开魏惠王左右，却一再被错过——孟夫子的谆谆教导和苦口婆心都没有用。除了魏文侯之外，一代又一代的魏君都没能真正地礼待和重用这些贤才，致使人才一批一批流失，最后导致一个霸主之国走向灭亡。

第六卷

秦朝：无情的大时代

没有人为秦朝的灭亡感觉惋惜，也不会有人！秦朝把所有人都得罪了。下至黔首，上至六国旧贵族，中间是开创了『百花齐放』学术黄金时代的诸生。因此，很难想象，在这样一种几乎是四面楚歌的情势下，帝国有可能起死回生。

秦始皇三十七年（前210）十月，始皇帝嬴政（前259－前210）开始了他的第5次巡狩。他登上会稽山，祭祀大禹，又望祭南海，树立石碑，颂扬秦朝的功德，这便是著名的《会稽刻石》。不料，在返程途中病重不治，逝于巨鹿郡沙丘宫（今河北邢台），年仅50岁——正是一个政治家的黄金年代，距离他统一中国仅12年，孰料英年早逝。4年后，即公元前206年9月，汉王刘邦率领的起义军就进入关中，秦三世子婴（秦始皇长子扶苏之子）派重兵至峣关（今陕西蓝田以北）抵御，然而刘邦带军绕过峣关，越过蒉山（今陕西蓝田南），两度大败秦军。同年10月，汉军进入武关（今陕西丹凤县北，它与函谷关、萧关、大散关并称为“秦之四塞”），到达灞上（今陕西西安东南），刘邦派人招降子婴，子婴很快接受了建议。子婴让妻子用绳绑缚自己，坐上由白马驾驶的白色马车，身着死者葬礼所穿的白装束，携带玉玺和兵符等皇帝御用物品，亲往汉王刘邦军中纳降，秦朝灭亡。是时，子婴登基仅46天，距离秦朝建立还不足15年。正所谓“其亡也忽焉”！

回想当年，始皇帝统一中国是何等波澜壮阔，又有些不可思议。须知，他所面对的不是一个即将或者已经崩溃的王朝，所扫灭的也不是一批草莽豪杰、乱世英雄，而是一个个经营了数百年的强大国家，在那些国家里面聚集了无数的能人贤士和骁勇善战的军队，其难度可想而知。然而，他做到了，成为“千古一帝”（明朝思想家李贽语），“功如丘山”（西汉名臣桑弘羊语），“虽四三皇、六五帝，曾不足比隆也”（民国初年思想家章太炎语）。只不过，伟大的始皇帝并没有想到，他为之奋斗一生的梦想在他去世之后不到5年时间就彻底破碎。一个雄伟的帝国坍塌了，贾谊在《过秦论》中分析其原因是“仁义不施而攻守之势异也”，并非书生之见，而不无道理。“族秦者，秦也，非天下也。”

隐忍待发的黔首

自春秋以降，长达500多年的诸侯争霸和群雄逐鹿，致使中国生灵涂炭，人民厌恶战争，盼望统一。而当时，统一中国的唯一方式只有战争，正所谓“以战止战”——这就注定了秦国君主，尤其是秦始皇是一位“战争皇帝”。然而，过犹不及。历史证明，无论是秦国还是秦始皇的统一之战并没有错，但是战争的血腥结果却为秦朝的覆灭埋下了伏笔——种下了仇恨的种子。陈胜曰：“天下苦秦久矣”①，并非信口开河，而是抓住了众人的心理。在六国后人心中，大多藏有一颗复仇的心，这都源于秦军过重的杀戮。

据《史记》卷5《秦本纪》、卷6《秦始皇本纪》和卷15《六国年表》统计，在战国时期由秦国发动的战争有93次，六国平均每个国家发动战争6.3次。其中，有详细斩首记录的战争22次，秦军共斩首数量181万。详见下表：

附表8　秦国对外战争斩首人数简表

年代	具体时间	交战国家	战役地点	秦军指挥官	斩首人数
秦献公二十一年	前364	魏国	石门	章蟜	6万
秦孝公八年	前354	魏国	元里	商鞅	0.7万
秦惠文王七年	前331	魏国	—	公子卬	8万
秦惠文王八年	前330	魏国	雕阴	公孙衍	4.5万
秦惠文王更元八年	前317	魏国、赵国、韩国、齐国、燕国	修鱼	美里疾	8.2万

① ［西汉］司马迁：《史记》卷48《陈涉世家》，北京：中华书局，1982年版，第1950页。

续表

年代	具体时间	交战国家	战役地点	秦军指挥官	斩首人数
秦惠文王更元十一年	前 314	韩国	岸门	类里疾	1 万
秦惠文王更元十三年	前 312	楚国	丹阳	魏章	8 万
秦武王四年	前 307	韩国	宜阳	甘茂、公子封	6 万
秦昭襄王六年	前 301	楚国	垂沙	公子奂	2 万
秦昭襄王七年	前 300	楚国	襄城	公子奂	3 万
秦昭襄王九年	前 298	楚国	武关	—	5 万
秦昭襄王十四年	前 293	韩国、魏国	伊阙	白起	24 万
秦昭襄王二十七年	前 280	赵国	光狼	白起	3 万
秦昭襄王三十二年	前 275	魏国	大梁	魏冉	4 万
秦昭襄王三十三年	前 274	魏国	蔡阳	魏冉	4 万
秦昭襄王三十四年	前 273	魏国、赵国、韩国	华阳	胡阳（胡伤）	15 万
秦昭襄王四十三年	前 264	韩国	陉城	白起	5 万
秦昭襄王四十七年	前 260	赵国	长平	白起	45 万
秦昭襄王五十年	前 257	赵国	邯郸	王龁	2.6 万
秦昭襄王五十一年	前 256	韩国	阳城	摎	4 万
秦昭襄王五十一年	前 256	赵国	—	摎	9 万
秦王嬴政二年	前 245	魏国	卷邑	鹿公	3 万
秦王嬴政十三年	前 234	赵国	平阳	桓齮	10 万

可以确认，在统一战争中，秦国斩首的实际数量远远超过 181 万。在此，仅举一例：根据《史记》卷 73《白起王翦列传》记载：在灭楚之战中，秦始皇先后派遣了李信与王翦率大军攻楚，两次都“大破荆军”。其中，李信将兵 20 万人，王翦将兵 60 万人，两支大军对楚国的破坏和杀戮无须赘言。资料显示，秦始皇统一中国之时，全国人口约 3000 万，180 万相当于全国人口的 6%（这还不包括秦国本身的人口损失），付出的代价不可谓不沉重——

且不说不利于生产发展，至少给当时无数个家庭带来了难以弥补的身心痛苦。尤其是秦赵长平一役，“血流淙淙有声，杨谷之水皆变为丹，至今号为丹水”。当时，45万赵军全部被坑杀，仅240名少年战士归赵，以至赵国的每个家庭“子哭其父，父哭其子，兄哭其弟，弟哭其兄，祖哭其孙，妻哭其夫，沿街满市，号痛之声不绝”。

原本，六国皆视秦国、秦军和秦人为“虎狼”，相关文字在《史记》和《战国策》等各种战国与秦汉之间的文献中比比皆是，如《战国策·楚策一》记载苏秦说楚威王曰：“夫秦，虎狼之国也，有吞天下之心。秦，天下之仇雠。”① 长平一役，证实了策士们所言非虚。于是，仇恨更加刻骨铭心。虽然天下归一，但是那些痛苦的记忆并没有、也不会随着国家的统一而立即消失，他们只是普通的百姓，所重视和拥有的唯有骨肉亲情。如果国家从此太平无事，他们也许就会逐渐认同自己的秦人身份；反之，不过是隐忍未发而已；更为重要的是，他们在感情上依然对故国旧君有怀恋之心，有很大的离心倾向。何况，在秦统一六国之后，承担帝国繁重徭役的主要是关东六国百姓。这种压制和征服引起了六国故地普遍的敌对和反抗，它是战国晚期以来六国与秦对抗的延续，在秦朝的统治时期内，一直隐存着这种与秦对抗的情绪——这也解释了为什么至秦末，起义者犹能凭借六国旧名号令天下的原因。秦朝虽然统一了天下，但关东六国的反秦情绪一直潜存。何况，“新制度虽然比封建制度好，却不能立即提供粮食、工作及财富，使从封建制度下解放出来的人有事可做而接受统治”②。遗憾的是，伟大的始皇帝并不曾也不可能认识到这一点，而且接着犯了一个绝对不该犯的错误——“坑儒”。如果说“斩首”的悲剧不应该由他一个人来承担，那么“坑儒”的悲剧只能是他一个人的罪过。

---

① 缪文远：《战国策译注》卷14《楚策一》，北京：中华书局，2012年版，第407页。

② ［美国］欧文·拉铁摩尔著，唐晓峰译：《中国的亚洲内陆边疆》，南京：江苏人民出版社，2010年版，第304页。

心怀不满的儒生

众所周知，秦国在吞并六国、建立统一的秦王朝之后，曾经采取了一系列措施巩固王朝统治——这些包括政治领域的“郡县制”；经济领域的“度同衡”“车同轨”；社会领域的“行同伦”和文化领域的“书同文”等。其中，在政治和经济领域，都卓有成效，以至“汉随秦制”，延续超过2000多年；然而，在社会和文化领域却收效甚微。这并非措施有误，而是有其复杂的原因。毋庸置疑，“书同文”的政策对后世中国的发展具有不可或缺的作用，是中国文明发展的基础，但对于融合六国为一国还未来得及发生作用，不过是帝国在行政文书上的统一，是一种表象。在表象之下，是秦朝多种主体思想和文化并存：首先，是秦国的军国主义；其次，是中原各国，尤其是齐、鲁两国的儒学；最后，是楚地的楚风。以上3种文化虽然不能说截然不同，却也有着本质的区别。

尤其是秦国的军国主义，它是一种杂糅型文化，是中原文化和西戎习俗的高度混合物。事实上，秦人中就有不少是西戎人，即所谓的“夷狄”。在秦穆公三十七年（前623），曾经辟地千里，有20多个戎狄小国先后归服秦国。而自商鞅变法之后，这种（以奖励军功为核心内容的）军国主义已经不单独是政治体制，而是几乎成为秦国的一种生产和生活方式，是秦人尚武精神的源泉。从某个角度讲，它可以说是秦国统一中国的基础，但是没有成为维护统一的纽带。事实证明，在秦朝统一的15年里，并没有实现文化上的聚合，虽然“书同文”，但六国固有的思想并没有形成统一认识。换句话说，统一中国的大秦帝国还没能形成一个人人景仰和遵从的精神内核——也即对新国家、新时代的认同，尤其是新生的秦朝没有取得儒生们的支持。首先，秦始皇没有采纳王绾、淳于越为代表的儒生们建议的“分封制”，而选择了“郡县制”；其次，秦始皇封禅泰山也没有采用周礼，而沿袭了秦国的仪式，并且不让儒生参与封禅之事。这些，都让儒生们不无意见以至产生离心。因此，

◀ 桃源仙境图
[明代]仇英
绢本设色
175×66.7cm
天津市博物馆藏

当他们“闻始皇遇风雨，则讥之”，甚至公开讹传“始皇上泰山，为暴风雨所击，不得封禅”①。这些，都让彼此存下心结，秦始皇也“由此绌儒生”②。

然而，秦始皇对儒生仍然是重视的，他设立了众多的博士职位，数量达70多人，是自秦以后任何一个朝代都无法比拟的，而博士人员主要为“齐、鲁之儒生”。遗憾的是，他们鲜有创建，守儒家之业而已，不过“游文于六经之中，留意于仁义之际，祖述尧、舜，宪章文、武，宗师仲尼，以重其言，于道最为高”③。也就是说，儒生们以复古为人生目标，而秦始皇所心仪的法家则以革故鼎新为目的。因此，尽管秦始皇也曾真心希望众博士以其智慧润色鸿业，敷赞革命，孰料希望落空。秦始皇兼并六国，施行君主专制，统一文字、货币、度量衡，建立郡县制，这是一套与秦之前的政治传统迥然不同的社会制度。于是，冲突在所难免。当儒生们企图以礼制谋求反对帝国的既定秩序，秦始皇不能不有所动作。

那是在秦始皇三十四年（前213），秦始皇特别安排举行了一场盛大的生日宴会，以期融洽与儒生的关系。孰料，主张分封制的、出身儒家的仆射淳于越借着酒意再次批判帝国的现行体制，提议师古，分封同姓王以屏藩，他甚至不无讥讽地说：“事不师古而能长久者，非所闻也。”④ 这是典型的厚古薄今的论调，严重缺乏政治远见，而且态度颇为不恭，但秦始皇听罢也没有动怒，而是不动声色，把他的建议交给群臣讨论。丞相李斯（前284－前208）当场表示反对，他认为儒家私学有害于大一统，有损“主势”和“法令出一”，建言“非秦记皆烧之。非博士官所职，天下敢有藏诗、书、百家语者，悉诣守、尉杂烧之。有敢偶语诗书者弃市。以古非今者族。吏见知不举者与同罪。令下三十日不烧，黥为城旦。”秦始皇当即批准了这个建

---

① ［西汉］司马迁：《史记》卷26《封禅书》，北京：中华书局，1982年版，第1371页。
② ［西汉］司马迁：《史记》卷26《封禅书》，北京：中华书局，1982年版，第1366页。
③ ［东汉］班固：《汉书》卷30《艺文志》，北京：中华书局，1962年版，第1728页。
④ ［西汉］司马迁：《史记》卷6《秦始皇本纪》，北京：中华书局，1982年版，第254页。

议。自宴会次日开始不到30天内，秦代以前的古典文献，尤其是列国历史，都化为灰烬，留下来的只有皇家图书馆内的一套藏书，史称“焚书”，它再一次加剧了秦始皇和诸生之间的矛盾。

至第二年，也就是秦始皇三十五年（前212），又发生了“坑儒事件”——这并不是“焚书事件”的延续，更不是升级，可以说两者之间没有一点关系，而是由于一些方家术士的欺骗。在秦始皇统一中国之后，他天真地希望寻求长生不死药。方士侯生、卢生等人迎合他的需要，答应为秦始皇寻找这种仙药。在获得秦始皇的信任之后，他们先是让秦始皇隐藏日常行迹，说什么“愿上所居宫毋令人知，然后不死之药殆可得也”①。在秦始皇听从了他们的意见，满朝大臣和众皇子公主“莫知行之所在”之后，长生不死药依然不见踪影。原本，这只是一场精心骗局，不过是一群不学无术者寻求荣华富贵的伎俩。但是，骗子们可能忘了，按照秦律，谎言不能兑现，或者所献之药无效，将处以死刑。侯生、卢生心里明白，他们根本就不可能找到长生不死药，并且世上也没有长生不死药，于是逃之夭夭。其实，逃了也就逃了，却给出了一个冠冕堂皇的理由，诽谤秦始皇刚愎自用，专任狱吏，事情无论大小，都由他一人决断，贪于权势等，总之没有一句好话。秦始皇听后，自然怒不可遏，以妖言惑众的罪名，下令进行追查，并亲自圈定460余人活埋于咸阳，史称“坑儒”。

以上两件事，从本质上讲，都是儒生和方士们错误在先。淳于越等人期望仁政本没有错，期望通过分封增强帝国的自我保护能力也没有错，但一味地强调复古却完全不对，他们没有看清历史大势，“分封制”已然不适合中国，那是内乱的根源——至少在这一点上，秦始皇无疑比他们站得高、看得远，并一针见血地批评说：“天下苦于无休止的战争已经几百年，这都是因为各个诸侯王国各自为政的缘故，如今依靠祖先和神灵的庇护，刚刚平定

① ［西汉］司马迁：《史记》卷6《秦始皇本纪》，北京：中华书局，1982年版，第257页。

了天下，恢复封建制度，这是作茧自缚，由此希望安宁，岂不是很困难的吗?”毕竟，稳定是国家发展和进步的基础。秦朝之后的历史表明，“分封制”给中国带来了巨大的灾难。但无论如何，“焚书坑儒”总是大错特错，那不应该是一个伟大君王的胸襟，更非一个伟大王朝的所为。如果说“焚书”尚且情有可原，“坑儒”则怎么都说不过去。人命关天，它直接落人口舌，给了反对者、结怨者一个真实的例证，最终成为秦朝暴政的有力证据之一。原本，冲突可以温和地化解，可是秦始皇却选择了极端的做法，这直接导致在帝国内部暗潮涌动！何况，还有另一群蠢蠢欲动的人！

唯恐天下不乱的六国贵族

秦始皇在完成统一战争的过程中，与六国贵族结怨甚深。秦始皇十七年（前230），他灭韩，不久假借平定韩国贵族叛乱杀了韩王安；十九年（前228），他灭赵，随后亲自赶赴邯郸，坑杀了一大批曾与其母亲结怨的仇家；二十二年（前225），他灭魏，杀了投诚的魏王假及多位魏王室公子贵族，仅剩一人逃脱，他穷追不舍，重金悬赏，一定要斩尽杀绝；二十五年（前222），他灭燕，杀了太子丹，又到处通缉他的门客；同年，他灭楚，杀了一批楚国贵族，迫使他们的子弟后来成为反秦大军的领袖；二十六年（前221），他灭齐，诱降了齐王建，却又活活将其饿死，招致齐国臣民的无穷怨恨。尤其是楚国，在此之前的秦惠王时代（前356－前311），曾经诱骗楚怀王至秦国，幽禁不让其归国，让他受尽屈辱，最终客死他乡，导致楚人尤其仇恨秦朝。

在统一中国之后，他又把六国富豪12万户迁至关中咸阳，让一大批曾经养尊处优的人背井离乡；不仅如此，他还从六国掳来大量美女充实皇宫，一系列不得人心的举措迫使一大批六国人成为秦朝的死敌。他们胸怀光复故国、报仇雪恨之心，并且拥有非常强大的影响力和雄厚的经济基础，还大多具有丰富的政治军事经验，其中不乏将帅之才、谋略之士，因而是最具直接威胁性的政治敌手——如韩国公子信与贵族后裔张良，楚国贵族后裔项梁与项羽叔侄，魏公子魏咎、魏豹兄弟，以及齐国王室成员田儋、田荣兄弟等，都是后来起兵反秦的领袖人物和主要谋士。

而当时，流散在各地的类似反抗人士可能数以万计。《战国策·齐策六》记载："三晋大夫皆不便秦，而在阿、甄之间者百数。"① 他们都有复国之志。秦始皇统一六国之后，他们大多隐姓埋名，蓄势待机，一有风吹草动，便揭竿而起、推波助澜。其中不少人都具有很强的主动攻击性，他们甘愿冒杀身灭族的风险，积极寻找时机，不惜铤而走险，如张良，在韩国灭国后，用全部财产寻求勇士谋刺秦王，甚至弟弟去世了也没有及时举办葬礼，一心为韩国报仇。终于，被他找到一个大力士，锻造了一个 120 斤重的铁锤。秦始皇巡游东方，张良与大力士在博浪沙偷袭，这便是历史上著名的"博浪一击"，可惜误中副车，不然，整个中国历史都将由此改写。而在张良之前，即在秦国吞并韩国不久之后，居住在韩国故都新郑的韩国贵族们就发生了武装叛乱，若非秦始皇及时派兵镇压，并处死了被俘的韩王安，则有可能成燎原之势；而项梁与项羽叔侄"避仇于吴中"，在当地士大夫中具有相当大的号召力。秦始皇巡狩会稽，叔侄俩亲眼见到皇帝的仪仗，项羽脱口而出，说："彼可取而代也。"当时的帝国内部局势可见一斑！不过，却非没有转机。遗憾的是，秦始皇生前依赖和信任的丞相最终却选择了背叛！

见利忘义的丞相

秦始皇三十八年（前 209）七月，秦始皇病逝于巡狩归途。当时，随他出行的只有左丞相李斯和几个亲信，大多数重臣大将都远在都城和边疆，右

---

① 缪文远：《战国策译注》卷 13《齐策六》，北京：中华书局，2012 年版，第 379 页。

丞相冯去疾留守都城，大将军蒙恬和长子扶苏驻军上郡（今陕西榆林东南），这使得朝政大权实际上掌握在几位随行者手中，以至当时，秦王朝的政权能否平稳过渡在很大程度上取决于左丞相李斯等人的忠诚与否。尤其是李斯，即使赵高有意拥立胡亥，胡亥也蠢蠢欲动，渴望篡夺最高权力；但是，如果没有李斯的支持，很难得逞。

终究，李斯是开国宰相，一人之下，万人之上，在帝国政坛，具有举足轻重的权力和话语权，可以说是大秦帝国体制的总设计师，享有崇高的声望。并且，秦始皇于他有中国历史上最为难得的知遇之恩，将他从一介游士一步一步擢拔为帝国宰相，"封为通侯，子孙皆至尊位重禄者"[①]，权倾天下。因此，从常理上讲，他也不应该背叛秦始皇，至少不应该篡改和违背秦始皇的遗嘱与遗愿，这是一名政治人物应该拥有的、基本的政治操守。然而，事与愿违。李斯作为一位大政治家的同时，还是一个极端的个人主义者。这从他毫不犹豫地害死同窗韩非就可知。当年，秦始皇读到韩非所作的《孤愤》《五蠹》这些文章，兴奋地说："我如果见到这个人并且能和他交往，就是死也无憾了。"表明了秦始皇很喜欢他。李斯则担心如果韩非受到重用将对他不利，而在秦始皇面前诋毁说："韩非是韩国的贵族子弟。现在大王要吞并各国，统一天下，身为韩国人，韩非自然会帮助韩国而不会帮助秦国，这是人之常情。如今大王不任用他，在秦国留的时间长了，再放他回去，这是给自己留下祸根、自找麻烦啊。不如给他加个罪名，依法处死他。"秦始皇认为他说得对，就下令法官给韩非定罪。李斯立即派人给韩非送去毒药，叫他自杀了。[②] 因此，可想而知当他面对赵高的利诱之后的结果。尤其是当赵高将他与蒙恬相比较，问说："和蒙恬相比，谁更有本事？谁的功劳更高？谁更谋略深远而不失误？天下百姓更拥戴谁？与长子扶苏的关系谁更好？"李

---

① ［西汉］司马迁：《史记》卷87《李斯列传》，北京：中华书局，1982年版，第2550页。

② ［西汉］司马迁：《史记》卷63《老子韩非列传》，北京：中华书局，1982年版，第2155页。

斯羞愧难当，坦言“皆不及蒙恬”。

于是，与秦始皇联合开创了中国乃至世界新历史的一代名相李斯终究没有摆脱个人主义至上的梦魇，为了“长有封侯，世世称孤”，避免“祸及子孙”，甘愿与阴谋者赵高合谋，制造了中国历史上臭名昭著的“沙丘之变”。他甚至亲笔编造了两道秦始皇遗诏，一道颁布给身为丞相的自己，指令“立子胡亥为太子”。另一道颁布给远在上郡驻防的始皇帝的长子扶苏和将军蒙恬，信中一曰“扶苏为人子不孝，其赐剑以自裁”；二曰蒙恬“为人臣不忠，其赐死”；三曰北疆军权“属裨将王离”。写完，用皇帝的玉玺把诏书封好，让胡亥的门客捧着诏书到上郡交给扶苏。扶苏接旨之后，遗言“父而赐子死，尚安复请！”立即自杀而死。对此，太史公不无惋惜地说：“李斯知道儒家《六经》的要旨，却不致力于建设清明的政治，以弥补皇帝的过失，而是凭仗显贵的地位，阿谀奉承，随意附和，推行酷刑峻法，听信赵高的邪说，废掉嫡子扶苏而立庶子胡亥。等到各地已经群起反叛，才想起直言劝谏，这不是太愚蠢了吗！人们都认为他忠心耿耿，反受五刑而死，但我仔细考察事情的真相，和世俗的看法有所不同。否则的话，李斯的功绩真的可以和周公、召公相提并论了。”①

太史公对李斯有很高的期许，秦始皇也认为他是一个可以托孤之臣，因此每次巡狩都带在身边。然而，李斯不仅背叛了秦始皇，也背叛了由他自己亲手开创的新历史。至此，地狱之门已经向中国历史上第一个统一王朝——秦朝，完全打开，帝国政治已经面临崩溃的边缘。

---

① ［西汉］司马迁：《史记》卷87《李斯列传》，北京：中华书局，1982年版，第2663页。太史公曰：“斯知六艺之归，不务明政以补主上之缺，持爵禄之重，阿顺苟合，严威酷刑，听高邪说，废适立庶。诸侯已畔，斯乃欲谏争，不亦末乎！人皆以斯极忠而被五刑死，察其本，乃与俗议之异。不然，斯之功且与周、召列矣。”

结语

毋庸置疑，秦朝是一个伟大的时代，他给予了中国一个新的希望；秦始皇也是一个伟大的君王。我们从下面的《统一时间表》中可略见一二：

附表 9　秦国统一六国时间简表

统一时间	被征服国家	被征服国家存在时间	秦始皇年龄
秦王嬴政十七年（前 230）	韩国	173 年（前 403－前 230）	29 岁
秦王嬴政十九年（前 228）	赵国	175 年（前 403－前 228）	31 岁
秦王嬴政二十二年（前 225）	魏国	178 年（前 403－前 225）	34 岁
秦王嬴政二十五年（前 222）	楚国	820 年（前 1042－前 224）	37 岁
秦王嬴政二十五年（前 222）	燕国	820 年（前 1042－前 222）	37 岁
秦王嬴政二十六年（前 221）	齐国	821 年（前 1042－前 221）	38 岁

由上表可知，秦始皇统一中国的时候年仅 38 岁，而被他征服的国家，最年轻的也已经 173 岁。如果算及它（们）的前身，则超过 800 岁。换言之，秦始皇征服的都是存在了 800 多年的古老国家，历史总和将近 5000 岁，这不能不算是一个奇迹——在他灭亡韩国的时候，不足 30 岁，是一个名副其实的杰出青年。不仅如此，他还建立了一套全新的社会制度，为之后的 2000 年奠定了一个稳定的基础。著名历史学家夏曾佑先生云："有为中国二十四朝之皇帝者，秦皇、汉武是也。"① 吕思勉先生则进一步认为："秦始皇，向来都说他是暴君，把他的好处一笔抹杀了，其实这是冤枉的。他对政治实在是抱有一种伟大的理想的。"②

从某个角度讲，秦始皇确实是一位具有理想主义色彩的君王。自秦以来，中国历代争议颇大的修筑长城一事，可以说是一件理想主义者的杰作，

① 夏曾佑：《中国古代史》，石家庄：河北教育出版社，2000 年版，第 275 页。
② 吕思勉：《中国通史》，西安：陕西师范大学出版社，2010 年版，第 43 页。

目的是保护北部边境人民的生命财产的安全，减少人民的负担和军备开支；还有秦直道，以国都咸阳为中心，向四面八方延伸出去的宽阔的驰道，类似现代的高速公路；此外，为了沟通长江水系的湘江和珠江水系的漓江，他还命令修筑了灵渠，这是世界上最古老的运河之一，自贯通之后，2000 多年来一直是岭南与中原地区之间的水路交通要道。这些，都是拥有巨大经济利益和社会效益的公共工程。

遗憾的是，秦始皇在生逢其时的同时，又可谓生不逢时。说生逢其时，是时代给了他一个舞台，让他开创了一种全新的历史；说生不逢时，是他开创的新历史，民众还没有、至少还没完全做好接受的心理准备。尽管历史的方向是统一，但是，因为秦始皇和之前秦国的历代君主在统一过程中的过重杀戮，让人民大多思念故国——这是秦朝之所以覆亡的主要原因，加之秦始皇在统一中国之后，不恤民力，在建设公共工程之外，又为个人筑宫殿、修皇陵，甚至求仙药，人民被完全淹没在徭役和兵役的苦海之中。因此，当一个寂寂无名的黔首陈涉“斩木为兵，揭竿为旗”之后，“天下云会响应，赢粮而景从，山东豪俊遂并起而亡秦族矣”①，甚至于“鲁诸儒持孔氏之礼器往归陈王”。曾经体面和高高在上的儒生、士大夫们背负孔子的礼器去追随归顺，向一个黔首称臣，为什么？②

秦朝无疑是一个大时代，具有一个大时代的一切特征；秦始皇也是一位伟大的君王，取得了不可超越的功绩。然而，秦朝终究只是自它之后的漫长和伟大的中国历史的序曲。这可以说与秦始皇无关，却因他而起——他没有为伟大的帝国预立政治继承人，而祈望长生不死药以延长个人的统治。于是，秦朝非常不幸地落入一个旷古未有的昏君之手——他的亲生儿子、臭名昭著的秦二世胡亥将秦朝的不义推向不可逆转的地步，“他不仅没有调整严

① ［西汉］司马迁：《史记》卷 48《陈涉世家》，北京：中华书局，1982 年版，第 1964 页。
② ［西汉］司马迁：《史记》卷 121《儒林列传》，北京：中华书局，1982 年版，第 3116 页。

▲崆峒问道图
［北宋］杨世昌
绢本设色
28.2×48.5cm
北京故宫博物院藏

刑酷罚、横征暴敛的政策，反而推行了更为严厉的‘督责之术’，制定了更加残酷的律条刑罚，征发了更多更重的赋税徭役”①。这直接导致调整政治的机遇丧失了，国家的根本动摇了。于是，秦朝的君臣关系、君民关系全面恶化，再加上一个心怀叵测的赵高，指鹿为马，秦朝的政治已经回天无术——底层是愤怒的民众，中央高层是空旷的朝堂——秦始皇的绝大部分辅臣、爱将及近侍，包括一代名将蒙恬、蒙毅兄弟，都相继被贬斥、诛杀甚至灭门，甚至秦始皇的诸位皇子、公子都被诛杀殆尽，帝国政治呈现出一片恐怖景象。覆灭，是必然的结局！

没有人为秦朝的灭亡感觉惋惜，也不会有人！秦朝把所有人都得罪了。下至黔首，上至六国旧贵族，中间是开创了学术黄金时代的诸子传人，其中尤其是人数庞大、影响力日渐重要的儒生。因此，很难想象，在这样一种近乎与全民为敌、四面楚歌的情势下，帝国有可能起死回生。何况，秦二世胡亥登基看似偶然，是阴谋的结局，却也是必然——是秦始皇给了赵高和胡亥施展阴谋的空间和机会。他无疑是一个伟大的政治家，具有非凡的政治远见和政治能力，却同时也是一个怕死鬼，“恶言死，群臣莫敢言死事”。他希望“后世以计数，二世三世至于万世，传之无穷。”却在皇位继承人问题上不见任何公开的安排。因此，胡亥即位，帝国上下除了蒙恬之外，没有任何怀疑和异议。那些掌握舆论的儒生没有发出哪怕一句评论和质疑。记得在“坑儒”之前，公子扶苏曾替他们求情，恳求说：“唯上察之。”② 希望秦始皇三思。然而，当胡亥登基，诸生不见只言片语，历史上没有任何记载，质疑由胡亥继承皇位的正当性——这才是最大的悲剧。他们都盼望着改朝换代，绝不会为秦朝做任何辩护，不会为秦朝说一句好话（事后强烈批判胡亥昏庸、残暴，把他作为末世君主的反面典型不过是马后炮）。因此，在陈涉起义，

① 张分田：《秦始皇传》，北京：人民出版社，2003 年版，第 628 页。

② ［西汉］司马迁：《史记》卷 6《秦始皇本纪》，北京：中华书局，1982 年版，第 258 页。

率众与秦对抗之时，齐、鲁的儒墨缙绅热烈响应，他们负孔氏之礼器、《诗》《书》，往归陈涉，委质为臣，孔子的后代孔甲还做了陈涉的博士，最终与陈涉同死。对齐、鲁儒学缙绅之士来说，陈涉反秦为何具有那么大的吸引力，太史公的解答可能一语中的，他说："陈涉起匹夫，驱瓦合适戍，旬月以王楚，不满半岁竟灭亡，其事至微浅。然而缙绅先生之徒负孔子礼器往委质而为臣者，何也？以秦焚其业，积怨而发愤于陈王也。"

归根结底，秦国在由弱变强的同时，只有利益，没有人情——这从《秦律封诊式》中记载的两件事中可见一斑：一则是士兵为争夺首级而自相残杀，另一则是秦国士兵割下阵亡战友的头颅以充战功。从深层次分析，这已经不是简单的冒领军功，而是体现了一个国家和一个时代的精神。在秦国，尤其自商鞅变法之后，自上而下，几乎不见"仁"的概念——车裂、坑降卒、坑儒、水淹等人间最大的惨剧，都出现在秦国。而在此之前，即使贤明如秦穆公，去世之后陪葬者却高达 177 人，其中包括奄息、仲行、针虎 3 位贤臣。秦人因此无限哀痛，作《黄鸟》诗，控诉说："先王崩，尚犹遗德垂法，况夺之善人良臣百姓所哀者乎？"①此外，还有一个现象不能不引起重视：自商鞅开始，也即从自秦孝公到秦始皇，共经历 6 代 7 位君王，主要任用了 9 名宰相，他们分别是：商鞅（约前 395 – 前 338）、张仪（？ – 前 309）、樗里疾（？ – 前 300）、甘茂、魏冉（？ – 前 264）、范雎（？ – 前 255）、蔡泽、吕不韦（约前 292 – 前 235）和李斯，他们个个都具有不世相才，于中国历史而言都可谓有功，但也大多道德有亏，如商鞅，太史公云"天资刻薄"②，魏冉"富于王室"③，范雎"睚眦必报"④，吕不韦"污秽宫

---

① ［西汉］司马迁：《史记》卷 5《秦本纪》，北京：中华书局，1982 年版，第 194 – 195 页。

② ［西汉］司马迁：《史记》卷 68《商君列传》，北京：中华书局，1982 年版，第 2237 页。

③ ［西汉］司马迁：《史记》卷 72《穰侯列传》，北京：中华书局，1982 年版，第 2329 页。

④ ［西汉］司马迁：《史记》卷 79《范雎蔡泽列传》，北京：中华书局，1982 年版，第 2415 页。

闹"[①]，李斯"阿顺苟合"，一国宰相皆如此，国家焉能讲求仁义？因此，淳于越等儒生希望秦始皇遵循孔子教诲，施行仁政，并非没有道理，甚至可以说是对症下药。

事实上，秦始皇认可的法治和儒生们心仪的礼治并不冲突，而是一种绝妙的互补——前者维护公共秩序，后者提升国民素质与社会道德水平。孰料双方都走向极端，各不让步，一个新时代就这般被无情葬送。呜呼！

① ［西汉］司马迁：《史记》卷85《吕不韦列传》，北京：中华书局，1982年版，第2510页。

第七卷

西楚：一幕独角戏

项羽并不具备一个政治家的基本素质，行事完全凭着个人的喜怒哀乐。尽管他出身贵族，却从不见言及政治理想，更谈不上政治远见。项羽相信的唯有他自己，相信他个人的超凡力量可以无坚不摧，不可阻挡，『万人敌』！

“生当作人杰，死亦为鬼雄。至今思项羽，不肯过江东。”北宋女词人李清照的这一首《夏日绝句》可以说是中国文学史和诗歌史上最著名的作品之一。那一年，确切地说是公元前202年，项羽（前232－前202）年仅30岁。人生最灿烂的年龄，如何“不肯过江东”？同样是那一年，他的对手、未来的汉高帝刘邦（前256－前195）已经54岁了，论年龄完全可以做他的父辈。过了江东，以他的军事才华和绝世武功，加上江东的各种支持不愁没有东山再起的机会，一如乌江亭长所说：“江东虽小，地方千里，众数十万人，亦足王也。”[①] 可是项羽并未听亭长的建言，在力战之后拔剑自杀了。遗言“纵江东父兄怜而王我，我何面目见之？”

每每读史至此，不无感慨。“无颜见江东父老”，何以至此？才5年时间，回想5年前，即公元前207年，那一年项羽，年仅25岁，但已经身为上将军，率领各路反秦诸侯抗击秦军，打败了由上将军章邯率领的秦军主力（史称“巨鹿之战”），随后，进入秦朝都城咸阳。次年，26岁时即自立为西楚霸王，“权同皇帝”，册封了18路诸侯王，包括封刘邦为汉王。形势一片大好。史书记载：“项羽召见诸侯将，入辕门，无不膝行而前，莫敢仰视。”[②] 大意是说，在打败秦军之后，项羽召见诸侯将领，当他们进入军门时，一个个都跪着，用膝盖向前走，没有人敢抬头仰视。至公元前202年，才过去5年，形势完全逆转，兵败自杀，留下千年叹息！以至多年以后，诗人杜牧路

---

① ［西汉］司马迁：《史记》卷7《项羽本纪》，北京：中华书局，1982年版，第336页。
② ［西汉］司马迁：《史记》卷7《项羽本纪》，北京：中华书局，1982年版，第307页。

过乌江亭，依然不无感慨地题诗云："胜败兵家事不期，包羞忍耻是男儿。江东子弟多才俊，卷土重来未可知。"

曾经，生命给予了项羽天赋（"长八尺余，力能扛鼎，才气过人"），历史留给了他机会（"天下苦秦久矣"），遗憾的是，项羽仅将此当作了一个人的舞台。甚至在生命的最后时刻，还在回想自己的不败战绩和赫赫荣光，对随从们说："吾起兵至今八岁矣，身七十余战，所当者破，所击者服，未尝败北，遂霸有天下。然今卒困于此，此天之亡我，非战之罪也。"① 没有丝毫的反省——他并非不知道，打败他的正是他曾经不屑一顾的那个人！

韩信：从献策者到掘墓人

设想一下，若项羽与韩信（前 231 – 前 196）联手，历史将会怎样？项羽"未尝败北"，韩信则"战必胜，攻必取"，都是高手中的高手。最为重要的是，两人当时都是青春年少，年岁相当，仅相差一岁（项羽长韩信一岁），应该拥有不少的共同语言——至少，项羽与韩信之间的共同语言应该多于项羽与刘邦之间。既然项、刘之间可以结拜为兄弟，为何项、韩之间不能组成一个团队？何况，韩信当时就在项羽军中服务。遗憾的是，"（韩信）数以策干项羽，羽不用。"在楚军中，韩信始终"官不过郎中，位不过执戟"，只是一名城门卫队长而已。② 当然，项羽最终还是知晓了韩信独一无二、不可或缺、举足轻重的价值，"右投则汉王胜，左投则项王胜"③。而派人游说韩信反汉与楚联合，三分天下称王齐地。可惜为时已晚。

前 202 年，由刘邦册封的齐王韩信从齐地南下，占领楚都彭城（今江苏徐州），兵锋直指楚军侧背；彭越从梁地西进；刘贾则会同九江王英布

---

① ［西汉］司马迁：《史记》卷 7《项羽本纪》，北京：中华书局，1982 年版，第 334 页。

② ［西汉］司马迁：《史记》卷 92《淮阴侯列传》，北京：中华书局，1982 年版，第 2610 页。

③ ［西汉］司马迁：《史记》卷 92《淮阴侯列传》，北京：中华书局，1982 年版，第 2622 页。

（项羽册封的十八王之一）自下城父（今安徽亳州）北上；当时还未正式登基称帝的汉王刘邦则亲自率部出固陵（今河南太康南）东进，汉军形成从南、北、西三面合围楚军之势，项羽被迫向垓下（今安徽灵璧南，一说今河南淮阳、鹿邑间）退兵。当时，40 万汉军将 10 万楚军重重包围、水泄不通。楚军屡战不胜，兵疲食尽。更要命的是，韩信还采用了心理战，命令汉军士兵夜间齐声大唱楚歌，歌云："人心都向楚，天下已属刘；韩信屯垓下，要斩霸王头。"（这即是成语"四面楚歌"的来历。）致使楚军士兵思乡厌战，军心瓦解，韩信乘势进攻，楚军大败，10 万军队全部被歼，项羽自刎。

历史就这样被轻易地改写！被项羽弃如敝屣的人和策略在刘邦那里被奉若珍宝，成为一统天下的决定性力量。尽管刘邦也曾"有眼不识韩信"，当初也只是看在萧何的面子上，答应以韩信为将。但是，他终究是相信萧何，当萧何强调"虽为将，（韩）信必不留"时，刘邦当场许诺"以为大将"，并选择良辰吉日，沐浴斋戒，登坛拜将，言听计从。反观项羽，相信了谁？

范增：从亚父到嫌疑人

刘邦登基即皇帝位之后，曾经召开过一次总结性的御前会议，与跟随自己多年的丞相和诸位将军探讨他之所以能得天下，而项羽失天下的原因。他对项羽的评价是："有一范增而不能用，此其所以为我擒也。"① 可见其对范增颇为推崇。甚至曹魏重臣、四朝元老、太尉蒋济更是直言："项羽若听范增之前策，则平步取天下也。"② 都不无道理。

① ［西汉］司马迁：《史记》卷 8《高祖本纪》，北京：中华书局，1982 年版，第 381 页。

② 见《太平御览》卷 87，载曰："蒋子《万机论》曰：'项羽若听范增之策，则平步取天下也。'"

◀ 仿李唐渭水访贤图
［明代］佚名
纸本设色
134.3×73.4cm
美国弗利尔美术馆藏

对于项羽，范增既无愧谋士之职，也无愧亚父之名。他深谋远虑，看到刘邦入关后，“财物无所取，妇女无所幸”，与从前（“贪于财货，好美姬”）判若两人，可见“志不在小”，将是项羽唯一的竞争对手。因此，立即建议项羽“急击勿失”，以免后患，早日除掉刘邦，并为此设下了鸿门宴。如果项羽听从了范增的建议，则取天下有如探囊取物。事实上，项羽也并非一个仁慈的人，用“杀人如麻”来形容并不为过。《史记》第7卷《项羽本纪》明确记载了项羽的6次大屠杀。

附表10 西楚霸王屠杀简表

时间	地点	历史记载	死亡人数
秦二世二年（前208）	襄城（安徽淮北，一说今河南许昌南）	项梁前使项羽别攻襄城，襄城坚守不下。已拔，皆坑之。	屠城
秦二世三年（前207）	城阳（今山东菏泽一带）	项梁使沛公及项羽别攻城阳，屠之。	屠城
西楚霸王元年（前206）	新安（今河南新安）	楚军夜击坑秦卒二十余万人于新安城南。	20万
西楚霸王元年（前206）	咸阳（今陕西咸阳）	项羽引兵西屠咸阳，杀秦降王子婴，烧秦宫室，火三月不灭；收其货宝妇女而东。	屠城
西楚霸王二年（前205）	即墨（今山东平度东南）。	项羽遂北至城阳，田荣亦将兵会战。田荣不胜，走至平原，平原民杀之。遂北烧夷齐城郭室屋，皆坑田荣降卒，系虏其老弱妇女。徇齐至北海，多所残灭。	屠城
西楚霸王二年（前205）	灵壁（今安徽灵璧北）	汉军皆走，相随入瀔、泗水，杀汉卒十余万人。汉卒皆南走山，楚又追击至灵壁东睢水上。汉军却，为楚所挤，多杀，汉卒十余万人皆入睢水，睢水为之不流。	截杀

此外，史载“外黄（今河南杞县东）不下。数日，已降，项王怒，悉令男子年十五已上诣城东，欲坑之”。所幸有外黄令年仅13岁的儿子痛陈利害，说：“大王至，又皆坑之，百姓岂有归心？”“乃赦外黄当坑者”。可见，

项羽并不忌杀，甚至恢复了烹杀酷刑。事情发生在咸阳屠城之后，有人建议说："关中有山河为屏，四方易守难攻，土地肥沃，可以建都成就霸业。"但项羽一心归乡，回答说："富贵不回故乡，就像穿了锦绣衣裳在黑夜中行走，别人谁知道呢?"（这即是成语"锦衣夜行"的来历。）那个说客听罢，不无玩笑地说："人们都传说楚国人像是猕猴戴了人的帽子，果真是这样的啊。"项羽听了，即刻把他扔进沸水锅里，毫不仁慈。

因此，对于鸿门宴上的刘邦，项羽不是不杀，而是不屑于杀。这首先源于刘邦的主动示弱称臣，一到鸿门，就道歉说："臣与将军戮力而攻秦，将军战河北，臣战河南，然不自意能先入关破秦，得复见将军于此。今者有小人之言，令将军与臣有郤。"如此一来，项羽非常受用，自然不好发作；其次，当时项羽的声望如日中天，各位诸侯将军"莫敢仰视"。尤其是面对将近50岁的刘邦，不到30岁、力能扛鼎的项羽自然不会觉得他是自己的对手，他有自信，曾经不可一世的秦军在他面前都不堪一击。因此，尽管范增好几次给他递眼色，又好几次举起身上佩戴的玉玦向他示意（"数目项王，举所佩玉玦以示之者三"），但项羽始终没有反应。随后再加上樊哙的一番慷慨陈词，说："怀王曾经和诸将约定，'先击败秦军进入咸阳，让他在关中为王。'如今沛公（刘邦）虽然率先击败秦军进入咸阳，但秋毫未动，而是封闭秦宫，撤军霸上，等待大王您的到来。至于派兵把守函谷关，是为了防备盗贼和意外变故。沛公如此劳苦功高，不仅没有得到应有的赏赐，您反而听信小人的谗言，要杀害有功之人。这只能像秦朝一样倾覆，我个人认为大王您不会这么做!"一番话说得项羽几乎哑口无言，从而让刘邦乘隙尿遁，逃出生天。

当项羽明白过来，刘邦非杀不可的时候，已经晚了。当然，他也杀人了，不过杀死的不是刘邦，而是他的亚父范增。那是西楚霸王三年，同时也是汉王三年，即公元前204年，项羽多次成功地破坏了刘邦的运输线，导致汉军粮食极度匮乏。刘邦心里恐慌，请求割地讲和。项羽本来打算接受，但被亚父范增劝阻，说："汉军就快弹尽粮绝，并不难对付，如果现在把他放走，以后一定后悔！"项羽听取了范增的建议，立即率军包围了刘邦的大本营荥阳（今河南郑州西）。刘邦很担心，就制定了一条离间计。当前来谈判的项羽使者到了，刘邦让人准备了特别丰盛的酒筵（"汉王为太牢具，举进"），但一见使者又装作惊愕的样子说："我们以为是亚父的使者，原来是项王的使者啊。"说完，把酒筵撤走了，换上粗茶淡饭。使者回去后报告，项羽轻易地就怀疑范增和刘邦有所勾结，而渐渐地剥夺了范增的权力。范增非常生气，说："天下事大局已定，霸王你自己珍重。希望你把我这把老骨头赐还我，让我回家乡为民吧。"项羽随即答应了他的请求。于是范增就离开了，但还没走到彭城（今江苏徐州），就因背上毒疮发作而死。

回想秦二世元年（前209），项羽的叔父、曾经的楚国将军项梁在会稽（今浙江绍兴）起兵反秦，正是范增高瞻远瞩，建议他拥立楚怀王熊槐（前328－前299年在位）的后裔为新一任楚王，以聚民心，因此范增深受项梁敬重。次年，秦军大败楚军，项梁战死，留下范增独力辅佐项羽，被尊为"亚父"。可以说，范增辅佐项羽，不是为了高官厚禄。当他出山之时，已是古稀之年，一个70岁的老人会贪图荣华富贵吗？在他那一代的大多数人心中，对秦朝有着难以言说的国仇家恨。因此，他希望在自己的有生之年能够帮助项羽完成反秦大业。项梁死后，他义不容辞地担当起了父辈的责任。可悲的是，项羽轻易地就相信了刘邦的离间计，而不相信辅佐和照顾自己多年的亚父。任由已至耄耋之年的亚父一个人孤苦伶仃地回乡，最终病死途中。更让人愤懑的是，想出这条计策的不是别人，而是一个也曾在楚军中效力，希望得到项羽赏识的人！

陈平：从楚都尉到汉丞相

太史公曰："陈丞相……常出奇计，救纷纠之难，振国家之患。"① 大意是说：陈平常常可以想出妙计，解救君王的危难，消除国家的祸患。可见评价之高。遗憾的是，项羽空有一身绝世武功，却不识人，甚至让陈平感觉到一种即将到来的危险。那是公元前 206 年，项羽自咸阳东归，在彭城自立为西楚霸王，分封诸王。但不久后，殷王司马卬就起兵反叛。项羽封陈平为信武君，让曾经担任魏王魏咎太仆的他率领魏王留在楚国的旧部前去平叛，陈平击败并降服了殷王凯旋，项羽派人晋升陈平为都尉（约相当于现代的准将），赏金 20 镒。不料，东进的汉王刘邦很快攻占了殷地。项羽大怒，准备杀掉参与平定殷地的全部将领。陈平害怕被杀，便封金挂印，派人送还项羽，自己孤身仗剑，悄悄投奔了汉王刘邦。刘邦在与陈平一席交谈之后，对其非常欣赏，不仅当即任命他为都尉，还让他负责汉王私人的安全事务，甚至兼任护军中尉（约相当于宪兵司令），负责监管和协调众位将军。当周勃、灌婴等汉军元老联合诋毁他的时候，刘邦也没有更改决定，而是耐心听取并相信了他的解释，并且还给予陈平厚赐。对此，陈平自然铭记在心、死心塌地。

至西楚霸王三年（前 204），楚军切断了汉军送粮甬道，把汉王刘邦围困在荥阳城。汉军长时间无法补充粮草，情势异常危急，不得已，刘邦请求割让荥阳以西的地区以讲和，项羽没有同意。陈平向刘邦建议说："汉王如果舍得拿出几万斤黄金，施行反间计，离间楚国项羽君臣，让他们互生疑心，项王平日为人猜忌多疑，易听信谗言，他们内部肯定会互相残杀。汉军即可趁机发兵，一举击败楚军。"刘邦认为陈平计策高妙，即刻调拨了黄金 4 万

---

① ［西汉］司马迁：《史记》卷 56《陈丞相世家》，北京：中华书局，1982 年版，第 2062 页。

▲授经图

［明代］佚名

绢本设色

26.2×70.5cm

美国弗利尔美术馆藏

斤给陈平，听凭他自由支配，从不过问。陈平用这笔黄金大肆行贿楚军将军，同时造谣说，钟离眛、龙且、周殷等多位将军劳苦功高，但始终没有封赏，因此他们计划联合汉王，消灭项羽，瓜分楚地，各自为王。项羽听闻，果然心生疑窦，不再信任钟离眛等人。然后等项羽使者到汉营时，又不失时机离间项羽与亚父范增之间的关系，撤下丰美的酒席，换上粗茶淡饭，结果一如所料，项羽相信了“汉军只知范增不知霸王”。结果是范增主动请辞，病死归乡途中。

失去范增的项羽只如一头蛮牛，可惜刘邦统帅的汉军不是瓷器店的瓷器。至此，即便项羽力能举鼎又如何？他面对的是可以忍受胯下之辱，能屈能伸的大丈夫韩信——他的前部下给他设下了十面埋伏。于是乎，项羽虽然骁勇异常，一人杀死数百名汉军士兵，最终还是被逼自杀身亡。

结语

话说项羽带领江东800旧部自垓下突围之后，到达阴陵（今安徽定远西北），不幸迷路，去问一个农夫，农夫骗他们说：“向左边走。”于是项羽带人向着左边方向逃亡，却陷入沼泽地中，而被汉军追上。[①] 太史公在此记录这样一个小故事应该不无深意。那个农夫为什么要骗项羽说往“左”？不知因为项羽多次命令屠城，还是“睢水之役”给农夫留下苦痛的记忆（“汉卒十余万人皆入睢水，睢水为之不流”）？不得而知。但是，这个小故事无疑透露出真实和丰富的历史信息，并且印证了韩信在初见刘邦时评价项羽说的那一番话——“天下多怨，百姓不亲附……名虽为霸，实失天下心。”可见项

① ［西汉］司马迁：《史记》卷7《项羽本纪》，北京：中华书局，1982年版，第334页，云：“项王至阴陵，迷失道，问一田父，田父绐曰‘左’。左，乃陷大泽中。以故汉追及之。”

羽是一个真正的孤家寡人。尽管“江东弟子今虽在，肯与君王卷土来？”[①] 王荆公的担心不无道理。再说，项羽他无颜见江东父老，谁说不是因为悔恨，确实不好意思呢？“纵彼不言，籍独不愧于心乎？”终究，项羽是一个自尊心极强的年轻人。接连被自己拒绝和看不起的人打败、算计，他只能选择自杀、选择死亡！

从这点看，项羽虽是一位英雄，却不过是一个庸俗的英雄。他见秦始皇出巡时的威仪，羡慕之极，脱口而出“彼可取而代也”，不过是为了富贵归乡，有面子，向乡邻炫耀，却吝于赏赐，士人都不愿归附他——韩信和陈平都指出他的这个致命弱点（“忍不能予”，“其所任爱，非诸项，即妻之昆弟；虽有奇士不能用”[②]）。也就是说，项羽并不具备一个政治家的基本素质，行事完全凭着个人的喜怒哀乐（轻易就杀了他的叔叔和亚父拥立的楚怀王）。尽管他出身贵族，却从不见言及政治理想（因此自然看不上韩信），更谈不上政治远见——居然将3个秦朝降将章邯、司马欣和董翳册封为王，给予他们的封地还都是关中富饶之地，结果自然招致其他诸王愤懑（尤其是汉王刘邦）；而被封王者虽然被封，但对他也并不忠实，纷纷反叛（如上文提及的殷王司马卬）和倒戈相向（如九江王英布倒向刘邦），即便忠实者也不见得全力支持，可以同甘共苦、并肩作战，如塞王司马欣和翟王董翳。项羽相信的唯有他自己，相信他个人的超凡力量可以无坚不摧，不可阻挡，“万人敌”！

毋庸置疑，项羽是中国5000年历史中最为杰出的军事统帅，创造了多次以弱胜强的著名战例，如秦楚巨鹿之战、楚汉彭城之役等，都是以少胜多的杰出典范。尤其是后者，以3万楚军对56万汉兵，完成了一件几乎不可能完成的任务，可谓漂亮至极。当时，刘邦和他麾下的汉军几近望风而逃、慌不

① 语出［北宋］王安石《乌江亭》，全诗云：“百战疲劳壮士哀，中原一败势难回。江东弟子今虽在，肯与君王卷土来？”

② ［西汉］司马迁：《史记》卷56《陈丞相世家》，北京：中华书局，1982年版，第2054页。

择道，“相随入穀、泗水，杀汉卒十余万人。汉卒皆南走山，楚又追击至灵璧东，睢水上。汉军却，为楚所挤，多杀，汉卒十余万人皆入睢水，睢水为之不流”。项羽率领楚军穷追不舍，得益于天气突然变化，狂风乍起，乌云蔽日，汉王刘邦才侥幸逃脱。中途为了加快速度，他竟然将自己的一双亲生儿女3次推落车下。遗憾的是，项羽终究只想着复仇（项家的仇，而非楚国的仇），一把火烧毁了咸阳，满足于在家乡做一个凌驾诸侯的霸王，而不曾想成为一个一统天下的贤君。项羽并不知道，他裂土剖疆建立的政治秩序其实是早已被废弃而且也是必须被废弃的旧秩序，是逆历史潮流的倒车，人民渴望的是可以消泯内战、反封建、和平的统一政府，何况他“所过无不残灭”。因此，他的失败及至以自杀告终就是一种必然。可怜者，唯有虞姬！那是一位值得纪念与尊重的奇女子。

第八卷

西汉：三位太后的戏台

从某个角度讲，与其说西汉亡于外戚王莽，不如说亡于成、哀两帝；而与其说亡于成、哀两帝，不如说亡于王太后。

或许，将一朝之兴亡归咎于一位后宫女子不甚光明，但细想一下也不算冤枉……

公元前202年，春天。

确切地说，是那一年的2月28日，一个伟大的王朝在那一天诞生了。

在山东定陶汜水（今山东定陶）之阳，受项羽分封的汉王刘邦（前256－前195）在一场盛大的典礼中即皇帝位，他以王号为国号，是为汉高帝。不久，他听从建议，放弃定都洛阳的个人想法，定都秦都咸阳以东的长安（取长治久安之意），开基肇始，史称西汉——中国历史上最为雄壮的一段历史。

回想10年前，他还只是一个与村长级别差不多大小的沛县泗水亭长；8年前，也还只是秦末义军中最不起眼的一名县级干部——沛公；即便4年前，算是进步不小，却也还不过是威风八面、力能举鼎的西楚霸王项羽（前232－前202）麾下的诸王之一，然而转眼之间，即成为继秦始皇开始的中国历史上的第3位皇帝——须知，他既没有项羽的贵族身份，更没有如始皇帝一样的王族血统，却以布衣之身、提三尺剑而得天下，建立了气势恢宏的大汉基业，堪称传奇。尤其是，他所开创的汉朝不仅是中国历史上历时最长的统一王朝，而且还奠定了中华民族的基本格局。其中，特别是“汉代循吏在中国文化史的长远影响不容低估。宋、明的新儒家在义理的造诣方面自然远超汉儒。但是一旦为治民之官，他们仍不得不奉汉代的循吏为最高准则”①。他们不但富民、理讼，而且乐于传道，既是历代官员的楷模，也是文人士大夫的典范。就此，英国著名历史学家阿诺尔德·约瑟·汤恩比先生评价说：

① 余英时：《士与中国文化》，上海：上海人民出版社，1987年版，第213页。

“从两千年来保持统一的历史经验来看，中国人有资格成为实现统一世界的新主轴……汉高帝刘邦对中国的重新统一，作为历史功绩，是应该给以高度评价的。”他还说：“汉朝刘邦把中国人的民族感情的平衡，从地方分权主义持久地引向了世界主义。”①

正如北宋苏子由先生所说的那样，“夫古之英雄，唯汉高帝为不可及也夫”②。可惜，天不假年。即位仅7年，刘邦便与世长辞（前202－前195年在位）。尽管在当时来说，63岁也算高寿了，然而于一位君王而言，7年时间总嫌太短——于是乎，在他身后，一个偌大的帝国便成了几位太后的舞台。

吕太后的算盘

按照当代中国未婚女子的择偶标准，年轻美丽的吕雉姑娘（前241－前180）无论如何都不可能嫁给刘邦；即便吕雉姑娘一心思嫁，吕老夫人也坚决不会同意，绝对会棒打鸳鸯——年长15岁不说，还游手好闲，到处蹭吃蹭喝，以至连他自己的父亲大人刘老太公也有点看不起他，常训斥他，认为他远不如他的哥哥，像个无赖儿一样，“不能治产业”，又“好酒及色”，甚至还有一个非婚生子（刘肥），这种人如何能嫁？但是，吕老先生却不这么看，他颇懂相人之术，一眼看出刘邦仪表堂堂，“隆准而龙颜”，乃非常之相，而不顾吕老夫人的一再反对，主动将年轻貌美的吕雉姑娘嫁与刘邦为妻。③

当时，刘邦虽然也是一名村长级别的泗水亭长，却没有如今的村长们那般富有，动辄身家过亿，而是一贫如洗，有了家室之后，更是捉襟见肘。而

① ［英国］约瑟·汤恩比、［日本］池田大作著，荀春生、朱继征、陈国梁译：《展望二十一世纪——汤恩比和池田大作对话录》，北京：国际文化出版公司，1997年版，第284页。

② ［北宋］苏辙《三国论》。

③ ［西汉］司马迁：《史记》卷8《高祖本纪》，北京：中华书局，1982年版，第342－344页。

刘邦又喜好交朋结友，三天两头不在家，日子可想而知——这些，都没有难倒年轻的吕雉。她不辞辛苦忙里忙外，将家打理得井井有条、有模有样，又孝顺父母，还养育了一双儿女（即未来的汉惠帝刘盈和鲁元公主）。

不仅如此，她还为刘邦担惊受怕，因他颠沛流离。曾经，在做亭长时，刘邦因为私放囚犯而逃匿，吕雉长途跋涉为他送医送食；楚汉相争时，又为项羽所俘，关押近2年半时间。直到汉四年（前203）九月，楚汉议和之后才被放回归汉。然而，正所谓苦尽甘来。刘邦在汉五年（前202）即皇帝位同时，即以吕雉为皇后，立她所生之子刘盈（前210－前188）为皇太子。其中，虽然也曾经历夺嫡风波，总算有惊无险。因而至汉十二年（前195），汉高帝刘邦去世，太子刘盈即位为帝，是为汉惠帝（前195－前188年在位）。

因汉惠帝继位时还只是一名15岁的青葱少年，以至朝政大权实际上掌握在他的母亲——此时的吕太后手里。客观地讲，早年的吕雉绝对称得上是一位贤妻良母，但自汉高帝刘邦去世之后，仿佛变了一个人。

很难想象，一个女人可以对另一个女人做出那般残忍之事，尽管那个女人是她的情敌，尽管差点夺走了她儿子的太子之位，但是，吕雉做了——她将曾经最受刘邦宠爱的戚夫人贬为舂奴（专事舂米的奴婢）还不解恨，竟然还命人斩去戚夫人的手脚，熏聋双耳，挖掉双目，又以哑药将她毒哑，命人抛入茅厕，称为“人彘（zhì）”。然后，竟然还命汉惠帝刘盈来看，刘盈失声痛哭，叫人向吕雉说：“这种事不是人做得出来的。儿臣是太后的儿子，终究没有办法治理天下。”认为母亲如此惨无人道，已经有违天理，身心受到了巨大的伤害，而无心政事。①

而这，或许正合吕太后的心意，于是更加疯狂——执意立汉惠帝的嫡亲外甥女——他的姊姊鲁元公主（与宣平侯张敖）的女儿张嫣（前202－前

---

① ［西汉］司马迁：《史记》卷9《吕太后本纪》，北京：中华书局，1982年版，第397页。

163）为皇后，刘盈自然极为不愿，却反对无效。吕太后以为这是亲上加亲，殊不知是悲剧的开始——自始至终，汉惠帝恪守人伦，未近皇后（晋人著《汉宫春色》称张皇后去世，宫人为之盛殓时，发现张皇后仍为处子之身，后人怜惜，尊其为花神），因而与皇后自然不会有子嗣。于是，吕太后设计安排张皇后假装怀孕，然后强取汉惠帝与宫女所生之子刘恭，谎称是皇后所生，同时秘密安排将刘恭的生母杀死，立刘恭（约前 192 – 前 184）为皇太子。

汉惠帝七年（前 188），年仅 22 岁、有名无实的汉惠帝刘盈孤独且无奈地死去。吕太后随即立刘恭为皇帝，史称西汉前少帝。而刘恭继位时的年龄比惠帝继位时的年龄还小，当时还只是一名 4 岁的孩童，于此朝政自然再次落在吕太后的手里，并正式临朝称制，行使皇帝职权，朝廷号令一概出自太后。4 年后，刘恭 8 岁，偶然得知自己的亲生母亲已死，自己并非张皇后的亲生儿子，不无悲愤地说："太后怎么能杀死我的母亲而把我当作别人的儿子？我现在还小，等我长大之后，一定要为母亲报仇！"本来就猜防之心越来越重的吕太后听闻不无担心，害怕刘恭真会有所动作，就将他囚禁在曾经幽禁戚夫人的后宫永巷中，假称皇帝患病静养，不便见人。不久，就废黜了他，并暗中将之杀害。同年，立汉惠帝的另一子、常山王刘义为帝，改名刘弘，史称西汉后少帝（？ – 前 180），吕太后继续临朝称制，号令天下。

至此，吕太后在汉高帝身后已经三帝，杀两帝——惠帝之死与太后不无关系。此外，他还杀了戚夫人所生的高帝第三子、赵隐王刘如意（前 208 – 前 194）；高帝第五子、梁王（？ – 前 181）刘恢；高帝第六子、同时也是她侄女婿的赵幽王刘友（约前 194 – 前 181）；高帝第八子、燕王刘建虽然病死，但因其子非吕太后安排的王后吕氏之子而杀死了他，因此刘建没有后代，封国转为吕姓。而汉高帝共 8 子，吕太后亲手杀了一大半，未知汉高帝泉下有知，会是怎样的一种感受。

记得在汉高帝生前，吕后就显出她不同寻常的杀伐之心，只不过那时不是针对刘氏子孙，而是曾经帮助她丈夫打江山的功臣——先是楚王（淮阴侯）韩信（约前231－前196）被她与丞相萧何（约前257－前193）合谋骗入长乐宫中，斩于钟室，夷其三族；随后是梁王彭越（？－前196）——他因家臣诬告谋反，被贬为民，自洛阳流放蜀地青衣（今四川名山北），西行至郑县，遇见吕太后从长安往洛阳探望汉高帝，彭越向她诉说遭受冤枉，他本无罪，希望回到故乡昌邑（今山东巨野）。吕太后答应为他说情，将他一起带回洛阳。孰料吕太后见了汉高帝之后不仅没有为他求情，反而劝刘邦尽快杀了他，认为“彭王壮士也”，不杀而流放，无异于放虎归山。汉高帝遂将彭越处死，并剁成肉酱，分装赐给各位封王，这让素有“天下猛将”之称的淮南王英布（？－前196）收到之后也极为恐惧，而起兵谋反，兵败逃亡，途中被乡民杀死。

于是，在同一年（前196），汉初三大名将楚王（淮阴侯）韩信、梁王彭越与淮南王英布皆死于非命；次年，起兵叛乱的代王陈豨（？－前195）兵败，被舞阳侯樊哙的部队追杀；此前，燕王臧荼于汉高帝五年（前202）谋反，刘邦亲征，臧荼兵败，被杀；同年，赵王张耳因病去世；汉高帝六年（前201）春天，韩王信叛走匈奴，5年后，也即前196年在参合战役中为棘蒲侯柴武所杀。至此，汉初分封的七大异姓王或病死，或被杀。但与此同时，汉高帝的灿烂人生也走到了尽头，在平定代王陈豨叛乱之后不久便去世了。因而，朝堂之上几乎没有人可以与吕太后相抗衡。

继承赵王爵位的张耳之子张敖则于汉高帝九年（前198）被贬为宣平侯，他被认为是一个“孱王”，又是吕太后的女婿，自然不用担心；继臧荼之后也为燕王的卢绾逃亡匈奴，次年死于匈奴。至于其他功臣或封王，或没有独立的封地和军队，或惧怕吕太后的权威，大多只求自保。完全可以说，是时势使然让吕太后自然拥有了临朝称制的机会与实力，使之成为中国皇太后专政的第一人。

◀ 商山四皓图
[元代] 佚名
绢本设色
155.3×77.2cm
台北故宫博物院藏

她先是追封已故的两位哥哥——大哥（周吕侯）吕泽为悼武王，二哥（建成侯）吕释之为赵昭王；接着，追尊父亲（临泗侯）吕文为吕宣王；随后，封侄儿（吕泽之子郦侯）吕台为吕王，（洨侯）吕产为梁王，（吕释之之子武信侯）吕禄为赵王，侄孙吕通为燕王（即前文所说的汉高帝第八子封国），外孙、鲁元公主之子张偃为鲁王。至于封侯者则有数十人之多，甚至封妹妹吕媭为临光侯。此时，不仅完全打破了汉高帝定下的“非刘氏不王”的政治规矩，而且无论王与侯，吕姓都已多于刘姓。

就此，不能不猜想——吕太后有意在汉高帝身后打造一个吕氏王朝。原本，在汉高帝刘邦生前，吕太后就是最高决策者之一，史称“佐高帝定天下”①，在汉高帝剪除异姓王的过程中往往是由她决断，并发挥了重要作用，可见她有足够的政治智慧。此外，吕太后还为人刚毅、坚韧——她曾经作为人质在敌营（项羽军中）生活了两年半，受尽艰辛与屈辱——这种经历，在中国皇后中仅此一列。最重要的是，在惠帝刘盈身后的刘氏皇族与吕太后已经没有任何血缘关系——她的亲生儿子惠帝刘盈没有为她留下子孙血脉，甚至没有一丝一毫亲情——其他的刘氏子孙不过是别的女人的孩子。如此这般，作为一个女人，自然偏向娘家人——从这个角度讲，吕太后大封吕氏自有她的道理。

但正所谓“智者千虑，必有一失”。一生精明的吕太后忽视了最重要的一点，即汉高帝刘邦生前与功臣们约定的“非刘氏而王，天下共击之”的白马之盟不仅是刘氏皇权的保障，也是功臣集团的利益基础。② 因此，吕太后以诸吕为王，必然遭受刘姓宗族与功勋大臣的强烈反对。吕太后（女主人）在，他们可以隐忍不发，一旦太后去世，他们必然发动雷霆反击。尽管吕

---

① ［西汉］司马迁：《史记》卷9《吕太后本纪》，北京：中华书局，1982年版，第396页。

② ［西汉］司马迁：《史记》卷9《吕太后本纪》，北京：中华书局，1982年版，第400页，云：（吕）太后称制，议欲立诸吕为王，问右丞相王陵。王陵曰：“高帝刑白马盟曰‘非刘氏而王，天下共击之’。今王吕氏，非约也。”太后不说。

太后生前部署周密，安排侄子、赵王吕禄为上将军，统领北军；梁王吕产统领南军，由兄弟两人直接掌控皇宫与京城长安防务。但是，这种安排在正统观念强烈的两军兵士和功勋大臣眼中并没有多大的威力，“皆庸才不足恤”。于是，当高后八年（前 180），吕太后病逝，吕氏即被刘氏皇族与功勋元老联手灭族，甚至包括同是功臣集团的舞阳侯樊哙的嫡子樊伉——因为他是吕太后妹妹吕媭之子，也未能幸免。

更让吕太后想不到的是，胜利的刘氏皇族和功勋集团联合拥立了她曾经认为毫无威胁、汉高帝生前都没见上几面的薄姬的孩子——也即汉高帝第 4 子、代王刘恒继位，史称汉文帝（前 203 – 前 157）。而文帝的皇后即是著名的窦漪房（即电视连续剧《汉武大帝》中归亚蕾女士饰演的那位患有眼疾的太皇太后），她的故事的精彩程度不亚于吕太后。

窦太后的偏心

可以肯定地说，尽管窦太后年轻时就被选入后宫，但只是一名服侍吕太后的宫女，甚至都不是服侍代王刘恒的宫女——两者相隔千里（刘恒 8 岁时就与母亲去到封国），没有理由想到有一天她会成为大汉王朝的皇后，继而成为皇太后，还至太皇太后，其影响汉朝的时间超过她曾经服侍的吕太后——吕太后为皇后 7 年，为皇太后 15 年，凡 22 年；而窦太后为皇后 23 年，为皇太后 16 年，为太皇太后 6 年，凡 45 年，在位时长是吕太后的 2 倍还多一年，超过两汉 422 年的 1/10。

细想起来，或许只能说是天意。那大约是汉惠帝五年（前 189），吕太后为笼络刘氏诸王，就有意挑选了一批长相美丽的宫女赏赐给他们，窦太后也在名单之中。因为家乡清河郡观津县（今河北武邑）距离赵国（国都邯郸）比较近，窦太后就偷偷请求负责此事的宦官务必将自己的名字放到去赵国的名单中。不料，那名宦官忙得忘了这件事，将窦太后安排到了去代国的队伍中。名单上奏之后，诏书应允。队伍将要出发时，窦太后才得知此事，哭着埋怨执事宦官，不想去代国，但诏命难违，又不得不往。

那一次，与窦太后同行的宫女还有4人，但只有窦太后一人获得代王的宠幸，并且很快为他生下一名公主，即后世著名的馆陶长公主，也即更著名的汉武帝的第一任皇后陈阿娇的母亲刘嫖；一年后，又诞下一名男孩，即国人大多耳熟能详的“文景之治”之一的汉景帝刘启（前188－前141）；再后来，又有一子，在历史上也很有名，喜欢和文人骚客在一起的梁孝王刘武[①]——一如俗话所说，“爷疼长孙，娘念幼子”，窦太后后半生的心思大多放在这个小儿子身上，并因此生出许多波澜，这个容后细说。

且说窦太后为代王刘恒生下3个公主与王子之后不出10年，代王就被以汉高帝庶长子、齐王刘肥之子、朱虚侯刘章（前200－前176）为首的皇族和以太尉周勃、右丞相陈平为首的功臣集团迎立为帝，史称汉文帝（前180－前157年在位）。因为汉文帝在继位之前，王后和她所生的4位王子都已去世，于是在继位之后，皇后与太子之位都还空着。大臣们商议，一致认为窦太后所生长子刘启纯厚慈仁，可立为太子。文帝表示许可，并于文帝元年（前179）正月立刘启为太子；与此同时，文帝母亲薄太后认为应该立太子之母为皇后，于是在同年三月立窦漪房为皇后，就是中国历史上著名的窦太后。

回想从前，窦太后只是一名平民之女，且双亲早逝。有幸被选秀入宫，成为吕太后身旁的一位宫女，却也从来不作非分之想；谁知阴差阳错被列入赏赐代王的名单；而代王呢，当他8岁那年去到封国，他应该也没想到有朝一日能重回长安即皇帝位——历史，在很多时候总是显得那般奇妙和有趣——当两个幸运儿遇到了一起——丈夫开创了中国历史上著名的“文景之治”，妻子也留下了许多故事。只不过，这段故事的开始得从文帝身后说起。

---

① ［西汉］司马迁：《史记》卷49《外戚世家》，北京：中华书局，1982年版，第1972页。

文帝后七年（前157）六月亥日，在位23年的汉文帝走完了他光辉的一生，太子刘启即位，史称汉景帝（前157－前141年在位），尊窦皇后为皇太后。作为一名母亲和祖母，爱惜儿孙是人之常情，但因为偏心而损失国之栋梁，无论如何都不应该，何况是太后所为。遗憾的是，窦太后在这一点上，却一意孤行。

先是，她因为溺爱孙儿、临江王刘荣而下令逮捕雁门太守郅都，并将他斩首。在此之前，郅都曾为济南太守，他嫉恶如仇，采用霹雳手段肃清当地恶势力，不到一年，济南在他治下路不拾遗，以至附近十多个郡县长官都对他敬畏有加。随后，迁为中尉，负责京城长安防务与治安。他不畏皇亲国戚，执法不阿，以至列侯和皇族之人见到他，都侧目而视，呼为“苍鹰”。废太子、临江王刘荣因侵占宗庙土地私建宫室被召至中尉府接受讯问，刘荣害怕，请求郅都给他纸笔给汉景帝写信谢罪，郅都不许，孰料窦太后的侄儿魏其侯窦婴（？－前131）却暗中派人给了刘荣纸笔。刘荣在向汉景帝写信谢罪之后，便在中尉府畏惧自杀。窦太后得知长孙死讯，大怒，深恶郅都执法严苛，而怀恨在心，寻思严惩郅都。汉景帝就将郅都罢官还乡，同时却派使者持节任命他为雁门郡太守，嘱咐说不必到长安领旨，直接赴雁门上任即可。久而久之，被窦太后探知消息，立即下令逮捕郅都，而窦太后根本不听汉景帝替他辩解，杀了郅都——结果郅都死后不久，匈奴骑兵重新侵入雁门。那时，匈奴计划入侵雁门关，途中探听郅都到任雁门太守的消息，而急忙撤军——在郅都担任雁门太守时，匈奴曾以他的形象刻成木偶作为箭靶，令匈奴骑兵奔跑射击，匈奴骑兵因畏惧郅都，竟无一人能够射中，“见惮如此”，而莫敢南下。谁知窦太后却自毁长城。①

完全可以想象，倘若郅都一直活着，汉朝抗击匈奴的战争一定会有更早和更大的胜利——可惜，这个胜利生生被窦太后扼杀了。不仅如此，另一个

① ［西汉］司马迁：《史记》卷122《酷吏列传》，北京：中华书局，1982年版，第3133页。

于汉室有大功的一代名臣也可以说是因窦太后而死——他的名字叫袁盎。前文有说，窦太后后半生的心思大多放在小儿子、梁孝王刘武身上，给他的赏赐不计其数。而他所居封国又是天下膏腴之地，赋税充足，府库存钱近万亿，奇珍异宝比内府还多，所居宫殿更是甚于皇宫——清朝画家袁江绘有巨幅《梁园飞雪图》，其壮观程度令人叹为观止。史载，梁园方圆300余里，连接各个宫殿之间的空中走廊长达30多里——可想规模之宏大。[①] 当时，刘武外出随从千乘万骑，出入言警称跸，排场如同汉景帝，甚至有过之而无不及。他进京请窦太后安，梁国侍中、郎官、谒者只需在名簿上登记姓名，便可以出入皇宫大殿和内廷，与朝廷大臣没有差别。不仅如此，刘武还广揽四方名士豪杰，铸造了许多兵器，弓箭、戈矛有数十万件。其意不得而知。

在窦太后的心里，也一直希望汉景帝传位于弟弟梁孝王，尤其在汉景帝废黜庶长子刘荣的太子之位后，这个愿望尤为强烈，她对汉景帝说："我听说殷商时期是亲其兄弟，周朝是尊其祖先，其道理是一样的。"言外之意已然非常明显，即让汉景帝以弟弟梁王为储君。对此，窦太后的侄子窦婴明确表示反对说："汉法规定，帝位传给长子、长孙，怎么可传给弟弟，乱了高皇帝定下的规矩呢！"窦太后听了心里自然不舒服。时任楚相袁盎却没有理会窦太后的态度，而是直接上书劝阻汉景帝，认为极为不妥，而最终阻止了窦太后的提议，此后再也未提以梁王继承大统一事。

汉景帝前元七年（前150）四月，景帝立胶东王刘彻（前156－前87）为太子。梁王刘武怀恨在心，暗中派人刺杀了袁盎等十多位朝廷大臣。经过侦查，汉景帝确认是梁王主使，非常愤怒。刘武害怕皇上降罪，派梁国内史

---

① "梁园"又名"兔园"，是西汉梁孝王刘武所建的一处私家园林，其旧址有说在今河南开封东南。梁孝王雅好文翰，广泛结交当时的文人名士，如司马相如、枚乘、邹阳等皆为其座上宾客，许多人长期居住园内，乐而忘返，"梁园"因此而闻名。清代袁江于康熙五十九年（1720）所作的《梁园飞雪图》以西汉枚乘的《梁王兔园赋》、南朝梁江淹的《学梁王兔园赋》为依据，绢本设色，202.8×118.5cm。北京故宫博物院藏。

韩安国（？－前127）通过姊姊、馆陶长公主刘嫖先向窦太后坦白认错，然后俯伏在宫廷门下向汉景帝请罪，这才得到宽恕，但兄弟两人之间的感情已大不如从前，“不同车辇”。中元六年（前144）冬天，梁王又入京朝见，看望母亲窦太后。行前，他上奏折请求留住京师，但汉景帝没有答应。他回封国不久，就生病去世了。窦太后无限悲伤，有些怪罪汉景帝。此前，梁王刘武上京请罪，没有等候朝廷使者而私自入关，躲进馆陶长公主府邸。窦太后一时没找到他，以为被汉景帝杀了，哭泣道：“帝杀吾子！”让本来就身体羸弱的汉景帝又添忧惧。这一次，梁王真的死了，不会再来向母后请安了，窦太后作为一名老人家的悲戚可想而知，她整日哭泣，极为悲哀，并拒绝吃饭，说：“帝果杀吾子！”① 她并不知道，她的怨愤让汉景帝既哀伤又害怕，而严重影响了他的健康。3年后，即后元三年（前141），汉景帝也去世了，年仅47岁——这正是一位君王最灿烂的年纪，谁知却英年早逝。

太子刘彻继位，是为著名的汉武帝（前141－前87年在位），尊窦太后为太皇太后。次年十月，在举贤良对策会议上，年轻的汉武帝谈了他的治国理念和理想，说：“唯欲风流而令行，刑轻而奸改，百姓和乐，政事宣明，何修何饰而雨露降，百谷丰登，德润四海，恩泽至于草木，三光全，寒暑平，受天之福，享鬼神之灵，德泽洋溢，施乎方外，延及群生？”② 大意是说，他将施行王道，实现天人合一，人类社会与自然和谐相处，他希望国家和社会治理达到一个理想状态。然而，要做到这一点，必须进行大规模的改革，一揽子解决自汉朝建立60余年来面临的诸多问题——而这，却与窦老太后的理念完全不同。

窦太后喜欢黄帝、老子之言，崇尚“无为而治”，不好儒术，故要求汉

① ［西汉］司马迁：《史记》卷58《梁孝王世家》，北京：中华书局，1982年版，第2083－2085页。

② ［东汉］班固：《汉书》卷56《董仲舒传》，北京：中华书局，1962年版，第2496－2497页。

景帝与娘家诸窦氏子弟不能不读黄老之书，尊奉其中道理。因而终汉景帝一朝，因为窦太后的缘故，诸位儒家博士皆在官待问，鲜有被重用者。如今汉武帝希望改弦更张、推行新政，窦太后自然不悦。尤其是建元二年（前139），当两位儒家学者、御史大夫赵绾与郎中令王臧联合上书汉武帝说无须再将政事禀奏太皇太后，并意图贬斥黄老、独尊儒术，窦太后听闻更是大怒，严厉警告汉武帝说："他们这是要当第二个（装神弄鬼、骗取官爵的）新垣平呀！"而暗中派人察访两人的非法牟利之事，命令将他们逮捕入狱，二人不久自杀；窦太后的侄儿、丞相窦婴与汉武帝的舅父、太尉田蚡一并免职。窦太后懿旨，任命柏至侯许昌为丞相，武强侯庄青翟接替赵绾的御史大夫一职。至此，汉武帝初年所推行的新政——建设明堂、改革历法以及制定天子巡狩制度等全部被废除。直至建元六年（前135）五月，即汉武帝登基6年后，窦太后因年老去世，汉武帝才得以正式亲政，掌握大权。

细说起来，汉初的两位太后——吕太后与窦太后有着许多的相似之处，可谓一脉相承。尽管她们也曾做了不少不该做的事，杀了不该杀的人，却没有祸及社会与百姓，对下，她们鼓励生产，提倡勤俭治国。尤其是吕太后，即便在遭受匈奴单于的侮辱之时，也能以天下苍生为念，听取谏言，而没有轻启战端，无疑是有大功于大汉王朝，有功于历史。完全可以说，是两位太后持续的"无为而治"才孕育了备受后世称许的"汉武盛世"。相比于他们，王太后则让人唏嘘不已。

王太后的悔恨

大汉王朝在"汉武盛世"之后又迎来"昭宣之治"（前87－前48）。当时，在昭宣二帝的治下，贤相迭起、循吏辈出、百姓安居乐业，史载"政教明，法令行，边境安，四夷亲，单于款塞，天下殷富，百姓康乐，其治过于太宗（汉文帝）之时”[①]。然而，在汉宣帝（前 74 – 前 49 年在位）身后，历史却与中国开了一个天大的玩笑——回想此前汉高帝、汉惠帝、吕太后、汉文帝、汉景帝、汉武帝和汉宣帝 7 任君主都可谓英明神武，至汉宣帝之子，汉元帝刘奭（前 49 – 前 33 年在位）却“优游不断”，宠信宦官，致使汉朝由盛转衰。[②]

王太后即汉元帝皇后，名政君，出身名门，是汉武帝时的监察御史王贺的孙女，血脉再往上追溯，则是战国时田氏齐王后裔，为躲避战乱，遂以官为氏。一如吕太后、窦太后的故事，王太后成为皇后也颇为神奇。她起初也只是一名宫女，入宫一年多都没见过太子刘奭。因为太子最宠爱的一位妃嫔司马良娣去世了。临终前，司马良娣说她是因有人诅咒而死，太子迁怒其他姬妾，不与她们亲近。汉宣帝得知后，便让皇后亲自挑选了 5 位最年轻貌美的宫女准备送给太子，其中就包括王政君。当太子去向母后请安，面对 5 位美丽的女孩依然没有兴致，但又不想违逆皇后的懿旨，便说：“其中有一个人可以。”当时，因为王政君的座位距离太子最近，且打扮素雅，所以大家都以为太子属意王政君，遂将她送到太子宫。

不久后，王政君就有孕在身，这让汉宣帝非常高兴。虽然太子刘奭原本已有姬妾十多人，但长年以来一直都不见妃嫔有孕，如今将有皇孙，作为皇爷爷的汉宣帝那份心情可想而知。甘露三年（前 51），王政君生下一个儿子，汉宣帝亲自为这个晚到的皇孙命名刘骜（前 51 – 前 7），字太孙，时时带在自己身边。遗憾的是，才过了两年，汉宣帝就去世了，太子刘奭即位，即为汉元帝。他先封王政君为婕妤，3 天之后册封为皇后。而从宫女到皇后，只用了不到 5 年时间，这在中国历史上仅此一人。并且，她还是中国历史上寿命最长的皇后之一，享年 84 岁。其中，身居后位——一如吕太后和窦太后，

① ［东汉］应劭撰，王利器校注：《风俗通义校注》卷 2《正失》，北京：中华书局，1981 年版，第 98 页。

② ［东汉］班固：《汉书》卷 9《元帝本纪》，北京：中华书局，1962 年版，第 299 页。

包含皇后、皇太后、太皇太后时间长达 62 年（前 49 – 13 年在位）。如果有这么充裕的时间如吕太后、窦太后那般“从容定天下”，中国何其有幸！可惜历史不容假设！

竟宁元年（前 33），汉元帝驾崩，太子刘骜即位（前 33 – 前 7 年在位），是为历史上著名的汉成帝，尊母亲王政君为皇太后。此前，一如汉高帝的故事，汉元帝也曾想更换太子——曾经备受汉宣帝喜欢的太孙不仅没有随着年岁的增长变得更加知书达礼，开始为父皇分忧，反而沉溺酒色玩乐，犯下不少过失；而定陶王刘康则多才多艺，深得元帝喜爱，他的母妃傅昭仪更是深受汉元帝恩宠，于是汉元帝就想更立刘康为太子。尤其是，汉元帝临终前一直生病，傅昭仪和定陶王刘康几乎每天都侍奉左右，而皇后王政君与太子刘骜却不常见，这让元帝不能不多想。王皇后、太子以及皇后的娘家人探知，不免惊恐，却又无计可施。幸亏汉宣帝的外婆家后裔、汉元帝朝大司马、车骑将军史高之子、驸马都尉侍中史丹从中巧妙斡旋，及至以死相争，而太子又为汉宣帝生前特别疼爱，汉元帝才最终打消了更立太子的念头，并将太子托付给了史丹，说：“我的病情越来越重，恐怕是不能痊愈了，你就好好地辅佐太子吧，不要违背我的意愿！”最终，刘骜才得以顺利继位。

汉元帝并不知道，他的一念之差虽然保全了一位不合格的太子，却永远失去了一个伟大的帝国。在继承大宝之前，汉成帝即“以好色闻”，登基之后更是肆无忌惮，耗费大量人力财力物力建造霄游宫、飞行殿和云雷宫供自己淫乐。史载，“成帝之世，郑声尤甚”[①]，他不仅迷恋女色，还蓄养男宠，被视为荒淫无道的君王典型。此时，作为母亲，却不见王太后半句劝谏——她正忙着封赏自己的娘家兄弟。

先是同胞兄长、卫尉王凤为大司马、大将军、领尚书事秉政。他为了巩

① ［东汉］班固：《汉书》卷 22《礼乐志》，北京：中华书局，1962 年版，第 1072 页。

固权位，着力排除异己。当时，凡是不附和王凤的朝官，轻则被逐，重则被杀——京兆尹王章（著名典故“牛衣对泣”说的就是他的故事）“名敢直言”，大臣贵戚都对他敬畏有加，因为不攀附王凤，并向汉成帝直言王凤之过，而被构陷下狱，惨死狱中——这则故事记载在《汉书》卷98《元后传》中不无深意。① 从始至终，王太后都没有尽到哪怕一次约束之责，而是以封赏娘家人为己任。至河平二年（前27），同日诏封王凤之弟王谭为平阿侯，王商为成都侯，王立为红阳侯，王根为曲阳侯，王逢时为高平侯，世人称之为“一日五侯”。自此开始，刘家王朝成为外戚王氏的舞台。至河平四年（前25），王凤命人诬告乐昌侯、丞相王商（与王凤的兄弟成都侯王商同名）与其父亲的婢女通奸，王商的妹妹与人淫乱，汉成帝认为没有证据，不能罢免丞相，但王凤坚持要将此事移交司隶校尉彻查。汉成帝懦弱，不堪国舅们的压力，下诏切责王商，并免除了他的丞相之职。3天后，“有刚毅节”的“真汉相”王商吐血而亡。王商死后，王凤还不肯罢休，把王家在京任职的子弟统统贬出京师，从此，朝中再也无人可以节制王氏一族。当时，郡守、国相、州刺史，皆出王氏门下。

王凤在职11年，接替他职位的是他的堂弟王音——就是他偷听了京兆尹王章与汉成帝的谈话，随后向王凤告密而得到王凤的信任，王凤临终前推荐他代替自己的职位；王音在职7年后去世，王凤的同胞弟弟王商继任大司马、卫将军，秉持朝政；3年后王商去世，由王凤的另一个同胞弟弟王根担任大司马、骠骑将军辅政，在职4年后因病免职，由王凤的侄子王莽为大司马。汉家天下俨然成了王氏的禁脔，“三世据权，五将秉政”。从某个角度讲，哪家执政都没关系，天下百姓舒心就好。可惜的是，在此期间，爆发了多次农民造反事件。

此前，因为朝廷措施得当，吕、窦两位太后体恤民情，从未发生过造反

① ［东汉］班固：《汉书》卷88《元后传》，北京：中华书局，1962年版，第4020－4023页。

事件，但至王太后时期，“盗贼并起”：河平三年（前26），东郡茌平（今山东茌平）侯母辟自称“将军”，起兵攻击官府，羁押县官，夺取印绶；阳朔三年（前22），颍川（今河南禹县）铁官徒申屠圣亦自称“将军”，率众起事，夺武库，杀长吏，前后经历九郡；鸿嘉三年（前18），广汉（今四川金堂）钳徒郑躬自称“山君”，攻官府，释囚徒，经历4县，部众有近万人；永始三年（前14），尉氏（在今河南）樊并等13人发动起义，攻杀陈留太守，夺取兵器，释放被囚禁的农民；同年，山阳（今山东巨野）铁官徒苏令等228人不堪欺辱而暴动，杀死东郡太守与汝南都尉，俘获库兵，势力广及19个郡国……此起彼伏。

与此同时，执政的王氏兄弟却骄奢淫逸、横征暴敛——如红阳侯王立在南郡已经占有良田几百顷，却还抢夺贫民辛苦开垦的一小块口粮田；成都侯王商则不仅借用皇宫居住，还引沣水入长安城，注入自己府中，以便花园行船，在船上一边划桨一边唱着越人歌——这让汉成帝都有些看不下去，王太后却视而不见。[①] 甚至，她都没有保护她的皇孙。

汉成帝结发妻子许皇后先后生下一儿一女，但都没能成年；之后与班婕妤（《汉书》作者班固的姑母）有一子，也早夭；后来宠幸赵飞燕、赵合德姐妹，两人皆无子。当时，宫中有女官曹氏有孕，临产时，赵合德命中黄门田客拿着皇帝诏书，毒死了曹姬，取走了婴儿，最终不知下落；后来有许美人怀孕，汉成帝暗中派御医去探视，又送给许美人3粒养身丸药作保胎之用。许美人生产之后，被赵合德探知，胁迫成帝亲手闷死了自己的皇子。对此，王太后也没有任何惩戒措施，终致汉成帝绝后，只能立侄子、定陶王刘康之子刘欣为太子。

绥和二年（前7），荒淫、懦弱一生的汉成帝去世，太子刘欣继位，是为汉哀帝（前7－前1年在位）。汉哀帝在位期间，着手削弱王氏外戚势力，强

① ［东汉］班固：《汉书》卷98《元后传》，北京：中华书局，1962年版，第4025页。

化皇权，同时提高自己祖母和母亲家族傅氏、丁氏的势力，尊祖母傅昭仪为帝太太后，母亲丁姬为帝太后，新都侯、大司马王莽则被贬逐新野（今河南新野）。

可悲的是，汉哀帝荒唐（有断袖之癖）又短命。元寿二年（前1）六月，年仅24岁就去世了，无子。被汉哀帝嫡亲祖母与母亲抢占了威权的王太后听闻哀帝死讯，迅疾移驾未央宫，部署王氏子弟控制朝政。她先是召王莽入宫，从哀帝男宠、大司马董贤手中夺取了玉玺与兵权，董贤当日自杀；随后，诏命王莽再度为大司马，掌丞相事；同年七月初，派车骑将军王舜、大鸿胪左咸使持节迎立汉元帝之孙、中山孝王刘兴之子、中山王刘衎；七月末，贬皇太后赵飞燕为孝成皇后，退居于北宫，汉哀帝皇后傅氏退居桂宫，不久又逼迫她们自杀。甚至已故汉元帝傅昭仪和哀帝母亲丁姬的陵墓也被扒开，哀帝外家傅、丁两家势力迅速被铲除；九月初一，刘衎正式即皇帝位，史称汉平帝（前1–6年在位）。

汉平帝继位时，年仅9岁，王政君虽然第三次被尊为太皇太后，但“政自莽出”，实权操持在王莽手中。当时，百官都聚于朝堂东厅以听取王莽的指示。而王莽也是相当懂得讨好他的姑母王太后的欢心，甚至不吝封赏太后的姊妹们，并且制造了许多可以让太后出宫逛街、参与活动的机会，由此，赢得王氏姊妹的交口称赞，王莽又积累了不少上流社会人气。元始元年（1），群臣奏言大司马王莽功德像周公辅成王一样崇高，特赐号为安汉公①——而从不曾料到王莽是大汉王朝的掘墓人。

元始四年（4），位极人臣的太傅王莽再加号宰衡，并赐象征至高权利的九锡，位在刘氏诸王之上。元始六年（6），汉平帝突然去世——随着平帝日渐年长晓事，颇为怨恨步步进逼的王莽，且有所表露，王莽就借腊日向平帝进献椒酒之机，在酒中下毒，致使平帝急性中毒而死，年仅14岁。为了方便

① ［东汉］班固：《汉书》卷98《王莽传》，北京：中华书局，1962年版，第4067页。

▲苏武牧羊图
［清代］华嵒
纸本设色
49.2×70.6cm
私人藏品

自己专权，王莽借口汉宣帝的年长后人都与汉平帝同辈，不适宜作为继承人，于是就从汉宣帝玄孙辈中，选了一位年纪最小的、广戚侯刘显的儿子刘婴为太子。为了更加名正言顺，他充分利用了古人的迷信，编造了符命图谶——在迎立刘婴为太子的当月，京兆武功县令孟通在挖井时，“发现”一块上圆下方的大型白石，上面写有“告安汉公莽为皇帝”8个血红大字。王莽指使群臣把此事禀告太皇太后王政君。一如此前无力阻止王莽为安汉公，如今的王太皇太后更无能阻止王莽登基为帝的决心。

王莽先是代行天子之政，称摄皇帝，臣民呼之“万岁”，改年号为“居摄”。随后，各种符命纷至沓来，不断有人借此劝王莽称帝。至初始元年（8），王莽正式称真皇帝，改长安为常安，建元“始建国”，为新王朝；次年，废太子刘婴为定安公，享国210年的西汉王朝落幕。

结语

始建国元年（9），新朝皇帝王莽命前大司马、车骑将军王音之子、安阳侯王舜去向王太皇太后索取玉玺。此时的王太后仿佛醒悟过来，她的崇高身份与地位是源于皇家兼夫家的刘氏，是先皇赐予，而非娘家王氏，而对着王舜破口大骂，骂他和王莽等人猪狗不如、不得好死，但已无济于事，不过“妇人之仁”而已。

从某个角度讲，与其说西汉亡于外戚王莽，不如说亡于成、哀两帝；而与其说亡于成、哀两帝，不如说亡于王太后。或许，将一朝之兴亡归咎于一位后宫女子不甚光明，但细想一下也不算冤枉。相比于吕、窦两位太后，虽然她们也曾封赏娘家人，尤其是吕后，受赏之人不比王太后少多少，但没有形成外戚干政的局面，两位太后对朝政始终有良好的把握，大体上都能以天下与苍生为念——这从汉高帝临终之前，吕太后问丞相人选即可见一斑。高帝去世之后，吕太后的主要的政治班底基本上都遵照了高帝遗言；而王太后时期，外戚不只干政，而且还乱政——他们在中央排除异己，打击贤能；在地方巧取豪夺，置民生于不顾——成、哀两帝时期，水灾、旱灾、蝗灾等各种自然灾害频发，而黄河也多次决堤——在建始四年（前29）发生的那次决堤事件，淹4郡32县，深3丈，史称“百川沸腾，江河溢决，大水泛滥郡国十五有余。比年丧稼，时过无宿麦”①。农耕生产连年遭受惨重破坏，很多地方颗粒无收，百姓饥馑，四散流亡数以十万计——对此，身为宰执的王氏兄弟却束手无策——《汉书》于他们没有半字嘉许，这不只是他们的悲哀，更是一个时代的悲剧。

很难想象，王太后在位62年，“历汉四世为天下母”；王凤、王音、王商、王根4兄弟连续执政25年，王莽两度担任大司马，位极人臣，却都乏善可陈，原因何在？子曰：“百姓足，君孰与不足？百姓不足，君孰与足？”②遗憾的是，王氏兄弟并没有懂得这个道理，即便是以儒生自居、渴望建设一个理想的儒家王朝的王莽终其一生也未能明了，而坠入享乐与贪婪的陷阱，“乘时侈靡，以舆马声色佚游相高”③，其教训不可谓不深刻，其结局不可谓不悲痛。细说起来，任用外戚本没有错。孔子亦赞同：“外举不避仇，内举不避子。”只要于社稷、于国家有利，也不应该分内外，天下英才当为天下所用。如卫青、霍去病，都是外戚，但都被汉武帝所用，领兵七击匈奴，从无败绩，被后世许为民族英雄，奈何王氏兄弟被斥为权臣，王莽被骂为汉贼？

其中，王太后不识人是一方面，更重要的原因是“天下为私”，“公权私授”。政治，是社会治理的方式，而非公民禁地；权力是实现社会治理的路径，而非营利工具。将政治视为私产，同时又将权力授予庸人，甚至授予野

---

① ［东汉］班固：《汉书》卷85《谷永传》，北京：中华书局，1962年版，第3470页。

② 语出《论语·颜渊》。

③ ［东汉］班固：《汉书》卷99《王莽传》（上），北京：中华书局，1962年版，第4039页。

心家，其结果一如成、哀两世，无可挽回。即便“更持国柄、五将十侯”也不能延续王氏家族的地位与荣耀。正所谓“覆巢之下，焉有完卵”？王太后的教训不可谓不深刻。她以一个伟大王朝的倾覆作为代价，给后人上了一堂生动而揪心的政治课。

第九卷

新朝：一名伪儒的臆想

『师古而不适用，王莽以之身灭。』何况，王莽还不是一名真正意义上的儒生，更遑论大丈夫。所谓『新朝』还不如『旧朝』，几无『新』可言——如何能激发人民的兴趣，并且自愿爱惜和保卫它？

王莽（前46－23）是不幸的——父亲与兄长皆早逝，留他一人侍奉母亲与寡嫂，以及抚养年幼的侄儿；然而，王莽又是幸运的。他的伯父、权倾天下11年的大司马、大将军王凤（？－前22）临终前特别嘱托皇太后（也即他的妹妹、汉元帝皇后王政君，前71－13年）与汉成帝照顾他；而他的叔父、成都侯王商也曾亲自上书汉成帝（前33－前7年在位），愿让出一部分自己的封邑，由皇帝转赐给王莽；至于朝中有名望的大臣，如长乐少府戴崇、侍中金涉、胡骑校尉箕闳、上谷都尉阳并，以及关内侯陈汤（就是他在上朝廷书中留下一句名言："宜悬头藁街蛮夷邸间，以示万里，明犯强汉者，虽远必诛。"[①]，千载之下读之，依然让国人热血沸腾）等，也都纷纷上表举荐。可想而知，有这么多显贵与名士的联名保举，年轻的王莽出人头地是迟早的事。

事实上，也没有等待哪怕片刻，就在王莽的伯父、大司马、大将军王凤去世当年，王莽就被任命为黄门郎，不久后又升为射声校尉，以上两职皆是御前显职，可见对王莽的器重。6年后，至永始元年（前16），王莽又被加封新都侯，任骑都尉、光禄大夫加侍中。其中，光禄大夫一直是朝廷要职，尤其自西汉后期开始，掌管朝廷礼仪的太常、掌管皇宫安全的光禄勋、掌管皇宫卫队的卫尉、掌管皇帝车舆与朝廷马政的太仆、掌管天下监狱的廷尉、掌管朝廷外交事务的大鸿胪、掌管皇室宗族事务的宗正、掌管朝廷财政的大司农，以及掌管皇室财政的少府——著名的"九卿"等高官多由光禄大夫升

① ［东汉］班固：《汉书》卷70《陈汤传》，北京：中华书局，1962年版，第3015页。

迁上来。而短短数年，王莽即位居此职，且“加侍中”更意味着可随时入禁中受事，未来无可限量。果不其然，在绥和元年（前8），王莽被任命为大司马，禄比丞相，成为名正言顺的三公之一。而这一年，王莽年仅38岁，可谓春风得意。

尽管随后几年王莽的仕途也曾有所波折，被迫卸职，隐居封地新都（今河南新野），不过是有惊无险，历史的天平终究还是倾向了此前一向“表现良好”的王莽。汉哀帝年纪轻轻就突然驾崩了，而迫他下野的汉哀帝的嫡亲祖母与母亲也去世了，汉哀帝的皇后傅氏甚至汉成帝的皇后、已被尊为皇太后的赵飞燕都被幽禁冷宫，不久迫令自杀，余下者唯有汉元帝的皇后——第三次被尊为太皇太后的王政君以及她的侄子王莽。而王氏太皇太后与一位顾念娘家人的寻常女子无异，实权操持在王莽手中。何况，汉平帝还是一名9岁的孩童，于是自然只能由王莽代理国政。

一切，都显得非常顺利，接近于完美。元始元年（1），大臣向太后奏报，让王莽接受“安汉公”称号，王莽欣然应允，食禄二万八千户；3年后，加号宰衡、赐九锡。至此，王莽距离天子之位仅一步之遥——在此，不妨设想一下，如果王莽不迈出那一步，会是怎样的一个结果？这个，自然无法回答。不过，当王莽处心积虑之后，终于迈出了那一步，却让世人顿时明白了许许多多。

泥古不化，画饼充饥

元始六年（6），年仅14岁的汉平帝突然去世，王莽立孺子刘婴为太子，年仅2岁，王太皇太后让王莽代行天子之职，称“摄皇帝”，臣民呼之“万岁”，改年号为“居摄”。居摄次年（7），各种符命纷至沓来，朝野上下不断有人借此劝王莽称帝；初始元年（8）腊月初一，王太皇太后被迫交出传国玉玺，王莽正式登基称帝，改长安为常安，建元“始建国”为新王朝；次年，废太子刘婴为定安公，享国210年的西汉王朝落幕。①

细说起来，尽管王莽君临天下的来路不甚光彩（假造符命），却也含着时人的些许希望，一如王莽命名新王朝的名字“新”。走过“汉武盛世”的汉王朝如是重病缠身，“宣帝中兴”不过如昙花一现，继位的汉元帝“优柔寡断，权移于阉寺”②，听任宦官、中书令石显结党营私、打击异己、扰乱朝政，及至开国宰相萧何6世孙、曾受汉宣帝遗诏辅政、汉元帝的老师萧望之（约前114－前47）等人都遭到石显的迫害，被逼饮鸩自杀。③ 无怪班固、洪迈等史学大家都不无感慨地说“汉业遂衰”。至其子汉成帝，这更是一位史上著名的荒淫皇帝，不仅沉溺女色（宠爱赵飞燕、赵合德姊妹，为了她们，不惜舍弃亲生皇子的性命），而且蓄养男宠（张放），平日里“与上卧起，宠爱殊绝”④ ——由此可想而知，汉王朝在这样一位君主的领导之下，会是怎样的一种局面。事实上，且不说王朝命运，就汉成帝自己而言，人生的闭幕式也不甚光彩——绥和二年（前7）三月，酒色侵骨的他突然死于昭仪赵合德的怀中，侄子刘欣即位，史称汉哀帝。他与成帝相比可谓有过之而无不及——成帝有张放，他有董贤（前22－前1），外出则同车陪乘，入朝则侍奉左右，十几天便赏赐累计一万万钱（这是什么概念?），地位高贵震动朝野（21岁时即为大司马）。曾有一次午休，董贤身子压住哀帝的袖子，哀帝想起来，董贤未醒，哀帝不想惊醒董贤，便用宝剑割断袖子起身。此即成语典故“断袖之癖”的出处。尽管他“欲强主威，以则武、宣”，却内缺贤后，外无名臣，而在人生最灿烂的25岁时就去世，身后留下一个千疮百孔的王朝。

---

① ［东汉］班固：《汉书》卷98《元后传》，北京：中华书局，1962年版，第4031－4032页。

② ［南宋］洪迈：《容斋随笔》之《容斋四笔》卷12，长沙：岳麓书社，1992年版，第510页。

③ ［东汉］班固：《汉书》卷78《萧望之传》，北京：中华书局，1962年版，第3288页。

④ ［东汉］班固：《汉书》卷59《张汤传》附《张放传》，北京：中华书局，1962年版，第2654页。

在这样一种情势下，人心自然思变、思好，“望云霓”。而王莽，恰好就出现了。相比于中国历代开国君主，王莽的出场可以说非常优秀——可以肯定，在早期，他应该没有篡位的野心，也没有那个胆量。因此，他才被万众呼吁将他从隐居之地召回，继而被朝野许为“安汉公”，又加号“宰衡”、再加“九锡”，代行天子之职。史载当时有高达487572人联名上书，请求给王莽加赏，可谓盛况空前；另有公卿、大夫、列侯、博士902人请求为王莽加“九锡”。可以说，历史给予了王莽少有的机遇。① 遗憾的是，王莽并非“救世主”。

他也许可能成为一名优秀的儒生，也可以是一名杰出的学术领袖，却完全不适宜作为一名君主，尤其是开国君主。他广封宗室及功臣后裔为侯，又给予退休官员以优厚的待遇，他自己也捐田捐钱赈济灾民，这些并非什么惠政，不过是一种常见的政治手段；而他为贫民建筑住宅，赐给各地高龄父老、鳏寡孤独者布帛，也不过是政治家的分内之事；至于他为郡县设置学校，并扩充京师太学，增设博士，增加太学生名额，征求通晓及可以教授《论语》《尔雅》等古籍的博学之士，细说起来也不是什么了不起的功绩——作为一名出身儒家的政治人物，这些都是王莽的应尽职责。作为一名君主，做到这些远远不够。

换言之，王莽在制造舆论、收买人心方面可谓天才，得心应手，是一名传媒专家，然而于管理国家而言，也就照本宣科的水平，并没有多少施政的经验。他的理想与蓝图，大多源于书本——这从他发起规模空前的改名运动即可见一斑——无论官名、地名甚至建筑名称，他差不多都改了。如在中央级的官职中，他将大司农更名羲和，后又改为纳言；又改大理为作士，太常为秩宗，大鸿胪为典乐，少府为共工，水衡都尉为予虞，光禄勋为司中，太

---

① ［东汉］班固：《汉书》卷99《王莽传》（上），北京：中华书局，1962年版，第4069－4070页。

仆为太御，卫尉为太卫，执金吾为奋武，中尉为军正；至地方官职名称也多有改动：如改太守为大尹（再改卒正，三改连率）、都尉改为太尉、县令（长）改为宰等。细说起来，后世也曾有过一次大规模的更改官署名与官名的动作——那是光宅元年（684），一代女皇武则天（624－705）曾改中书省为凤阁，改中书侍郎为凤阁侍郎；改门下省为鸾台，改门下侍郎为鸾台侍郎；改尚书省为文昌台，改尚书左、右仆射为文昌左、右相；改吏部、户部分别为天官、地官；改礼部、兵部、刑部、工部四部分别为春官、夏官、秋官、冬官，六部尚书分别对应为天官尚书、地官尚书、春官尚书、夏官尚书、秋官尚书、冬官尚书等，却与复古无关，而是体现了一代女皇武则天的政治理想，如她更改六部之名，确实比之前的名字不仅好听得多，而且内涵更加丰富。

反观王莽，纯粹是泥古不化。为了他心中的“古意”，他还大规模更改了地名，有的地方甚至五易其名，最后仍然回复原名，给人民生活带来极大的不便，甚至连官吏也弄不清楚，平白添了许多麻烦，毫无意义。更不可思议的是，他还执意仿效西周的封建制度，并根据《周礼》所载，定域分州，并依据周官“五服”之说，废除了此前的所有王号，凡是诸侯王一律改称“公”，此前受西汉王朝所封的四夷郡长，都改封为“侯”，玺改为“章”，从而引发四夷的普遍不满——尤其是匈奴，当王莽下令分匈奴全境为十五单于，并且将匈奴改为“恭奴”“降奴”，将“单于”改为“善于”“服于”，这自然引起了匈奴单于的公开且强烈反对，匈奴单于开始侵扰边塞，致使汉地边民被掠杀者不计其数，史载“千里无烟，无鸡鸣犬吠之声”——至此，完全破坏了自汉武帝以来建立的、以西汉王朝为中心的、稳定的亚洲政治秩序，中外关系急剧恶化。

在这种情况下，王莽不但不采取缓和措施，反而为了维持所谓的威信，而于始建国三年（11）发兵匈奴，战事连年不决，“野有曝骨”；却又于天凤三年（16），派五威将王骏等人率兵出征西域，孰料被西域诸国联军包围攻击，

◀ 许由洗耳图
［明代］吴伟
绢本水墨
165.5×95cm
私人藏品

几近全军覆没。王莽非常自信地认为“制定则天下自平，故锐思于地理、制礼作乐、讲合《六经》之说”①，“每有所兴造，必欲依古得经文。”② 却不合时宜。可惜，王莽不自知，而他的身边，也鲜见国之大臣。

所用非人，独木难支

在发兵匈奴之前，大司马严尤曾奋笔上书，陈述对匈奴作战的 5 种困难及不利条件，建议不要出兵匈奴，然而，“莽不听尤言，转兵谷如故，天下骚动”。又，天凤五年（18），王莽准备派遣费兴担任荆州牧，行前问他治策，费兴坦言“欲令明晓告盗贼归田里，假贷犁牛种食，阔其税赋，几可以解释安集”。不料王莽听罢大怒，认为费兴是在非议他的施政，而即刻罢免了费兴。于是乎，“群下愈恐，莫敢言贼情者”③。能够留在他身边的人大多是拍马奉承、刻薄寡恩的小人。

曾经，王莽一度希望召请新都相孔休，以他为国师，却被孔休“呕血托病”，杜门谢绝；又想强征龚胜为太子师友、祭酒，龚胜拒不受命。龚胜对门人高晖等人说：“吾受汉家厚恩，无以报，今年老矣，旦暮入地，谊岂以一身事二姓，下见故主哉？”④ 绝食而死。而曾任京兆尹、太中大夫的邴汉也拒绝了王莽的邀请。在他们眼中，王莽不是一个可以合作之人。朝中对他行事不满的文武大臣如前将军何武、左将军公孙禄等都因为不曾阿附王莽，而被构陷下狱，何武自杀，其他因不附王莽之“汉忠直臣”处死者达数百人。其中，尤以曾任司隶、谏大夫的鲍宣（前 30 – 3）之死最让人痛心——待王莽登基，鲍宣已经远离政治多年，并且一如王莽本人，鲍宣亦出

---

① ［东汉］班固：《汉书》卷 99《王莽传》（中），北京：中华书局，1962 年版，第 4140 页。
② ［东汉］班固：《汉书》卷 24《食货志》（下），北京：中华书局，1962 年版，第 1179 页。
③ ［东汉］班固：《汉书》卷 99《王莽传》（下），北京：中华书局，1962 年版，第 4171 页。
④ ［东汉］班固：《汉书》卷 72《龚胜传》，北京：中华书局，1962 年版，第 3085 页。

身孔门，且是一代大儒，按道理说，这是王莽最应该保全且重用之人。然而，历史给出的结论却恰恰相反——正因为鲍宣是一代大儒，具有非同一般的影响力，使得王莽绝对不会允许他的存在。何况，鲍宣与何武还有相当紧密的关系。①

结果，可以真正让新王朝焕然一新，让民众欢欣雀跃的大臣、正臣、直臣纷纷被迫辞职或免官；与此同时，王莽还利用"狗血事件"，逼迫汉宣帝之女敬武长公主、梁王刘立、王莽自己的叔父红阳侯王立、平阿侯王仁以及王莽自己的嫡长子王宇等上百人自杀，引起了朝野震惊。至此，至汉平帝末年（5），朝中已经没有任何异己之人了，王莽再也不用担心持有不同政见者。那些曾经让王莽被迫卸职、隐居封地的丁、傅两家及汉平帝的母亲卫氏早已被罢黜、夷灭殆尽。

于是，朝堂之上但见一群宵小，"附顺者拔擢，忤恨者诛灭。王舜、王邑为腹心，甄丰、甄邯主击断，平晏领机事，刘歆典文章，孙建为爪牙"②。此外，还有甄丰之子甄寻、刘歆之子刘棻、任骑都尉崔发、大司徒司直陈崇等人，"皆以才能幸于莽"——何才能也？以上人等除刘歆之外，大多庸碌低俗之辈，其中，尤以甄寻、崔发、陈崇为最。据《资治通鉴》卷37《汉纪二十九》记载：甄寻为人轻佻，沉溺女色，欲娶皇后为妻。王莽招孙豫为婿，因羡生妒，遂假造符命，建议将陕邑（今河南三门峡）一分为二，让甄丰和太傅平晏分治，王莽只好照作，以甄丰为右伯，平晏为左伯。随后，又伪造符命，"言故汉氏平帝后（王莽之女）黄皇室主为寻之妻"。王莽听闻大怒："黄皇室主天下母，此何谓也。"下令逮捕甄寻，甄丰自杀，甄寻、刘棻、刘棻的弟弟刘泳、王邑的弟弟王奇等公卿、列侯数百人一并被处死。崔发呢，曾经强烈建议王莽修建九庙，花费亿万，建筑工人死伤数万人。地皇四

① ［东汉］班固：《汉书》卷72《鲍宣传》，北京：中华书局，1962年版，第3094页。

② ［东汉］班固：《汉书》卷99《王莽传》（上），北京：中华书局，1962年版，第4045－4046页。

年（23）拜大司空，其时反莽起义风起云涌，他又劝王莽率群臣至南郊大哭以求神明保佑——才能不过如此。至于说陈崇，由他伪造歌颂王莽功德的歌谣居然高达三万言，可谓千古之奇文。

于是，可想而知，以这样一帮人作为新朝执政班底，又能做出什么成绩？何况“论议连年不决，不暇省狱讼冤结，民之急务。县宰缺者数年守兼，一切贪残日甚”①。朝中处处人浮于事，各个地方缺编少员，而王莽自己则有感于从前因为专权才有机会攫取政权，所以总想自己包揽众事，有关官员也就只按既定的政令办事，以图能够免责。内府、国库和钱粮官，都由宦官管理；官吏和平民的密奏，由宦官和左右随从开拆，各部尚书都不知，处处设防。又朝令夕改，且政令繁多，本来应当由下属奉命执行之事，总要亲自过问以后才交去办理，以至前面的事情没有完，后面的事情又赶上，昏乱糊涂，没完没了。各部主管借机舞弊，阻塞下情，奏报后等待回答的人连年无法离去，被关押在郡县监狱里的人遇赦才得以出来，京城卫戍士兵不能轮换甚至达 3 年之久。

如此，新朝的命运大略可知。而天公也不作美——或许，正所谓天意吧！

天降灾祸，时运不济

就在王莽被封为安汉公的第二年，即元始二年（2），大面积旱灾伴着“连岁灾蝗”，其中青州（今山东北部地区）尤其严重，当地居民纷纷离家逃荒，却快不过灾害降临的速度，有的家庭因灾死亡 6 人，死亡一两人之家常见。而这，不过是悲剧的开始。元始四年（4）冬天，也即王莽加号“宰衡”的当年，大风袭击了整个长安城，东门屋瓦被吹落殆尽。

---

① ［东汉］班固：《汉书》卷 99《王莽传》（中），北京：中华书局，1962 年版，第 4140 页。

面对接二连三的灾情，王莽派出的风俗使者给出的报告却截然相反，说："市无二价，官无狱讼，邑无盗贼，野无饥民，道不拾遗……"① 可谓中国历史上最大的谎言。然而，王莽视而不见，心安理得地享受着众人的歌颂。至居摄三年（8）春天，地震。这应该是上天给王莽的直接警告，王莽依然置若罔闻，且于当年即真，废黜了刘家天子，自己称真皇帝，建新王朝，改元"始建国"。孰料，不出几日，"真定、常山大雨（加冰）雹"。次年，"冬十二月，雷"。至始建国四年（12），"夏，赤气出东南，竟天"。气候越来越反常、破坏性越来越大。到了天凤元年（14），"四月，陨霜，杀草木，海濒尤甚。六月，黄雾四塞。七月，大风拔树，飞北阙直城门屋瓦。雨雹，杀牛羊"。可想而知，农历四月还是春天，山寺的桃花应该才刚刚开放，却降严霜是怎样一种景象？大豆等主要农作物颗粒无收。至天凤三年（16）还未开春即见地震，而后伴着大雨暴雪，原本茂密葱郁的竹林和柏树林一片枯萎。

董子云："国家将有失道之败，而天乃先出灾害以谴告之，不知自省，又出怪异以警惧之，尚不知变，而伤败乃至。"② 据史书记载，在王莽执政时期，几乎年年都发生严重的自然灾害，极端的天气如家常便饭，狂风、雷雨、黄雾、强霜、大旱、岸崩、地陷、河决乃至地震、蝗灾无所不有。史载地皇四年（23），更是前所未见，"大风飞瓦，雨如注水，大众崩坏号呼，虎豹股栗……"，甚至凶猛的虎豹面对极其恶劣的天气也是惊恐万状。对此，王莽又是如何处理的呢？

新朝末年，因为蝗灾，进入函谷关的流民有几十万人。王莽让中黄门王业管理长安贸易，王业却压低价格向商户与长安市民收购物资，大家都非常厌恨他。可是，由于王业"节省"了收购费而被王莽以为有功，加官晋爵。

---

① ［东汉］班固：《汉书》卷99《王莽传》（上），北京：中华书局，1962年版，第4076页。
② ［东汉］班固：《汉书》卷56《董仲舒传》，北京：中华书局，1962年版，第2498页。

当王莽听到长安城里发生饥荒，向王业询问情况。王业说："都是些流民。"他安排买来市场上的米饭和肉给王莽看，说："居民的食物都像这个样子。"王莽居然信了他的话。他并不知道，宫门之外，每斛米价值黄金一斤，及至"人相食"。

或许是对王莽一意孤行、大逆不道、罔顾人命的不满，古老的黄河在始建国三年（11）发生了两汉历史上最著名的一次大决口——魏郡元城（今河北大名）决口，黄河在西汉河道的基础上，继续向东南方向摆动100多公里，夺漯水入海。起初，王莽担心咆哮的河水会淹没他家的祖坟——此次决口地点——元城正是王莽的家乡，但当他了解到河水并没有北侵，不会影响祖坟，而是向东流去之后，就决定不筑堤堵水。如此，也就失去了新朝政权的最后一道防线。洪水所到之处产生大量灾民，王莽竟然异想天开，派人教饥民"煮木为酪"，导致灾民纷纷加入义军，成为王莽与他创立的新朝的掘墓人。

何以至此？读《汉书》3卷《王莽传》，不少篇幅可见，他应该是一个非常自负、在乎名誉乃至名节的人，"欲令名誉过前人，遂克己不倦"，可是，结果却恰恰相反。

孤家寡人，身败名裂

后世说及王莽，不少人都为之扼腕不已。即便在最后时刻，依然有公卿大夫、侍中、黄门郎等随从官吏一千多人跟着他。尤其是大司空王邑看见他的儿子、侍中王睦脱下衣帽想要乔装逃跑，王邑拦住让他返回，父子俩共同守卫着王莽。还有曹部监杜普、陈定郡大尹沈意和九江郡连率贾萌等都坚守郡城不肯投降，被义军所杀。扬州司命孔仁留下遗言"吾闻食人食者死其事"之后，拔剑自杀。

以上皆可谓忠义之士，可惜王莽是一个不仁之人。班兰台说他"奋其威诈，滔天虐民，穷凶极恶，毒流诸夏，乱延蛮貉，犹未足逞其欲焉”[1]，并非诽谤。这从他与儿孙的关系即可见一斑。贪帝王之尊，而无骨肉之情。其中，如果说他的次子王获之死还有法理可言，不问青红皂白就杀死了家里的一个奴婢可谓咎由自取，而他的长子王宇之死则罪在王莽。

原本，王宇的所作所为是为了保护父亲王莽。那是汉平帝时，王莽意欲专权，严禁平帝的母亲卫后和平帝见面。王宇为了避免平帝亲政之后可能的报复，不赞成王莽的做法。这时，王宇的老师吴章认为王莽不喜欢进谏而好鬼神，可用一些怪异事件吓唬他，然后乘势推演，劝说王莽分权给平帝的外家卫姓家族。于是，王宇安排他的内兄吕宽半夜将狗血泼洒在王莽的府邸门口，不料被人发现。吕宽潜逃，不久即被捕，供出王宇，王莽异常震怒，将王宇逮捕入狱，旋即毒酒赐死。当时，王宇夫人正有孕在身，待她分娩之后，也下令处死。其绝情如此。

而这，还不是结束。王莽还有第4子王临，于始建国元年（9）正月立为太子。当初，王莽的正妻因为王莽杀死了她的两个儿子，哭瞎了眼睛。王莽就让太子王临住在宫中照顾母亲。王莽与妻子的侍女原碧有染，后来王临也跟她有私，两人害怕不伦之事泄露，惶恐不安，就密谋加害王莽。王临的夫人刘愔是国师公刘歆之女，精通星术，告诉王临宫中将有凶兆。王临窃喜，以为自己的阴谋可能得逞。不曾想突然被废，降为统义阳王，诏命在宫外居住，而更加忧惧。于是，当他听闻母亲病重，就给母亲写信说：“皇上对于子孙极为严厉，从前我的兄长都是30岁左右就死了。现在我又刚好30岁，恐怕一旦母后发生不幸，我就不知道会死在哪里！”王莽来探望妻子的病情，无意中看见那封信，大怒，怀疑王临有恶意，不让他参加葬礼。并且，在葬礼结束之后，立刻逮捕原碧等人审问，原碧当即承认了与王临的私情和阴谋。但因为这是家丑，不可外扬，王莽就派人杀死了奉命办案的司命

---

① ［东汉］班固：《汉书》卷99《王莽传》（下），北京：中华书局，1962年版，第4194页。

及属官，尸体埋在狱中，死者家里都不知所在。然后，给王临毒药，王临不肯喝，自杀而亡。王莽又对国师公刘歆说："王临本来不懂得星象，事情是因刘愔而起。"于是刘愔就自杀了。

至此，王莽已经杀死了自己的3个儿子。下一个被杀的是王莽之孙、王宇之子、功崇公王会宗。作为皇孙，年轻的会宗自然有许多梦想——如梦想继承皇位、承继大宝，而在某一天偷偷穿上龙袍，戴着皇帝的冠冕，请人给自己画了一张标准像，同时刻了3枚印章，第一枚的印文是"维祉冠，存己夏，处南山，藏薄冰"，第二枚的印文是"肃圣宝继"，第三枚的印文是"德封昌图"。其中的意思非常明显，但是完全可以相信，会宗此举并不是诅咒，而是作为继承人之一有些好奇。然而，王莽并不这么想，认为有"僭越、取代"之意，犯下了大逆不道罪。不仅如此，经调查落实，会宗平时竟然还时常与因罪流放广西合浦的舅父吕宽私下联系。数罪并罚，作为祖父的王莽丝毫没有迁就、宽容之意。于是乎，会宗因为一时的好奇而被迫自杀。

或许是有感于继承人严重缺失的问题——他的第三子新迁王王安早逝，第五子功脩公王兴与第六子功建公王匡是王莽被谴封国之时的侍妾所生，出身卑微，自然不能被立为太子。而据史载，他的另一个孙子公明公王寿也早早就病死了，一个月里死了4个晚辈。天底下，没有比白发人送黑发人更为悲伤之事。于是，王莽染黑了自己的头发和胡须，下诏选秀，立杜陵史家的女儿为后，同时设置和嫔、美御、和人共3人，爵位比照三公；嫔人9人，爵位比照九卿；美人27人，爵位比照大夫；御人81人，爵位比照元士。①

然而，一如俗话所说，"百年树人"。如何来得及？不过如他自己所想，"自安"而已。义军已然兵临城下。地皇四年（23）十月初一，义军从宣平

① ［东汉］班固：《汉书》卷99《王莽传》（下），北京：中华书局，1962年版，第4180页。

门攻入长安；初三，突破皇宫防线进入内宫，商人杜吴杀死王莽；校尉公宾割下王莽首级送予将军王宪，其他兵士分裂了王莽的身躯，四肢关节、肌肉、骨骼被切割成许多块，争着去砍杀的有几十人；初六，传送王莽的脑袋前往更始帝行辕，挂在宛城的城门上，百姓都以石块击打，有人甚至爬上旗杆切下他的舌头吃了。

很难想象，一个曾经在家“宗族称孝、师友归仁”，居国“勤劳国家，直道而行”，世人“动见称述”，曾经被许为圣人的人的结局是如此悲惨！

结语

胡适先生称王莽是社会主义者、空想家和无私的统治者；《剑桥中国秦汉史》也说“王莽不是班固所述的那个无能、狡猾、伪善和妄自尊大的蠢人”[①]，认为是“不公正的指责”。事实果真如此吗？

当义军已经兵临城下，王莽不仅把东征将军们的妻子儿女收容到皇宫作为人质，而且吝于赏赐。当时，皇宫中储存的10000斤一箱的黄金还有60箱之多，黄门、钩盾、藏府、中尚方每处各有几箱。[②] 长乐宫御府、中御府和都内、平准库存钱币、绸绢、珍珠、实玉等各种财物则更多，王莽给每位士兵仅4000钱（两石米价而已）。士兵心生怨恨，毫无斗志。而此前一年，地皇三年（22）正月，因九庙落成，王莽去参拜，车队按照最高规格组成，他的专车套着6匹马，马披着用五彩羽毛织成龙形图案的套子，头上装着义角，有3尺长。华盖车和10辆大型战车走在前头。随后，赏赐主持建庙工程的大司徒和大司空各1000万钱，侍中和中常侍以下人员都有封赏，甚至对负责建庙的监工都有重赏。然而，对于为他浴血奋战的士兵只有区区4000钱——相

① ［英国］崔瑞德、鲁惟一编：《剑桥中国秦汉史》，北京：中国社会科学出版社，1992年版，第220页。

② ［东汉］班固：《汉书》卷99《王莽传》（下），北京：中华书局，1962年版，第4188页。

▲渔父图
［明代］莫是龙
纸本墨笔
24×35cm
私人藏品

比1000万钱，何异于天壤之别？而九庙者，何也？通俗讲，不就是王氏家庙吗？出征的士兵为何而战？难道不是为了保护王氏家庙的安全吗？由此可见，即便王莽不是一个十足的蠢人，也非一个聪明人，不过机遇奇巧而已。

设若他的姑母不是皇后，继而又被尊为皇太后，再而成为中国历史上在位时间最长的太皇太后，他绝对不可能占据《汉书》3卷的篇幅，及至有幸有了列入《本纪》和独立开创《新史》的可能，却被王莽自己白白浪费了。事实证明，王莽的新朝不过是他一个人的臆想，因此，“改制”自然徒劳无功。可以说，王莽对于新朝其实毫无设想，因为即真（篡位）无计可施（无能治国）而假托复古，时人与后人信以为真。

通观《汉书》3卷《王莽传》，除了一而再、再而三的复古行为，鲜见王莽的施政思想；并且，王莽的诸多言行也与他信奉的儒学（儒家）大相径庭——其中，他之所以能够跻身政治高层就是因为一起告密事件——他的姑母之子淳于长同样是因为尽心服侍生病的王凤，而被王凤托付给了王太后与汉成帝。成帝嘉许淳于长的忠义，拜他为列校尉诸曹，后迁水衡都尉侍中，不久又拜为卫尉，位列九卿。这也就是说，淳于长无论官职、爵位还有名声，都超过王莽。对此，王莽自然难以释怀，而“阴求其罪过”。结果，王莽如愿以偿，绥和元年（前8），王莽的叔父王根请求退休，推荐王莽代替自己，成帝于是提拔王莽任大司马，而非淳于长。然而，细说起来，王莽向执政的叔父告发表兄的初衷并非大义灭亲、为国锄奸（淳于长可谓中国历史上谄媚与贪婪的典型），而是希望消灭对手、取而代之，以攫取更大与更高的权力。王莽非常之幸运，历史给了他一个千载难逢的机会与冠冕堂皇的理由。

至平帝去世，虽然元帝的后裔大多不在人世，但是宣帝的曾孙辈人丁兴旺，有王者5人，列侯48人，可是大权在握的王莽嫌他们都已长大成人、不易控制，便说：“兄弟平辈之间，不能继承帝位。”而选择了宣帝玄孙辈中年龄最小的广戚侯的儿子刘婴，年仅2岁。为了堵住悠悠众口，借口说他占卜、看相最是吉利。此前，为了巩固自己的权势，王莽计划让自己的女儿成为平帝皇后，却以退为进，故意将自己的女儿排除在外，说“身亡德，子材下，不宜与众女并采”。结果却一如他所预料，平民、儒生、郎官以上守候在宫门前上书的每天有一千多人，王公大臣和大夫们有的到朝堂上，有的跪在省部门前，强烈要求选聘王莽之女为皇后，并且表示只有王莽之女才有资格“为天下母”，其他人天命都不允许。

其行事大多如此。为了一个“名”字，王莽可谓不惜代价，“遣中郎将平宪等多持金币诱塞外羌，使献地，愿内属”[①]。这意思是说汉朝已有东海、南海、北海三郡，未有西海郡，他贿赂羌人，希望他们主动“献地”，设西海郡，制造“四海一统”的升平气象。只是，他从未预料到，西海郡才设置两年，即居摄元年（6），西羌首领庞恬、傅幡等即起兵攻打西海郡，企图夺回水草丰美的环湖地区。西海太守程永弃城逃走，西海郡为羌人占领。次年，王莽遣护羌校尉窦况等击破西羌，收复西海郡。然而，随着绿林、赤眉起义相继爆发，新朝无力西顾，西羌首领卑禾遂（即当初纳金献地者）又趁机夺回故土，西海郡也随之废弃。真的是赔了银子又折兵。

想起孔子曾经不无严肃地说：“政者，正也。”[②] 然而，王莽却恰恰相反。《汉书》3 卷《王莽传》所载王莽事，鲜见正念，玩弄诡计而已——这不会是史家的偏见和剪裁。于是乎可想而知，“其身不正，虽令不从”。自王莽执政至即真期间，各种反叛与起义层出不穷——不仅刘氏宗族与臣僚下官相继兴兵，普通兵士与一般平民也纷纷揭竿而起，甚至在长安城中也有盗匪出没。其中，固然有历史沉积与自然灾害等多方面原因，但是，王莽作为一名执政多年，继而君临天下的君王，无疑难辞其咎。设想一下，当无数人民食不果腹之时，最高领袖竟然异想天开，派人“指导”流落关中的饥民“煮木

① ［东汉］班固：《汉书》卷 99《王莽传》（上），北京：中华书局，1962 年版，第 4077 页。

② 语出《论语·颜渊》。

为酪”……

为君至此，不可能不败了。回顾王莽一生，无非“权”“名”两字。他偶尔的慷慨，也不过是借花献佛，慷他人之慨，以换来更大的权与更大的名。即便改制，也不过是迎合他必须依靠的儒家集团的诉求——自元帝一朝开始，汉廷陆续出现一批出身儒家的宰辅与高级官员，他们逐渐把控了西汉王朝的政治。而王莽因为极其偶然的机遇跻身朝廷高层，所能依托的只有言必引经据典，以《诗》《书》代法律，以周召代刑余的儒家。然而，对于治国、平天下，儒家还从未有过政治实践。事实上，在汉元帝之前，儒家还受到某种形式的压制——汉武帝的“独尊儒术”在更多的时候是一种权力平衡的技巧（内儒外法），如汉宣帝更是明言：“汉家自有制度，本以霸王道杂之。”至元帝，认为“陛下持刑太深，宜用儒生”，而将“独尊儒术”发扬光大。然而“纯任德教”的年代已然久远，徒留几个名词，王莽上位又纯粹出于小概率事件，其施政纲领更非深思熟虑的政治设计，不过照本宣科而已。结果唯有分崩离析。

细说起来，这个结果早已在宣帝的预料之中，他曾说：“俗儒不达时宜，好是古非今，使人眩于名实，不知所守，何足委任！”叹曰：“乱我家者，太子也！”① 历史不幸被汉宣帝言中。“师古而不适用，王莽所以身灭。”② 何况，王莽远非一名真正意义上的儒生，更遑论大丈夫。所谓“新朝”还不如“旧朝”，几无“新”可言——如何能激发人民的兴趣，并且自愿爱惜和保卫它？

---

① ［东汉］班固：《汉书》卷9《元帝纪》，北京：中华书局，1962年版，第277页。
② ［南朝梁］沈约：《宋书》卷14《礼一》，北京：中华书局，1974年版，第327页。

第十卷

东汉：利益集团的牺牲品

东汉的开国气象远远不如西汉来得恢宏高远，尤其是一些政治措施，贻谋不善、规划不周。其中，特别是对豪族大姓的绥靖政策。最终，农民从豪族大姓的压榨对象成为帝国的掘墓人，连累一个伟大的王朝最终沦为利益集团的牺牲品。代价不可谓不大！

南宋诗人陈普《咏史上》诗云："三十六人抚西域，六头火炬走匈奴。古今参合坡头骨，尽是离披见鹘乌。"这说的是东汉名将班超（32－102）的故事——著名成语"投笔从戎"的主角也是他——出生文化世家，父亲班彪、兄长班固、妹妹班昭都是当时著名的历史学家，两代三人呕心沥血而成史学名著《汉书》。唐代历史学家刘知几高度评价说"自尔迄今，无改斯道"，为后世树立了典范，可见《汉书》在史学界的地位之重要。而班超虽然没有参与修史，然其功业相比于父兄、姊妹毫不逊色。从某个角度讲，说是班超正式拉开了东汉（25－220）一朝波澜壮阔、五彩斑斓的历史也不为过。他原本一介书生，却"宁为百夫长"①，而投笔从戎，随奉车都尉（约相当于北京卫戍区司令员兼中央警卫团团长）窦固出击北匈奴，危急时刻以假司马（代理司马，约相当于北征部队副参谋长）出使西域，以36人平定了西域50多个国家，恢复了西域地区自新朝末年以来中断长达65年的与中央政府的关系。此后凡31年，由青葱之年到古稀老人，矢志不渝，坚守于此，"以一身转侧绝域，晓譬诸国，因其兵众，每有攻战，辄为先登，身被金夷，不避死亡"②，"改立其王，而绥其人。不动中国，不烦戎士，得远夷之和，同异俗之心，而致天诛，蠲宿耻，以报将士之仇。"③ "为有汉之

① 语出［唐代］杨炯《从军行》，全诗云："烽火照西京，心中自不平。牙璋辞凤阙，铁骑绕龙城。雪暗凋旗画，风多杂鼓声。宁为百夫长，胜作一书生。"

② ［南朝宋］范晔：《后汉书》卷47《班超传》，北京：中华书局，1965年版，第1584页。

③ ［南朝宋］范晔：《后汉书》卷47《班超传》，北京：中华书局，1965年版，第1582页。

隽功。”①

无独有偶，还有耿恭。岳武穆那阕国人耳熟能详的《满江红》中最让人荡气回肠的“壮志饥餐胡虏肉，笑谈渴饮匈奴血”句，说的就是他的故事。那是永平十七年（74），东汉王朝重新设立了西域都护，任命耿恭和关宠为戊己校尉，屯驻后车师金蒲城（今新疆奇台西北）。次年，北匈奴单于派兵进攻车师，杀死车师后王，然后继续挥师攻打由耿恭换防的疏勒城（今新疆喀什），重兵围困。此时，适逢汉明帝刘庄（57－75年在位）驾崩，朝廷救兵不至，车师国又背叛汉朝，与匈奴合兵进攻耿恭。汉兵粮尽，陷入困境。他们煮铠弩食其筋革，拒绝匈奴的招降——即便单于亲自前来劝降，允诺将女儿嫁给他，封白屋王。耿恭不为所动，亲手斩杀了单于的亲使，“炙诸城上”。单于大怒，不断增兵围困耿恭，依然无效。直至汉章帝刘炟继位（75－88年在位），采纳司徒鲍昱（约10－81）的建议，派征西将军耿秉屯守酒泉，派酒泉太守秦彭（一作段彭）、谒者王蒙、皇甫援征发张掖、酒泉、敦煌三郡以及鄯善部队，共七千余人，前往救援。当援兵到达疏勒城时，耿恭他们坚守将近两年了，城中仅余26人。待随大军千里跋涉至玉门关时，又只剩13人。

当时，他们“衣屦穿决，形容枯槁。中郎将郑众为恭以下洗沐易衣冠”。短短22字，给后人的震撼又何止千钧？须知，郑众（？－83）在中郎将的身份之外，还是一代经学大家。贞观二十一年（647），唐太宗诏令历代先贤先儒22人配享孔子，其中就有他的名字。让这样一位闻名天下的夫子兼上将军情不自禁屈膝为归来的将士沐浴更衣，其中该是怎样一个动人的故事！随后，郑众在给朝廷的上书中不无激动地赞美说：“耿恭以单兵固守孤城，当匈奴之冲，对数万之众，连月逾年，心力困尽。凿山为井，煮弩为粮，出于万死无一生之望。前后杀伤丑虏数千百计，卒全忠勇，不为大汉耻。恭之

---

① ［元代］脱脱等：《宋史》卷105《礼八》，北京：中华书局，1985年版，第2558页。

节义，古今未有。宜蒙显爵，以厉将帅。”其中，“不为大汉耻”可谓给予一个军人的最高荣誉。阅读至此，《后汉书》作者范晔满含热泪地说：“余初读苏武传，感其茹毛穷海，不为大汉羞。后览耿恭疏勒之事，喟然不觉涕之无从。嗟哉，义重于生，以至是乎！……以为二汉当疏高爵，宥十世。”也就是说，因为有耿恭这样的军人，朝廷可以宽宥他们家族十代。[①]

而这样的事迹，在东汉一朝层出不穷。比如说窦固，班超是奉他之命以假司马出使西域，招纳西域诸国。设若没有他，东汉自明帝开始的历史将全部改写。有他，则大破匈奴、击降车师，“在边数年，羌胡服其恩信”[②]。尤其是上书请求重新设置西域都护、戊己校尉，为使西域重归中国，立下赫赫战功。而在窦固、班超之前还有伏波将军马援，他南征交趾、西破羌戎，豪言老当益壮、马革裹尸。[③] 他到交趾，曾立铜柱，为汉之南边陆疆南界标志，其柱铭文曰：“铜柱折，交趾灭。”越人每过其下，以瓦石掷之，遂成丘。与此同时，又有祭彤（Zhai rong），驻守辽东近 30 年，东退鲜卑，北败匈奴，“边无寇警”[④]，“威詟北方，声行海表，于是濊、貊、倭、韩万里朝献”[⑤]。

唐人李益《塞下曲》云：“伏波惟愿裹尸还，定远何须生入关。莫遣只轮归海窟，仍留一箭射天山。”可以说，东汉开国即是一曲高昂与豪迈的英雄主义赞歌。而纵观东汉一朝，一如赵翼先生所说“尚名节”，“三君”“八俊”“八顾”“八及”“八厨”等都彪炳史册、流芳千古。[⑥] 于是，就难以理解了——这样一个傲骨铮铮、充满傲气的王朝为何会轰然倒下呢?

---

① ［南朝宋］范晔：《后汉书》卷 19《耿恭传》，北京：中华书局，1965 年版，第 720 - 725 页。

② ［南朝宋］范晔：《后汉书》卷 23《窦融传》，北京：中华书局，1965 年版，第 810 页。

③ ［南朝宋］范晔：《后汉书》卷 24《马援传》，北京：中华书局，1965 年版，第 841 页。

④ ［南朝宋］范晔：《后汉书》卷 20《祭彤传》，北京：中华书局，1965 年版，第 745 页。

⑤ ［南朝宋］范晔：《后汉书》卷 85《东夷列传》，北京：中华书局，1965 年版，第 2809 页。

⑥ ［南朝宋］范晔：《后汉书》卷 67《党锢列传》，北京：中华书局，1965 年版，第 2187 页。

小皇帝扛不起大帝国

虽然东汉领土相对西汉而言略有收缩，但依然是同期世界上国土面积最大的国家之一，拥有13州、1088县、580余万平方公里土地，人口最多时超过6500万人——当时世界上人口最多的国家。然而，统治这样一个庞大王朝的君王又是怎样一个人呢？

从年龄上讲，东汉诸帝自和帝（88－105年在位）开始，大多以幼年即位，并且皇统屡屡断绝——不知何由，东汉皇帝的生育能力一代一代呈极速递减趋势：光武帝有11子；明帝有9子；章帝有8子；至和帝则仅有2子，且长子胜还有痼疾，次子即殇帝也；安帝唯有1子；顺帝也仅有1子，即冲帝；质帝、桓帝皆无子；灵帝2子。于是，无子嗣或子嗣未能长大的诸帝只能以外藩继嗣。如下表所示——

附表11　东汉诸帝世系简表

帝名	帝号	帝位来源	是否外藩入继	生卒时间	即位年龄	在位时间
刘秀	光武帝	东汉王朝缔造者。	否	前6－57年	32岁	33年
刘庄	汉明帝	光武帝第4子，母亲为阴皇后。	否	28－75年	30岁	19年
刘炟	汉章帝	汉明帝第5子，母亲贾贵人。	否	58－88年	18岁	14年
刘肇	汉和帝	汉章帝第4子，母亲梁贵人。	否	79－105年	10岁	18年
刘隆	汉殇帝	汉和帝少子。	否	105－106年	1岁	1年
刘祜	汉安帝	汉和帝侄子，父亲清河孝王刘庆。	是	94－125年	13岁	20年
刘保	汉顺帝	汉安帝子，母亲李氏。	否	115－144年	11岁	20岁
刘炳	汉冲帝	汉顺帝子，母亲虞贵人。	否	143－145年	2岁	1年

续表

帝名	帝号	帝位来源	是否外藩入继	生卒时间	即位年龄	在位时间
刘缵	汉质帝	汉章帝玄孙，父亲渤海孝王刘鸿。	是	138－146 年	8 岁	2 年
刘志	汉桓帝	汉章帝曾孙，父亲蠡吾侯刘翼。	是	132－167 年	15 岁	22 年
刘宏	汉灵帝	汉章帝玄孙，父亲解渎亭侯刘苌。	是	156－189 年	13 岁	22 年
刘辩	汉少帝	汉灵帝嫡长子，母亲何皇后。	否	175－190 年	15 岁	1 年
刘协	汉献帝	汉灵帝次子，母亲王美人。	否	181－234 年	9 岁	32 年

由上表可知，东汉一朝13帝，自和帝以下，继承人一直是一个问题。首先，13 位皇帝继位时的平均年龄仅为 13.61 岁，与现代初一、初二年级的学生年龄相仿。其中，汉和帝、汉殇帝、汉冲帝、汉质帝、汉献帝 5 位皇帝即位时都不足 10 岁，至于汉殇帝即位时出生仅 3 月；另外，汉安帝、汉质帝、汉桓帝、汉灵帝 4 位外藩入继的皇帝，他们即位时的平均年龄也仅有 12.25 岁，约相当于小学六年级学生。

有所谓“国赖长君”。于是不难预想，在平均年龄仅在 12—13 岁之间的小皇帝统治下的一个偌大王朝将会是怎样一种景象。如此这般，太后临朝就是一个必然；继而，外戚也就自然掌握了权柄，太后将实权不是委之于父，就是托之于兄。

胡来的太后与她们的娘家人

如果，东汉的太后们都如汉明帝的马皇后，不仅东汉一朝，历史也将美好之极。正所谓人如其名，马皇后一生行止一如她的谥号“明德”，真正可谓“母仪天下”。据《后汉书》卷 10《皇后纪》（上）记载，明德皇后自 10

◀ 高士图（又名《梁伯鸾图》）
[五代] 卫贤
绢本设色
52.5×134.5cm
北京故宫博物院藏

岁即开始料理家事，管理仆人，把家里打理得井井有条；13 岁入太子宫，知书达礼，侍奉明帝的母亲阴皇后敬心诚意，赢得太子宫上下交口称赞；获封贵人之后，抚育其他妃嫔的孩子视如己出，“劳悴过于所生”[①]。永平三年（60）春天，被阴太后钦点，立为皇后，更加谦逊恭谨、勤俭节约，日常身穿粗帛，衣裙都不加修饰。初一和十五，妃嫔前来朝见，远远看去马皇后袍衣整齐，以为是上等丝绸，靠近了才知道不是，都笑了。马皇后借口说：“这种丝织品特别适宜染色，因此我才穿用。”嫔妃听了，无不汗颜。她还经常借着与汉明帝单独相处的机会谏言汉明帝，辅助他处理国事，每次都很公正，很多狱囚因此得到宽宥赦免，而马皇后自己从来不曾以自家私事求汉明帝。因此，汉明帝对她日益尊敬和宠爱，终其一生始终不衰。至永平十八年（75），汉明帝英年早逝，马皇后的养子刘炟即位，史称汉章帝（75－88年在位），尊马皇后为皇太后。有感于马皇后的养育之恩，章帝想给 3 位舅舅——马廖、马防和马光封爵，马太后坚决不允许。次年夏天，发生旱灾，有些朝臣认为这是没有封赏外戚的缘故，有关官员为此上奏汉章帝，认为应该依从以前的典章制度。马太后特别下诏说：“所有请求封外戚的臣子都是想要献媚讨好我，求得好处而已。”坚决拒封外戚。建初四年（79），汉章帝还是封赏了 3 位舅舅为列侯。3 人都推辞不受，愿就关内侯，领受爵号而不受封地。马太后得知此事，再次教育了 3 位兄弟一番，他们只好接受了封爵后又辞退爵位回家。

此外，马皇后还编撰了《显宗起居注》——这是中国历史上第一部专门记录皇帝日常言行的著作，为后世开创了“起居注”这一全新的史书体例。自此以后，历朝历代都有专人从事该项编撰工作（隋唐时专设有“起居舍

---

① ［南朝宋］范晔：《后汉书》卷 10《皇后纪》（上），北京：中华书局，1965 年版，第 408－409 页。

人”或“起居郎”等官职）。① 并且，马皇后此举比班昭补写《汉书》早了20多年，可谓中国第一位女历史学家。古人有“三不朽”之说，马皇后之德、功、言均有所立，无疑可说“不朽”。遗憾的是，东汉其他的太后们相比于她，实在差强人意。见下表所示——

附表12 东汉诸帝与太后关系简表

帝名	帝号	帝位来源	太后名讳	与太后关系	外戚作为
刘秀	光武帝	东汉王朝缔造者。	—	—	—
刘庄	汉明帝	光武帝第4子，母亲为阴皇后。	光烈皇后阴丽华（5－64年）。	母子。明帝至孝。	阴氏一门四侯、牧守数十人。其中，阴皇后幼弟、新阳侯阴就骄纵，其子阴丰脾气狷急，娶光武帝之女郦邑公主。有一次夫妻吵架，阴丰误杀公主，随即被处死，阴就夫妻连坐，自杀身亡，封国新阳侯国被取消。②
刘炟	汉章帝	汉明帝第5子，母亲贾贵人。	明德皇后马氏（39－79年），史佚其名。	养母子。章帝至孝。	马氏一门七侯。其中，马皇后的两位兄长颍阳侯马防与许侯马光“兄弟贵盛，奴婢各千人已上，资产巨亿，皆买京师膏腴美田。又大起第观，连阁临道，弥亘街路，多聚声乐，曲度比诸郊庙”。又“好树党与”，“刺史、守、令多出其家”。然无大过，且马防建有军功（副将为时任长水校尉耿恭）。③

① ［南朝宋］范晔：《后汉书》卷10《皇后纪（上）》，北京：中华书局，1965年版，第410页。

② ［南朝宋］范晔：《后汉书》卷32《阴识传》，北京：中华书局，1965年版，第1132页。

③ ［南朝宋］范晔：《后汉书》卷24《马援传》，北京：中华书局，1965年版，第857页。

续表

帝名	帝号	帝位来源	太后名讳	与太后关系	外戚作为
刘肇	汉和帝	汉章帝第4子，母亲梁贵人。	章德皇后窦氏（？－97年），史佚其名。	养母子。窦皇后因妒逼死和帝生母。	窦皇后曾祖父为东汉开国功臣、大司徒、“云台二十八将”之一、安丰侯窦融。祖父窦穆、父亲窦勋皆以罪被诛。和帝时，窦氏一门四侯，且窦皇后长兄窦宪官至大将军，封武阳侯，位在三公之上，太傅之下。当时，“自王、主及阴、马诸家，莫不畏惮”，“朝臣震慑，望风承旨。”① 永元四年（92），窦宪欲谋叛逆。和帝预知，收大将军印，遣回封地，旋即迫令自杀。
刘隆	汉殇帝	汉和帝少子。	和熹皇后邓绥（81－121年）。	出生3月登基，百余日后夭折。	邓皇后祖父为东汉开国功臣、太傅、“云台二十八将”之首、高密侯邓禹。
刘祜	汉安帝	汉和帝侄子，父亲清河孝王刘庆。		邓太后与兄长邓骘定策迎立安帝，太后仍临朝听政。	邓太后生前，对邓氏一族约束颇严。兄弟5人有4人封侯，邓骘更是贵为大将军，“皆遵法度，深戒窦氏，检敕宗族，阖门静居”②。还曾辟召杨震等名士。
刘保	汉顺帝	汉安帝子，母亲李氏。	安思皇后阎姬（？－126年）。	阎皇后因妒毒杀顺帝亲生母亲李氏。	建光元年（121），邓太后去世，安帝开始亲政；延光元年（122），阎皇后与其兄长、车骑将军、长社侯阎显等人谗害皇太子刘保，废其为济阴王。

① ［南朝宋］范晔：《后汉书》卷23《窦宪传》，北京：中华书局，1965年版，第812页。

② ［南朝宋］范晔：《后汉书》卷16《邓骘传》，北京：中华书局，1965年版，第616页。

续表

帝名	帝号	帝位来源	太后名讳	与太后关系	外戚作为
刘炳	汉冲帝	汉顺帝子，母亲虞贵人。	顺烈皇后梁妠(106－150)。	冲帝即位时年仅2岁，由梁太后临朝称制。	冲帝在位5月即因病去世。梁太后的兄长、大将军、乘氏侯梁冀立汉章帝玄孙、渤海孝王刘鸿之子刘缵，是为汉质帝。汉质帝在位1年，即为梁冀毒杀。梁太后与兄长梁冀私议，立汉章帝曾孙、河间孝王刘开之孙、蠡吾侯刘翼之子蠡吾侯刘志，是为汉桓帝。在延熹二年（159）被杀之前，梁冀专权20余年，“甘心好货，纵恣无底，多树谄谀，以害忠良”①。甚至以16岁的儿子梁胤任河南尹。及诛，朝廷没收梁冀财产，变卖所得30多亿，相当于天下一半的税租。②
刘缵	汉质帝	汉章帝玄孙，父亲渤海孝王刘鸿。		梁太后仍临朝称制。	
刘志	汉桓帝	汉章帝曾孙，父亲蠡吾侯刘翼。		和平元年（150），梁太后还政桓帝。此前，以妹为桓帝皇后。	
刘宏	汉灵帝	汉章帝玄孙，父亲解渎亭侯刘苌。	桓思皇后窦妙（？－172年）。	窦太后无子，侍御史、河间人刘儵向窦太后的父亲、城门校尉窦武推举解渎亭侯刘宏。	窦太后的父亲、大将军窦武为东汉开国功臣、大司徒、“云台二十八将”之一、安丰侯窦融玄孙、定襄太守窦奉之子，与刘淑、陈蕃合称“三君”。“在位多辟名士，清身疾恶，礼赂不通，妻子衣食裁充足而已。”③有感于宦官乱政，常有诛剪之意。至建宁元年（168），日食，窦武借此为由，请求窦太后诛除宦官，但窦太后犹豫不决，以致事泄，兵败被杀。
刘辩	汉少帝	汉灵帝嫡长子，母亲何皇后。	灵思皇后何氏（？－189年）	母子。	由于少帝年少，何太后临朝称制，权归太后异母兄长、大将军何进。然而何进不纳主簿陈琳之谏，多结外镇军阀，翘首京师，与袁绍等谋诛宦竖。终于事泄，被以中常侍张让为首的宦官先下手为强，遭杀身之祸。

---

① ［南朝宋］范晔：《后汉书》卷56《张纲传》，北京：中华书局，1965年版，第1817页。
② ［南朝宋］范晔：《后汉书》卷34《梁冀传》，北京：中华书局，1965年版，第1187页。
③ ［南朝宋］范晔：《后汉书》卷69《窦武传》，北京：中华书局，1965年版，第2239页。

续表

帝名	帝号	帝位来源	太后名讳	与太后关系	外戚作为
刘协	汉献帝	汉灵帝次子，母亲王美人。	—	—	少帝为董卓于中平六年（189）废为弘农王，在位仅5个月。次年，被董卓秘使郎中令李儒鸩杀。同年，董卓立少帝之弟，史称汉献帝。

由上表可知，东汉一朝的多位太后与她们的娘家人确实问题多多——不只是劣迹斑斑，甚至危及天子的安全——如窦宪（？－92）、梁冀（？－159）。据《后汉书》卷23《窦融传》记载：窦宪因平定匈奴，威名大盛。他以耿夔、任尚为爪牙，以邓叠、郭璜为心腹，同时将班固、傅毅等著名文士笼络身边，以典文章。那时，各州刺史、守令等多出其门。尚书仆射郅寿、乐恢因为忤逆窦宪之意，相继被迫自杀。朝臣震慑，望风承旨。当时，窦宪的弟弟窦笃进位特进（位同三公），窦景为执金吾（禁军首领之一，约相当于中央警卫局局长），窦瑰为光禄卿（禁军首领之一），兄弟当朝，一门显赫，倾动京都；又有窦宪的叔父窦霸为城门校尉（约相当于北京卫戍区司令员），窦褒为将作大匠（约相当于建设部部长兼工业与信息部部长），窦嘉为少府（约相当于财政部部长兼商务部部长）；此外，任侍中、将、大夫、郎吏等职的窦家子弟，还有十余人，可谓一时无两。其中窦景尤为骄纵，为非作歹。他们侵凌平民，强夺财货，篡取罪人，抢掠妇女，致使京都商贾闭塞，如避寇仇。而主管官员，噤若寒蝉，忍气吞声，不敢举奏。司徒袁安见天子年幼，外戚专权，深为忧虑，每每言及国家大事，都不禁叹息流泪。无奈当时窦氏势力太大，百官无可奈何。而窦宪，更是自以为有大功，愈加骄横跋扈。至永元四年（92），窦宪的心腹党羽邓叠、邓磊、郭璜、郭举等人因为可以自由出入禁宫，图谋叛逆。

另据《后汉书》卷34《梁统列传》记载：梁冀曾任职河南尹，残暴不堪、肆意妄为。他的父亲、大将军梁商（？－141）的亲信宾客洛阳县令吕放与梁商说了梁冀做过的坏事，梁商斥责了梁冀。梁冀怀恨在心，派人在路上刺杀了吕放，但又怕梁商知道，就嫁祸给吕放的仇家，然后请求让吕放的弟弟吕禹任洛阳令。吕禹前去捉拿吕放的仇家，把他的整个宗族及100多个宾客全都杀掉了。可谓骇人听闻。遗憾的是，故事远未结束。

永和六年（141）八月，梁商病逝。临终前，他告诫儿子梁冀说："我的德行不高，却享受了许多福分。生前于朝廷没有大功，死了还要耗费公帑，穿着绸缎寿衣，口含珠玉，这对朽骨又有什么用呢？百官劳顿，往来奔波，只是增加了路上的尘土，虽然说是按照礼节也该如此，但也有权宜之计。现在边境不安，国内盗贼四起，怎么还能为了我的丧事而破费国家更多的财物呢？我死之后，把我的遗体运到灵堂，即刻装殓入棺即可。就穿平时穿的衣裳，不用另裁新衣。穿戴之后就把我的棺椁运到墓地，及时安排下葬。以后祭祀时用的食物就像我在生时吃的一样，不要用猪牛羊这样的大祭礼。人们常说，孝顺的儿子都会遵照父亲的意愿行事，你们不要违背我的话啊。"父亲的谆谆教导言犹在耳，可惜梁冀并非梁商口中的孝顺之子。同年，他继父亲担任大将军之职，"侈暴滋甚"。3年后，汉顺帝病逝，当时年仅2岁的儿子刘炳继位，史称汉冲帝。冲帝在位不到5月即夭折，梁冀立汉质帝刘缵。刘缵时年8岁，年幼却很聪慧。他知道梁冀骄横，曾经在朝会时，盯着梁冀公开说："这是一位专横跋扈的将军。"梁冀听了不免后怕，担心质帝年长之后难以支配，派人在饼里下毒，暗杀了质帝，随后立了汉桓帝。同时不忘加害不同意迎立汉桓帝、但深孚众望的现任太尉李固和前任太尉杜乔，以至朝廷上下个个嗟叹，人人自危。有宛县县令吴树当面直陈梁冀的过失，梁冀借饯行之机在酒里下毒，吴树一出门便死在车上；又有辽东太守侯猛，接到任命还未来得及去拜见梁冀，梁冀就借口别事把他腰斩了。甚至对于自己的嫡亲弟弟梁不疑，梁冀也不无嫉妒，不想让他与宾客往来，暗中派人化装守候在他的门前，有人来往便记下来。南郡太守马融，江夏太守田明，临别去向梁不疑辞行，梁冀便暗示州郡官员寻事陷害他们，处以髡笞之刑，充军朔方，致使马融自杀未遂，田明死在路上。史载，"在位二十余年，穷极满盛，威行内外，百僚侧目，莫敢违命”。

即便汉桓帝在他眼里，也不过一个摆设，“天子恭己而不得有所亲豫”① ——梁冀忘了，天子终究是天子。尽管他以外藩入继，在宫中没有可依赖之人，太后与天子既乏骨肉亲情，外戚与皇帝也无甥舅感情，却还有众多宦官，可密谋于禁中而无须担心秘密泄露。

宦官从皇帝的侍应生到帝国政坛主角

客观地讲，东汉的宦官之祸主要源于外戚的胡作非为。一如傅乐成先生所说：“东汉的外戚在才能方面远逊于西汉，而专横骄奢则远过之。”② 如窦宪，他确实为一代名将，“立功域外”，与西汉之卫青、霍去病相比也不遑多让，不仅改变了中国历史，甚至也改变了世界进程。然而，却失于修身。尤其是欲行不轨，谋朝篡位，这无论如何都不应该是一位大将军所为。于是，当汉和帝得知他（们）的阴谋，便秘密召见了不附外戚、忠于皇室的中常侍、钩盾令（御花园总管）郑众，与他定计除灭窦党。考虑到窦宪领兵在外，可能兴兵为乱，两人谋定后暂时忍而未发。适逢窦宪和邓叠班师回朝，和帝大喜过望，下诏让大鸿胪持节到郊外迎接，并按等级赏赐军中将士，以安其心。窦宪进城之后，和帝亲临北宫，命执金吾、五校尉屯兵卫南、北宫，关闭城门，迅速逮捕了邓叠、邓磊、郭举、郭璜，将他们下狱处死。同时派人收回窦宪的大将军印绶，更封为冠军侯，让他和窦笃、窦景、窦瑰回封地。窦宪、窦笃、窦景到封地后，又被令自杀。郑众因功升任大长秋（皇后宫院总管）。汉和帝论功赐赏，郑众每每辞多受少，由此和帝常与他议事。东汉宦官用权，自郑众开始。好在郑众虽开宦官封侯先例（鄛乡侯），却

① ［南朝宋］范晔：《后汉书》卷34《梁冀传》，北京：中华书局，1965年版，第1185页。
② 傅乐成：《中国通史》（上），贵阳：贵州教育出版社，2010年版，第212页。

“为人谨敏”，未尝为患。①

至汉安帝时，小黄门李闰与安帝乳母王圣经常在一起诬陷邓太后的兄长执金吾邓悝等人，说他们阴谋不轨，计划迎立平原王刘翼，安帝每每听说都忧愤不已。永宁二年（121），邓太后病逝，李闰串通皇后阎氏一门，诬告邓氏谋反，以诛杀邓氏之功封雍乡侯。其后，又与大长秋江京及中常侍樊丰、黄门令刘安、钩盾令陈达还有王圣、王圣之女伯荣煽动内外，陷害忠良；与安帝舅父、大将军耿宝，皇后兄长、大鸿胪阎显更是结党营私，枉杀太尉杨震，废皇太子刘保（115－144）为济阴王。

延光四年（125）春天，汉安帝去世，阎皇后意欲长久独揽朝政，谋立幼帝，便与阎显等人拥立汉章帝之孙、北乡侯刘懿为帝。其时，阎显兄弟把持朝政，作威作福，独揽大权。孰料同年秋天，在位206天的刘懿即因病而逝，未等及阎皇后兄妹再立新君，济阴王刘保在中黄门孙程、王康等19名宦官的支持下秘密登基，是为汉顺帝。阎显、阎景、阎晏兄弟及其党羽全部被诛杀，阎姬迁往离宫幽禁。

中黄门孙程、王康、长乐太官丞王国等19位宦官因为拥立刘保有功全部被封为侯，同时“加赐车马金银钱帛各有差”②。当时，因为顺帝年仅11岁，所以大权大多归于内廷宦官。至永建元年（126），也就是顺帝改元的第一年，司隶校尉虞诩弹劾中常侍程璜、张防等人滥用权势、收受贿赂。张防却恶人先告状，哭着向顺帝颠倒黑白，虞诩被捕，发配左校（囚徒营）为徒。张防依旧怀恨在心，阴谋杀害虞诩，二日之内严刑拷打虞诩4次。幸亏同为宦官的浮阳侯孙程、祝阿侯张贤全力相救，虞诩才幸免于难。然而，糊涂的顺帝还是在阳嘉四年（135）下旨封侯的宦官可以养子继承爵位，使得

① ［南朝宋］范晔：《后汉书》卷78《宦者列传》（郑众），北京：中华书局，1965年版，第2512页。

② ［南朝宋］范晔：《后汉书》卷78《宦者列传》（孙程），北京：中华书局，1965年版，第2516页。

宦官气焰越发嚣张。①

至永和四年（139），中常侍张逵、蘧政，内者令石光，尚方令傅福，仆射杜永等合谋，诬陷大将军梁商与中常侍曹腾、孟贲图谋废立，挑唆顺帝将梁商等人治罪。一辈子糊涂的顺帝难得清醒一回地说："汝曹共妒之耳"。他认为张逵等人是嫉妒。张逵等人见挑唆不成，就秘密收押了曹腾、孟贲，将他们关入天牢，企图屈打成招。顺帝得知大怒，立即下旨释放了曹腾、孟贲，同时收捕张逵等人，并将他们处死。两年后，梁商去世，其子梁冀继任大将军，此后长达18年，"顽嚣凶暴""浊乱王室"。且至延熹二年（159），汉桓帝刘志已经27岁，却仍不能亲政，而与中常侍单超、具瑗、唐衡、左悺、徐璜5人会于厕所，"出血为盟"，具瑗遣兵包围梁宅，梁冀与妻子孙寿自杀，梁、孙两族不分男女老幼一律处死。之后，桓帝同日封5名宦官为侯。不久，桓帝又封小黄门刘普、赵忠等8人为侯。自此汉廷权归宦官，朝廷日乱。延熹五年（162），沈氐羌攻占张掖、酒泉。中郎将皇甫规（104－174）领兵平叛，羌人乞降归顺，凉州道路复通。但是，因为他从不与宦官私相授受而遭到宦官污蔑，被指贿赂羌人、安排诈降。下狱，发配左校为徒，适逢大赦才得以生还。

延熹九年（166），河南尹李膺在大赦之后毅然处死了蓄意在大赦之前杀人的张成之子。张成原为宦官党羽，宦官一党遂让张成弟子牢脩上书，诬陷李膺等人"养太学游士，交结诸郡生徒，更相驱驰，共为部党，诽讪朝廷，疑乱风俗"。② 桓帝大怒，逮捕李膺等200余人下狱。当时，桓帝窦皇后的父亲槐里侯窦武为城门校尉，他名列"三君"之一，同情士人，上书求情。而李膺等人在狱中故意供出宦官子弟。宦官等害怕牵连到自己身上，就向桓帝进言，说到了大赦天下的时候了。于是同年六月，改元永康，大赦天下。党

① ［南朝宋］范晔：《后汉书》卷58《虞诩传》，北京：中华书局，1965年版，第1870页。
② ［南朝宋］范晔：《后汉书》卷67《党锢列传》，北京：中华书局，1965年版，第2187页。

人全部被释放，但永不录用，史称“第一次党锢之祸”。

次年，在位22年、少有政绩、沉溺女色（“博采宫女至五六千人”[①]）却没有嫡出继承人的汉桓帝去世，侄子、解渎亭侯刘宏继位，是为汉灵帝（168－189年在位）。窦太后的父亲、大将军窦武与太傅陈蕃等人谋划，清除宦官，孰料事败被杀，宗亲宾客姻戚悉死。灵帝迁窦太后于南宫，封宦官曹节、王甫等6人为列侯，另11人为关内侯。第二年，也就是建宁二年（169），曾以进献5000匹绸缎获桓帝封侯的中常侍侯览等宦官见窦武、刘淑、陈蕃、李膺、杜密等党人的名望不减，害怕将不利于他们作威作福，就向灵帝进谗言，诬陷党人“欲图社稷”。年仅13岁的灵帝甚至不如他糊涂且好色的叔叔汉桓帝，由此大兴大狱，追查党人。李膺、杜密、翟超、刘儒、荀翌、范滂、虞放等百余名士人被下狱处死。至于在各地陆续被逮捕、杀死、流徙、囚禁的士人达近700人，史称“第二次党锢之祸”。

终灵帝一朝，他什么人都不相信，只信任宦官。当时，张让、赵忠及夏恽、郭胜、孙璋、毕岚、栗嵩、段珪、高望、张恭、韩悝、宋典12人，皆为中常侍，封侯贵宠，父兄子弟布列州郡，所在贪贱，为人蠹害。灵帝却视而不见，反而常说“张（让）常侍是我父，赵（忠）常侍是我母”。于是，熹平元年（172），难以理解的悲剧再次发生——中常侍王甫向桓帝弟弟、渤海王刘悝索贿，不成，阴求其过，诬以谋反，刘悝自杀，妃妾、子女、伎女105人皆死狱中。[②] 熹平六年（177），王甫联合太中大夫程阿构陷宋皇后以巫蛊诅咒灵帝，随即宋皇后被废，死于暴室。光和二年（179），司徒刘郃、永乐少府陈球、卫尉阳球、步兵校尉刘纳密谋诛杀宦官，却因为事情泄露，全被下狱处死。

---

① ［南朝宋］范晔：《后汉书》卷10《皇后纪》（下），北京：中华书局，1965年版，第445页。

② ［南朝宋］范晔：《后汉书》卷55《章帝八王传》，北京：中华书局，1965年版，第1798页。

至此，曾经无比辉煌的大汉王朝已如日薄西山，“百姓之冤无所告诉，故谋议不轨，聚为盗贼”。[①] 至光和七年（184），黄巾事起。左中郎将皇甫嵩与右中郎将朱儁领兵平叛，很快就平息了民变。不承想张让向皇甫嵩索贿5000万，不得，诬其连战无功，耗费钱粮，皇甫嵩被免官。中平五年（188），灵帝为分何皇后兄长、大将军何进兵权，置西园八校尉，以小黄门蹇硕为上军校尉，袁绍、曹操等七校尉均受蹇硕节制。次年四月，汉灵帝去世，嫡长子刘辩嗣位，史称汉少帝；五月，大将军何进放逐灵帝刘宏的生母董太后于河间（今河北献县），太后侄子、骠骑将军董重自杀；六月，董太后忧怖而死；七月，何进欲诛宦官，但何太后不允，何进召破虏将军董卓入都城洛阳胁迫何太后，事情败露；八月，中常侍张让趁何进入宫晋见，将之斩杀于嘉德殿前。虎贲中郎将袁术（？－199）闻讯即刻率部攻打皇宫，左军校尉袁绍（？－202）也佯称奉诏，大肆收捕宦官，不分老少，杀死宦官2000余人。张让挟持少帝刘辩与陈留王刘协（即汉献帝，189－220年在位）逃亡至小平津（今河南洛阳北），遭遇尚书卢植、河南中部掾闵贡等汉室忠臣劝阻拦截，张让投河自尽。至此，东汉的宦官之祸算是终结了，但王朝的命运并没有因之好转。

大富之家却鼠目寸光、骄奢淫逸又为非作歹

出生世家大族、四世三公的虎贲中郎将袁术并没有成为给了他的家族无限荣光的东汉王朝的救星，反而于建安二年（197）在寿春（今江西九江）称帝，成为汉末第一个公开分疆裂土的军阀，为天下群雄所不齿。回想之前他在南阳，那时的世界级大都会，有几十万户、一百多万人口，但他从来不

---

① ［南朝宋］范晔：《后汉书》卷78《宦者列传》（张让），北京：中华书局，1965年版，第2534页。

修行法度，而是巧取豪夺、贪得无厌，个人生活奢侈放纵，百姓对他十分厌恶。加之他自己还迷信谶纬之言，以为有天子之命，而存僭越之心。可惜德不配位，登基之后，依然荒淫无度、锦衣玉食，部下饥饿穷困，也绝不去省察体恤，最终下场也就可想而知，“狼狈奔亡，倾城受戮”①，吐血而亡。

他的庶兄袁绍“有并天下之心，而智不能济也”。汉末董卓之乱、硝烟四起，一如蔡东藩先生所言，“引狼入室，绍实主谋，鲍信进诛卓之方，犹不失为中计，而绍又不能信从；绍非特害（何）进，并且覆汉，其罪亦弥甚矣!”袁绍作为董卓进京的始作俑者，罪无可恕。如果不是他的馊主意，“劝何进征董卓等众军，胁（何）太后诛诸宦官”②，董卓不可能有机会带兵入洛阳；待董卓入京之后，袁绍拥有地利之便，还有西园八校尉数万部众却害怕董卓区区3000兵士，不敢先发制人；错失良机之后，又不能据理力争，担心个人安危，只身潜逃出京。如此而已，羞煞祖上。虽然身边也曾聚有沮授、鲍信、荀谌、荀彧、郭图、郭嘉、田丰、许攸、逢纪等天下英才，却“能聚人而不能用”，表面上宽厚但不果断，喜好谋略然而不能决断。于是乎，在官渡之战中一败涂地也就在情理之中。尽管占据了最为重要与富庶的冀、青、幽、并4州，拥有几十万军队，终不能成就大业，不过在为曹孟德作嫁衣裳。

其中，最可惜的是，如果袁绍听从了沮授的建议，抢先占领道义高地，将流亡的汉献帝刘协接到自己身边，并安顿好，历史将完全是另一番景象。然而，袁绍并没有采纳沮授的意见，以至失去一个极好的机会，而应了曹操在官渡之战之前说过的一句非常自信的话：“适足以为吾奉也。”③ 一切的一

---

① ［唐代］房玄龄等：《晋书》卷92《文苑列传》（伏滔），北京：中华书局，1974年版，第2400页。

② ［南朝宋］范晔：《后汉书》卷74《袁绍传》（上），北京：中华书局，1965年版，第2374页。

③ ［西晋］陈寿：《三国志》卷1《武帝纪一》，北京：中华书局，1982年版，第17页。

▲问喘图

［南宋］佚名

绢本设色

21.7×118.1cm

台北故宫博物院藏

切，都是袁绍为曹孟德准备的。至此，汝南袁氏四世三公的传奇也就到此结束了。

而在东汉，尤其在王朝末年，如汝南袁氏一样的世家大族的表现大都不尽如人意。如前文所说的窦氏与梁氏毋庸赘言。两家势力之大，远过于宗室。据清人钱大昭撰《后汉书补表》，外戚封侯者凡 89 人。其中，窦氏一门有一公、两侯、三公主、四二千石，府邸相望京邑，奴婢数以千计，当时贵戚功臣无可相比，然而子孙放纵，多行不法，开东汉外戚乱政先河；梁氏一门前后 7 人封侯，出过 3 位皇后，6 个贵人，2 名将军，夫人、女食邑称君者 7 人，尚公主者 3 人，其余官至卿、将、尹、校 57 人，更是贵宠无比，却是物极必反，至延熹二年（159），“诸梁及孙氏中外宗亲送诏狱，无长少皆弃市。”因梁氏所牵连公卿、列校、尉刺史、二千石死者数十人，故吏宾客被免黜者 300 余人，朝廷一时为空。

而在这场外戚与宦官争斗中获胜的宦官，并非清流，其为害与恶劣程度有过之而无不及。当时民谚云：“左（悺）回天，具（瑗）独坐，徐（璜）卧虎，唐（衡）雨堕。”据《后汉书补表》，宦官封侯者凡 79 人。他们的兄弟姻戚都是州郡大吏，剥夺百姓，与盗贼没有什么分别。其中，如中常侍侯览与益州刺史侯参兄弟，前后夺人住宅 381 所，田 118 顷，财物累以亿计。更有宅邸之广十有六区，“高楼池苑，堂阁相望”，和皇宫一样。据《三国志》卷 6《董卓传》注，东汉末年，中常侍张让家族及其党羽竟然占有了京畿洛阳附近诸郡膏腴美田多至数百万顷。而曹操养父曹嵩贿赂 10000 万①，买得太尉一职，位列三公，朝纲混乱如此，以至有豪族武装甚至“阻兵守界”，拒绝州郡委派的地方官员入境；更有北海大姓公孙丹听信迷信，造屋

---

① ［南朝宋］范晔：《后汉书》卷 78《宦者列传》（曹腾），北京：中华书局，1965 年版，第 2519 页，载曰：“灵帝时货赂中官及输西园钱一亿万，故位至太尉。”大约相当于 10 万两白银。当时，1 两银子大约可以买到一般的大米二石，一石约为 120 斤，这就是说 1 两银子可以买到约 240 斤大米，也即基本可以满足一个人 7—8 个月的口粮。

当有死者，而公然指使其子当街杀人，置尸体于新屋之中，不法至此可谓骇人听闻。

但他们却可以逍遥法外，且稳居高位，占有良田，过着锦衣玉食的奢侈生活。时人（即著名的蔡文姬的父亲）蔡邕（133－192）曾著《女诫》一文描述他们的日常生活："而今之务在奢丽，志好美饰，帛必薄细，采必轻浅。或一朝之晏，再三易衣，从庆移坐，不因故服。"与此同时，还极其重视厚葬，高坟大冢，雕石立碑，歌功颂德，竞为华观的风气盛行一时。于是，当一个王朝的上层社会如此，其命运也就可想而知了。

正所谓"朱门酒肉臭，路有冻死骨"。甚至在章、和两帝之时，因天灾人祸而背井离乡的失地流民就成为诏书上的大问题。其中，仅和帝一朝，就曾经分别于永元五年（93）、六年（94）、八年（96）、十二年（100）、十四年（102）和十五年（103）六次下诏命令赈贷，可见事态之严重。其中，在永元五年一年间，"开仓赈禀三十余郡"①。而和帝一朝，还可谓东汉盛世。事实上，在更早前，世家地主就以所控制耕地和人口的数量的虚假统计，对抗中央政府的经济管理。为此，在建武十五年（39），光武帝颁布诏书，下令州郡检核田数，不料刺史大多不能秉公执法，豪族大宗依然得到优待，变本加厉地侵夺贫苦农户，招致百姓怨恨。遗憾的是，在这件事情上，光武帝没有秉公处理，而是怀柔纵容，为他自己亲手创建的帝国衰亡埋下了隐患。

结语

建安元年（196），时任兖州刺史的曹操迎接流亡的汉献帝刘协入驻洛阳。献帝封曹操为司空，行车骑将军事，百官总己以听——这标志着曹操"奉天子以令不臣"时代的开始。当年，曹操即胁迫献帝迁都许昌，改称

① ［南朝宋］范晔：《后汉书》卷4《和帝纪》，北京：中华书局，1965年版，第176页。

许都。

建安二十五年（220）正月，曹操与刘备争汉中，僵持不下，还军洛阳，当月病逝；世子曹丕从邺城至洛阳继位丞相、魏王；十月，曹丕代汉称帝，改建安二十五年为延康元年，废献帝为山阳公。东汉立国195年（25－220）之后退出历史舞台。

一如西汉的故事，东汉亦让后人念念不忘——它有忠勇的将军，有勤勉的地方官，有正气傲然的士大夫与太学生——《班超列传》《循吏列传》《党锢列传》等不只是《后汉书》中精彩的篇章，更是中国历史最动人心弦之处，代表了中国精神的最高准则；并且，东汉曾经也有优秀的君王，开创了后世艳羡的“明章之治”。但是，东汉一朝终究还是倾覆了。究其原因，结局并非几个杰出人物所能改变的。

正所谓“成也萧何、败也萧何”。“东汉政权的建立实以士族大姓为其社会基础。光武集团之所以能在群雄并起的形势下获得最后的胜利，除了刘秀个人的身世，及其所处的客观环境较为有利之外，他和士族大姓之间取得了更大的协调，显然是最主要的原因之一。”余英时先生如是说。[①] 后世著名的“云台二十八将”，差不多都是豪族出身。即便不在二十八将之列的李通、邓晨、马援等人，也都是豪族。史载，李通“世以货殖著姓”，邓晨“世吏二千石”，马援“三兄况、余、员，并有才能，王莽时皆为二千石。……有牛、马、羊数千头，谷数万斛”。他们以家族背景与经济实力帮助光武帝安定地方，及至赢得天下。

如此，光武帝自然不会亏待他们，纷纷封侯受邑。而他们，也坦然接受，并没有觉得有什么不妥，甚至于都显得有些急迫。那是更始三年（25），光武帝虽然取得了多次决定性的军事胜利，但还只是萧王，诸将一致建议上尊号，请求萧王刘秀登基称帝，但一连三次都为光武帝所拒绝。在第三次劝

① 余英时：《士与中国文化》，上海：上海人民出版社，1990年版，第285页。

进无果之后，出身巨鹿大姓的时任前将军、耿乡侯耿纯（？ –37）单独留下对光武帝刘秀恳切地说："天下士大夫捐亲戚，弃土壤，从大王于矢石之间者，其计固望其攀龙鳞、附凤翼，以成其所志耳。今功业即定，天人亦应，而大王留时逆众，不正号位，纯恐士大夫望绝计穷，则有去归之思，无为久自苦也。大众一散，难可复合。时不可留，众不可逆。"[①] 大意是说，各位将军抛家弃子、背井离乡跟随刘秀，冒着枪林弹雨、转战南北，目的就是攀龙附凤，有朝一日可以光宗耀祖、封妻荫子。现在刘秀大功告成，而且上天也有告示，但是刘秀不听大家的意见，及时正位，我担心让大家失望、各奔东西。正所谓机不可失、众心难违。希望刘秀三思。说得更明白一点就是——皇帝之位已经明确归萧王刘秀所有了，刘秀也该考虑回报了，不然，后果可能非常严重。这可以说非常明白地指出了光武（南阳）集团中这些人结合的真正原因。

于是，终东汉一朝，政权都是与开国功臣集团相始终。因而，"邓（禹）氏自中兴后，累世宠贵，凡侯者二十九人，公二人，大将军以下十三人，中二千石十四人，列校二十二人，州牧、郡守四十八人，其余侍中、将、大夫、郎、谒者不可胜数，东京莫与为比"；[②] "耿（弇）氏自中兴后迄建安之末，大将军二人，将军九人，卿十三人，尚公主三人，列侯十九人，中郎将、护羌校尉及刺史、二千石数十百人。"[③] 只是，于建国功臣而言，光武帝算是做到言出必行，"与士大夫共此功名耳"。[④] 于天下人而言，光武帝及东汉诸帝却没有做到。用一句现代的语言说，他们鲜有"为人民服务"的思想。

比较起来，虽然同为刘姓，东汉的开国气象远远不如西汉来得恢宏高

---

① ［南朝宋］范晔：《后汉书》卷1《光武本纪》，北京：中华书局，1965年版，第21页。
② ［南朝宋］范晔：《后汉书》卷16《邓禹传》，北京：中华书局，1965年版，第619页。
③ ［南朝宋］范晔：《后汉书》卷19《耿弇传》，北京：中华书局，1965年版，第724页。
④ ［南朝宋］范晔：《后汉书》卷22《景丹传》，北京：中华书局，1965年版，第772页。

远，尤其是一些政治措施，由于贻谋不善、规划不周，更是为东汉帝国埋下了无穷的隐忧。其中，特别是对豪族大姓的绥靖政策。因为光武帝的帝位源于世家名门的支持，因而政策必然向他们倾斜，不敢触动他们的根本利益——这相比西汉初年，尤其是汉武帝时期积极抑制战国以来的豪商巨族，东汉君主政治控制力略显软弱无力，以致在社会经济方面留下无穷无尽的矛盾……

曾经，冀州刺史苏章因“天下日敝，民多悲苦”，在任内摧折权豪，竟被汉顺帝罢官。[①] 从此，豪宗大族、地主商人更加毫无顾忌地兼并土地，造成生产严重萎缩、财富高度集中的病象。加上天灾频发（濒临中国历史上的第二个寒冷期），宦官聚敛，广大农民生计无着，而引发各种事端。最终，农民从豪族大姓的压榨对象成为帝国的掘墓人，连累一个王朝最终沦为利益集团的牺牲品——这个代价不可谓不大！

① ［南朝宋］范晔：《后汉书》卷31《苏章传》，北京：中华书局，1965年版，第1107页。

第十一卷

三国：英雄家

细说起来，当时即使是拥有了大半个中国的曹魏也不可能统一中国，令『天下归心』，遑论各自偏安一隅的孙吴与刘蜀。他们所缺的不只是力量，还有时机和正当性。至于说刘蜀，所缺者还有包容天下的格局。

“江山如画，一时多少豪杰!”

东坡先生的这一著名词句可谓三国时期最为生动的写照。那是一个屈指可数的英雄时代，其中 3 位绝对的第一主角曹操（155－220）、刘备（161－223）、孙权（182－252）自不待言，周瑜（175－210）、诸葛亮（181－234）两位联合创始人也是武能安邦、文可治国。尤其是，“遥想公瑾当年，小乔初嫁了，雄姿英发，羽扇纶巾，谈笑间，樯橹灰飞烟灭”。[①] 何其潇洒和快意！千载之下读之，依然叫人神往不已。

遗憾的是，在这样一个英雄时代演出的却是一出又一出悲剧。首先是郭嘉（170－207），在曹操击败吕布（下邳之战）和袁绍（官渡之战）的过程中可谓居功至伟——他完全称得上三国时期天下第一谋士；倘若没有他，曹操不一定能统一中国北方。记得在下邳之战中，吕布坚守不出。战役持续了大半年，曹操见士兵疲惫，准备放弃。这时，郭嘉却看出了胜机。他以项羽为例劝谏曹操，认为吕布“勇而无谋”，在气衰力竭之时，则离失败不远了，力劝曹操急攻。[②] 曹操依计而行，一面攻城，一面决堤水淹下邳（今江苏省睢宁县古邳镇），果然攻克下邳，擒杀吕布（还顺便将一代名将张辽纳入麾下）。随后，又在曹操担心自己不具备与袁绍相抗衡的能力之时，提出了著名的“十胜十败”之说。最终以弱胜强，在官渡（今河南中牟东北）击溃袁军主力，一举奠定了统一中国北方的基础。因而，曹操对郭嘉器重有加，

① 语出［北宋］苏轼《念奴娇·赤壁怀古》。

② ［西晋］陈寿:《三国志》卷 10《荀攸传》，北京：中华书局，1959 年版，第 323 页。

“行则同车、坐则同席”，打算在平定天下之后，把身后的治国大事托付给他。然而因为积劳成疾，郭嘉37岁而亡。其次是周瑜，去世时年仅35岁。他并非像《三国演义》写的那样，被诸葛亮活活气死。出身贵族的他“壮有姿貌”，气量一点都不狭小，而是“性度恢廓”“胆略兼人”（是他力排众议领导了赤壁之战并取得辉煌的胜利，从而奠定了吴、蜀、魏三分天下的基础），时人对他赞誉有加，云：“与公瑾交，若饮醇醪，不觉自醉”，是一个绝对的妙人儿，“雅量高致”，吴人亲切地呼为“周郎”。史载“曲有误，周郎顾”①，堪称当时的乐坛王子。为此，那时会乐器的吴地姑娘都会在周大都督路过时，故意弹错，就为了博得他回眸多看一眼，可见是一个难得的儒雅英雄，难怪小乔一见倾心，无奈英年早逝。随之而去的还有庞统（179－214），他是与诸葛亮齐名的“凤雏”，诸葛孔明在《隆中对》中指出了益州（今四川、重庆全境和云南西北部、陕西南部地区）的重要性，庞统则取得了益州，使得刘备终于有了自己的根据地，孰料被乱箭穿心而死，死时也才35岁。在他们身后，他们曾经为之努力的魏、吴、蜀3国一如他们的人生，中道而亡，难道不是天意吗？

细说起来，当时即使拥有了大半个中国的曹魏也不可能统一中国，令“天下归心”，遑论各自偏安一隅的孙吴与刘蜀。他们所缺的不只是力量，还有时机和正当性。尤其是刘蜀，所缺者首先是没有包容天下的格局。

刘蜀：个人英雄主义

有一个故事，见《三国志》卷37《庞统传》，说的是刘备依军师庞统（179－214）之计，挥兵直指成都，一路势如破竹，攻无不克，很快便占领了涪城（今四川绵阳），与成都近在咫尺。刘备认为唾手可得，而志得意满，

---

① ［西晋］陈寿：《三国志》卷54《周瑜传》，北京：中华书局，1959年版，第1265页。

在涪城大宴将士，置酒作乐。席间，他乘着酒兴对庞统说："今天的这场宴会真是快乐啊。"庞统却不以为然地说："伐人之国而以为欢，非仁者之兵也。"刘备听罢，勃然大怒道："从前武王伐纣，前歌后舞，难道不是仁义之师吗？你说得不对，给我出去。"庞统二话没说，即刻起身退出。不一会儿，刘备感觉后悔，又出去请庞统回来。庞统回到原来的位置上坐下，不看刘备，也不说话，只顾自己吃喝。刘备借着酒意搭讪道："刚才我们的讨论是谁的过失？"庞统说："你我两人共同的过失。"刘备听完大笑不止，史载"宴乐如初"。对此，裴松之注曰："谋袭刘璋，计虽出于统，然违义成功，本由诡道，心既内疚，则欢情自戢，故闻备称乐之言，不觉率尔而对也。备宴酣失时，事同乐祸，自比武王，曾无愧色，此备有非而统无失，其云'君臣俱失'，盖分谤之言耳。"这是一段非常有意思的话，裴松之并没有顾及"先主"的颜面，为"尊者"讳，而是直截了当地批评了刘备。①

虽然刘备亦可称为英雄，但可供后人学习之处并不多。他所凭借无非"汉景帝子中山靖王胜之后"的身份——即使在汉室岌岌可危的日子，那也是一块金字招牌，民风淳朴使然。倘非如此，必将是另一番模样。无论作为"刘皇叔"，还是"昭烈帝"，一生行事都没有脱开小团体主义，从不见其天下观，"先主"并不先进。其名言"勿以善小而不为，勿以恶小而为之"首先自己都没有做到。上述"诈取成都"即是一例，此外还有先降后叛吕布、刘表，等等，都是典型的以怨报德。当然，这或许有些以偏概全——就形势而言，"诈取成都"也可以说是顺势而为，但"忿孙权之袭关羽"而"兴兵伐吴"则是一次百分之百的愚蠢行为。其中，刘备顾惜兄弟之情无疑值得肯定。所谓"深结其隐微而不可解者"，就是待之以情，交之以义，"以性情相契"。但是以一国之重偿一人之情，无疑不是英主所为。从另一个角度讲，

① ［西晋］陈寿：《三国志》卷37《庞统传》，北京：中华书局，1959年版，第955－956页。

◀ 袁安卧雪图
[南宋] 夏圭
绢本设色
179 × 103cm
私人藏品

如果刘备伐吴不是为了替关羽报仇，而是企图夺回荆州，则更是错上加错。首先，将荆州托付给关羽已经犯了一个无可挽回的战略性错误。原本，跨有荆、益是刘备、诸葛亮的既定目标，是《隆中对》的战略主旨。两人的计划是，当天下有变之时，“则命以上将将荆州之军向宛、洛”，也就是说可以进退有据、收缩自如，为天下最紧要之地——因而一部三国史几乎有半部都与荆州有关——因为那是曹家跳板、孙家门户、刘家基地，是三家咽喉、必争之地、基本国策。“失荆州”不仅直接导致了《隆中对》的战略规划沦为一纸空文，而且几乎决定了蜀国的最终命运，因而其镇守者必须是一个智勇双全之人。但显然，虽然关羽“威震华夏”，却只是一介武夫，勇有余而智不足——这从一则故事即可见一斑：《三国志》卷36《关羽传》记载：当时，孙权为了暂时稳定孙刘两家关系，曾经派遣使者为儿子向关羽的女儿求婚，“羽辱骂其使，不许婚”。怎么不想，孙权之子如何配不上关羽之女？再有，当关羽围攻樊城之时，孙权曾表示愿意助他一臂之力，“遣使求助之”，并且还在使节出发之前“又遣主簿先致命于羽”，态度之诚恳可见一斑。孰料，关羽不但没有抓住机会，利用吴军牵制曹军，分担蜀军独自承担的曹军的压力，反而毫无道理地责怪孙权的表态姗姗来迟，破口大骂：“狢子敢尔，如使樊城拔，吾不能灭汝邪！”短短数语，不仅侮辱了孙权（比作禽兽），更将自己完全置于危险之地。这一切，都说明了关羽唯有匹夫之勇，《春秋左传》是白读了。按理说，一个熟读《春秋左传》的人不至于如此鲁莽，里面除了忠义，更有智慧。可惜关羽浑然不觉，一味刚愎自用、妄自尊大，荆州自然就没了。之后，刘备再伐吴就更没有道理。全天下人都知道“刘备借荆州”——有借无还。不还就只能武力解决，“火烧连营”可谓自取其辱。

种种事例表明，刘备不过一名平庸之主。他没有政治家的资质，军事才能也一般。因此，即便同时拥有了“卧龙”与“凤雏”，也未能得天下。他之所以获得了众多的声誉，不过是一场历史的误会。同样的误会还发生在诸葛亮身上。少时读到“出师未捷身先死”句，确实“泪满襟”。但随着年岁的增长，得知不过是诗人语言，非史家观点。毋庸置疑，以 26 岁而能有《隆中对》的战略构想，非同一般，但仅此而已。他无疑是一名合格的政治家，但谈不上杰出，更遑论伟大。首先，“失荆州”他也负有不可推卸的责任——在此过程中，不见他任何作为——事前不见安排，事中不见驰援，事后补救已然无可挽回。其次，“火烧连营”也难辞其咎。其中固然因为刘备一意孤行，又无将兵之能，但诸葛亮作为一国丞相，明知不可为却不力谏，致使蜀国精锐尽失，不可宽宥。最后，北伐中原，劳民伤财。如果说南征必不可少，是安定内部的必要之举，北伐则没有一点理由——刘备去世之后，诸葛亮代表蜀国与吴国重新修好，魏军也无扰境行为，正好与民生息、积蓄力量，却主动燃起战火，不可理喻。须知，当时蜀国人口不足 100 万，军队却超过 10 万，比例至少为 10∶1，也就是说 9 个蜀国人必须供养 1 名士兵——这还不算，另有 4 万官吏，人民负担之重可想而知。但诸葛亮执意北伐，却第一次就失败了，同时暴露了他一个致命的弱点——任用亲信，而不是选贤与能，结果就出现著名的“失街亭”的故事。与其说“挥泪斩马谡”是执法严明，不如说是诸葛亮为自己找了一个借口。因为战前，众人都建议用旧将魏延、吴懿等人任先锋，但诸葛亮固执己见，执意任命参军马谡领导诸军，于军事重地街亭布防。至此，也未尝不可，发掘和任用青年人才，但张郃乃一代名将，原本应该小心防范，马谡却举措失当，更加舍弃水源，选择上山据守而非在山下设防，裨将王平多番规劝不听。张郃到后，四面合围，又断绝山上蜀军水源，随后大举进击，大破蜀军，士卒四散，溃不成军，令蜀国短短数年内再次经历了一次惨败——这对本来已因“夷陵之战”元气大伤的蜀国而言可谓雪上加霜。因此，诸葛亮不杀马谡无颜见国人。

至此，作为一名智者，应该立即改弦更张。况且，身为一个政治家犯一次战略性错误已然不该，诸葛亮却一而再，再而三地犯错误。在亲眼见到破坏自己的战略规划而无动于衷之后，又不恤民情国力频繁北伐，无论怎么讲都不该是一个负责任的政治家的所为。有史家辩解说这是“以攻代守”；还有史家认为是为了报答刘备的知遇之恩，明知不可为而为之。总而言之，诸葛亮都是对的，应该赞美的——殊不知这如何不是卧龙先生的集权方式？只有将政治居于军国体制之下，他的独裁才不受非议。温和点说，只有将蜀国完全置于战时体制，诸葛亮的权威才不至于遭遇挑战——倘非战时体制，诸葛亮必须还政刘禅，并且必须与李严分权。无论贤愚，刘禅（207－271）都是天子，蜀国的最高领袖，何况刘禅已经长大，至诸葛亮第一次北伐时，刘禅22岁，早该到了亲政的年龄；而李严不仅是与诸葛亮具有同等地位的顾命大臣，还是军事上的最高领导人——章武三年（223），刘备临终前，李严与诸葛亮一道受遗诏辅佐少主刘禅（223－263年在位），明确以李严为中都护，统管内外军事。结果是，李严的权力莫名其妙地消失了。并且，在《三国志》中，对于这样一位托孤大臣的记载不过薄薄的两页，其中不无蹊跷。在此，我们暂且不表，回头继续说诸葛亮。设身处地想一想，集权也没有什么不好。遗憾的是，蜀国并没有因此得到一个哪怕顾此失彼的结果——北伐成功了，其他方面差一些也情有可原。结果是不仅北伐没有成功，其他方面也差强人意。最严重的是，诸葛亮当国12年，在人才方面几无建树，所用之人皆原丞相班底不说，起用杨仪（约189－235）、遽拔姜维（202－264）更是重大失误。在很多时候，后人只听到对蜀汉丞相的颂歌，而没有看见诸葛丞相造成的悲剧。在他去世后两年，两大武将文臣魏延、杨仪都因他而非正常死亡。特别是魏延之死，可谓蜀国的重大损失。当时，堪与魏延争锋者寥寥无几，倘非不受信任及至死于非命，完全可能为蜀国建立奇功。遗憾的是，诸葛亮从来没有信任过魏延，不给其应有的地位和权力，最终导致军事分裂，魏延冤死，自毁长城。尤其是身为丞相，诸葛亮并没有把刘禅放在主导地位而辅佐（甚至没有对刘禅做过任何教育安排），而是强调“宫中府中，俱为一体”，“政事无巨细，咸决于亮”[①]，这已近乎独裁了（古人文雅，多

① ［西晋］陈寿：《三国志》卷35《诸葛亮传》，北京：中华书局，1959年版，第918页。

用“擅权”两字)。事实上，他也是一个典型的个人英雄主义者。原本，在《隆中对》中，“天下三分”不仅是一种战略构想，也是战略目的。何况战略重心荆州已失，人才凋零，再也没有逐鹿中原的基础，“光复汉室”早已成为一种过时的口号，但益州山地险阻，足以自守，以待来日。遗憾的是，诸葛亮从来就没有“功成不必在我”的胸怀，而是“每自比于管仲、乐毅”。须知，管仲协助齐桓公“一匡天下，九合诸侯”，成就一代伟业，保卫了中国文明不受夷族侵袭；乐毅曾率赵、楚、韩、魏、燕5国联军攻齐，连下70余城，上演了历史上著名的绝地大反击的故事。诸葛亮自比他们，总得有所成绩，于是只有北伐。《出师表》中写道：“此诚危急存亡之秋也”，并非蜀国危机，而是诸葛亮自己的人生危机。不然，李严他们会怎么看？在李严之外，还有当地土著首领们会怎么看？终究，益州不是诸葛亮们固有的领地，他们是外来者，鸠占鹊巢。唯有北伐，施行军国主义，才能保护自己的地位。平心而论，诸葛亮称得上是一位勤勉的政治家，但真的谈不上杰出。一个杰出的政治家能使弱者变强，一位伟大的政治家更是可以使弱国立于不败之地。然而，在诸葛亮身后不到30年，蜀国就亡了——不堪一击，从敌人发动攻击到后主刘禅“舆榇自缚，诣军垒门”，仅两个月而已，令人瞠目结舌——这样一个结果难道与诸葛亮毫无关系吗？

孙吴：占山为王思想

无独有偶，17年后，孙权之孙、吴国末代皇帝孙皓（264－280年在位）仿效刘禅的做法：备亡国之礼，素车白马，将自己两手反绑，把棺材装在车上，率领太子孙瑾等21人到晋朝龙骧将军王濬（252－314）军营门前请降。至此，由孙坚、孙策父子奠基，孙权“发扬光大”的孙吴政权覆灭，同时预告了中国历史上最为传奇的岁月——三国时代结束。

相比于刘蜀和曹魏，孙吴“享国”最久，历孙权、孙亮、孙休、孙皓4

帝，共59年；曹魏居次，历曹丕、曹叡、曹芳、曹髦、曹奂5帝，共45年；刘蜀历二帝，共42年。而在吴国的59年中，孙权一人就占了30年（222-252），如果加上此前实际统领江东的22年，则长达52年，不仅是三国时期在位时间最长的君主，在整个中国历史上也居于前列。完全可以说，吴国国史就是孙权的个人史。因此，吴国历史就必然止于孙权个人。

固然，孙权以一个19岁之青葱少年受命于猝然之间，最终成为一方霸主，可谓真英雄，难怪曹操不无赞叹地说"生子当如孙仲谋"，但仅限于"山大王"而已。一如刘备，人生格局亦有限。建安十三年（208），曹操征江东，若非周瑜、鲁肃竭力劝说，孙权极有可能选择投降。只不过当鲁肃问"将军迎操，欲安所归"？大意是说如果孙权投降曹操了，结果会是怎样呢？鲁肃分析说如果他自己归顺曹操，还有可能从小官做起，最后到州牧也说不定，孙权则就不一定了。[①] 潜台词孙权听懂了（可能只有死路一条），而决心抗曹——从中国角度而言，这是抗拒统一，图谋分裂。须知，当时曹操的身份是"汉丞相"，征江东可视为统一战争，孙刘合力抗曹并不持有正义性。事实上，孙刘一生所为也不比曹操好，地方割据而已。尽管刘备称"复兴汉室"，周瑜说孙权时慷慨云"为汉家除残去秽"，都不过是仗恃"地方数千里，兵精足用"，意图"横行天下"[②] 而已，而非"一匡天下"。

于是，至229年——在魏为魏明帝曹叡太和三年，在蜀为后主刘禅建兴七年，在吴为孙权黄龙元年，这一年5月23日，孙权在武昌城南（今湖北鄂州）举行郊祀大典，即皇帝位，国号吴。吴人称之为"正尊号"。这是因为他们觉得，孙权从建元黄武之时（222-229）已经是"皇帝"了，只不过没有使用"皇帝"的称号罢了。现在是补行大典，予以"正名"，所以称"正尊号"。吴人的理由是，222年——也就是吴国黄武元年，魏国黄初三

---

① ［西晋］陈寿：《三国志》卷54《鲁肃传》，北京：中华书局，1959年版，第1270页。

② ［西晋］陈寿：《三国志》卷54《周瑜传》，北京：中华书局，1959年版，第1261页。

年，魏文帝曹丕赐孙权九锡，册封孙权为吴王，“以大将军使持节督交州，领荆州牧事”。此前，建安二十四年（219），孙权向曹操“上书称臣，称说天命”，曹操（控制的汉朝廷）封孙权为骠骑将军，假节，领荆州牧，南昌侯；次年，曹丕篡汉称帝，孙权即刻“使命称藩”，向曹丕称臣，献上吴地珍货重宝，并送还了被俘多时的魏国将军于禁等人，曹丕策命孙权为吴王。吴人以此为荣，不啻一个历史笑话。他们忘了，吴人是“操虽托名汉相，其实汉贼也”[①] 的发明者。到头来，依然不免委身事贼，仿佛一个黑色幽默。更可笑的是，孙权称帝之后，不再向魏称藩，遣使“以并尊二帝之议往告于（蜀）汉”，两国再次结盟，试图修补因杀关羽与夷陵之战而遭受破坏的两国“友谊”，约定“中分天下”（而不是《前出师表》中所说的“今天下三分”），将魏国的“徐、豫、幽、青属吴，并、梁、冀、兖属蜀，其司州之土，以函谷关为界”[②]。说得像真的一样。尽管都自称是汉朝的继统者，却从来不见“一匡天下”之气象。如果说刘备一生都在忙于寻找一个立足之地，孙权的一生则都在忙于保护自己的立足之地，仅此而已。其中，孙权不无勾践之志，忍辱负重、韬光养晦，但一如刘蜀政权，从来没有统一战略——这从他晚年废嫡立庶、以妾为妻可见一斑。

那是赤乌四年（241），孙权的长子孙登去世，而次子孙虑也已不在，而于次年正月，立三子孙和为太子，不久又封四子孙霸为鲁王。孙权非常宠爱孙霸，给予他与太子一样的待遇，结果引发“二宫之争”，朝中大臣亦分为两派。最后，孙和被废，孙霸被赐死，幼子孙亮被立为太子；一代名臣陆逊亦因卷入这一事件，力保太子孙和而累受孙权责罚，孙权多次派中使前去责骂陆逊，陆逊忧伤过度，于赤乌八年（245）二月含恨而亡。而这，只是吴国内乱的开始。

---

① ［西晋］陈寿：《三国志》卷54《周瑜传》，北京：中华书局，1959年版，第1261页。
② ［西晋］陈寿：《三国志》卷39《陈震传》，北京：中华书局，1959年版，第985页。

太元二年（252），孙权病逝，年仅 10 岁的幼子孙亮即位，由（前大将军诸葛瑾长子）太子太傅诸葛恪、太子少傅孙弘、（孙坚弟弟孙静曾孙）武卫将军孙峻辅政。是年，爆发了东兴之战，魏东路军以司马昭为都督，率领诸葛诞、胡遵等领兵 7 万人，直逼东兴。孙吴以诸葛恪为统帅，率军 4 万人日夜兼程，趁雪夜突袭魏军，魏军惨败。次年，诸葛恪征淮南失败，被孙峻所杀，大权落入孙峻之手。3 年后孙峻病死，将权力交给从弟、偏将军孙綝。孙綝嗜好杀戮，残虐无道，加害了孙吴的重要将领吕据、朱异等，旷日持久的内争也使孙吴国力遭到严重削弱。

太平三年（258），孙綝废黜孙亮，迎立孙权第六子孙休即位。与其兄弟 5 人，皆管理禁军部队，权力远远超过皇帝，使朝野都对其不满。孙休定计，派丁奉等人将其诛杀，年仅 28 岁。孙休在位期间，颁布良制，嘉惠百姓，但并未使孙吴的疲敝之态得到根本改善。至元兴元年（264），孙休病死。这时蜀汉刚灭亡，交趾又叛吴降魏，魏灭蜀之战后，蜀吴联盟不攻自破，孙吴完全处于魏的包围之中。孙吴内部形势不稳，欲立一个较年长的君主。左典军万彧向当时握有实权的丞相濮阳兴、左将军张布推荐孙和的长子孙皓即位。孙皓在位初期虽施行过一些明政，但不久即沉溺酒色，专于杀戮，而沦为中国历史上有名的暴君，“肆行残暴，忠谏者诛，谗谀者进，虐用其民，穷淫极侈”①。他的几个丞相，除张悌在亡国之际战死之外；濮阳兴被流放处死，夷三族；万彧自杀，全家遭流放；陆凯死后数年，全家被处以流放。于是，结果可想而知。孙吴终究不过是孙坚、孙策和孙权三父子的领地，而非天下人的家园。

---

① ［西晋］陈寿：《三国志》卷 48《孙皓传》，北京：中华书局，1959 年版，第 1178 页。

曹魏：皇帝梦

原本，曹魏有可能成为天下人的家园。东汉末年，一如吴、汉再次结盟时的盟文所说：“皇纲失叙，逆臣乘衅，劫夺国柄”，加之“天降丧乱”，水灾与旱灾轮流降临，又有地震、地陷、蝗灾和瘟疫，一幅末世景象，人民忍无可忍，遂有“黄巾起义”。腐败的东汉朝廷无力平息，下令各郡自行募兵守备，虽成功镇压了黄巾起义，但却使地方州郡长官拥兵自重。至中平五年（188），太常刘焉以天下兵寇不息，上书汉灵帝（168－189 年在位），建议改刺史为州牧，在地方上凌驾于刺史、太守之上，独揽大权以安定百姓，史称“废史立牧”①。朝廷采纳了这一建议，而没想到是自掘坟墓——包括刘焉在内的州牧上任后基本就不再受朝廷控制，各控一方，最终演化成为汉末诸侯割据纷争的局面。

中平六年（189）四月，汉灵帝去世，皇子刘辩即位，是为少帝。外戚何进官拜大将军，掌控朝廷，志于铲除宦官势力。不料事泄，宦官首领、中常侍张让、赵忠等先下手为强，杀死何进。西园八校尉之一的中军校尉袁绍闻讯，立即率军攻入皇宫，捕杀宦官。张让挟持少帝逃走，追兵到，张让投河自尽。此前，袁绍曾建议，让西北军董卓进京，何进以圣旨名义召董卓进京讨伐张让。董卓率军抵达洛阳，外戚和宦官的势力已经同归于尽，导致董卓控制了中央政府。随后，董卓为了独揽大权，便废掉汉少帝，立陈留王刘协为皇帝，即汉献帝（189－220 年在位）。废立皇帝之后，他又认为何太后有碍自己的自由和树立威信，便责令何太后迁居永安宫，不久，董卓又借故杀死少帝刘辩，毒死何太后。因其倒行逆施、滥杀无辜，终于招致群雄联合讨伐。初平元年（190）春天，被多方义军逼得无路可走的董卓决定挟持汉献帝迁都长安，以避锋芒。两年后，也即初平三年（192），被心怀私恨的亲

① ［西晋］陈寿：《三国志》卷 31《刘焉传》，北京：中华书局，1959 年版，第 865 页，载曰：“刺史、太守，货赂为官，割剥百姓，以致离叛。可选清名重臣以为牧伯，镇安方夏。”

信吕布所杀，董卓余部由部将李傕、郭汜率领。兴平二年（195），李、郭内斗，汉献帝刘协和群臣逃出长安回到洛阳。但此时的洛阳已是一片废墟，宫室尽毁，百官无地可居，只得“披荆棘，依墙壁间”，一行人实在饿坏了，“尚书郎以下自出采稆（野谷），或饥死墙壁间，或为兵士所杀”①。

对此，袁绍、袁术、吕布等一干蠢人视而不见，鬼迷心窍，以为可以自己当皇帝。曹操当然也不无这个想法，但是他站得高、看得远，没有急于一时。他知道“天子”的价值所在，400 年汉家天下可谓根深蒂固，其中，汉天子是最重要的象征，足可令“天下归心”。于是，在建安元年（196），受汉献帝董贵人之父、卫将军董承“潜召”已至洛阳的曹操（此时已自领司隶校尉、录尚书事）趁各方势力还没察觉他的意图，迅即“移驾”（实为武力挟持）出走洛阳，经轘辕（今河南偃师东南）往东，迁都于许（今河南许昌）。一如前文所说，此时的洛阳已成废都，汉献帝别无所依，只能听从曹操的安排。迁许之后，汉献帝亲自到曹操的军营，封曹操为司空，行车骑将军事，百官总己以听。至建安十三年（208），曹操以汉天子为旗帜，逐袁术、败张绣、灭吕布、破袁绍、击刘备，西征马超与韩遂，而后又北征乌桓，统一了中国北方，并形成威逼江南的战略态势。

此时，如果曹操归政汉献帝，孙、刘将失去割据的理由，诸葛亮或者继续躬耕于南阳，或者报效朝廷。总而言之，天下重新归于一统，甚至绵延千年也不一定。遗憾的是，曹操的“皇帝梦”越来越强烈。如果说建安元年（196）他罢免太尉杨彪、司空张喜情有可原（新官上任总要有“三把火”），十三年（208）六月，下令废止太尉、司徒、司空三公，恢复西汉时的丞相、御史大夫制度则是别有用心，天下人皆知是为了加强他自己对朝政的控制——由他自己出任丞相，并继续领冀州牧，除了独裁，别无他意。如此，将汉献帝置于何处呢？这一点恰恰为荀彧（163－212）所担心。他对天子完

① ［南朝宋］范晔：《后汉书》卷9《献帝本纪》，北京：中华书局，1965 年版，第379 页。

全出于“忠心”，而谏言曹操迎奉蒙尘的汉献帝，希望曹操能够匡扶汉室。他举例说：“昔晋文公纳周襄王而诸侯服从；高祖东伐为义帝缟素而天下归心。”① 完全站在汉家立场，与曹操有着本质的不同——曹操仅视作“权宜之计”，“挟天子以令诸侯”而已。因此，他必然会反对曹操加九锡，晋爵国公，认为曹操“本兴义兵以匡朝宁国，秉忠贞之诚，守退让之实；君子爱人以德，不宜如此”，因此惹怒了曹操，“由是心不能平”，他让荀彧到谯县劳军，荀彧到达以后，曹操乘机把他留在军中，封荀彧为侍中、光禄大夫，持节，参丞相军事。曹操军至濡须，荀彧因病留在寿春（今安徽寿县），不久即忧虑而逝。对此，《魏氏春秋》云：“太祖馈彧食，发之乃空器也，于是饮药而卒。”时年 50 岁。次年，即建安十八年（213），曹操进封魏公，加九锡、建魏国，定国都于邺城（今河北临漳西）。魏国拥有冀州十郡之地，置丞相、太尉、大将军等百官。汉献帝还准许其“参拜不名、剑履上殿”，如汉丞相萧何故事。建安二十一年（216）四月，汉献帝册封曹操为魏王，邑 3 万户，位在诸侯王上，奏事不称臣，受诏不拜，以天子旒冕、车服、旌旗、礼乐郊祀天地，出入得称警跸，宗庙、祖、腊皆如汉制。王子皆为列侯。他名义上还为汉臣，实际上已如皇帝。至此，曹操登至人生顶峰。汉家 400 余年，如曹操者仅此一例。

但正所谓物极必反。曹操不过是在为他人作嫁衣裳。建安二十五年（220）正月，曹操病逝洛阳。同年十月，其子曹丕逼迫汉献帝禅位，自立为皇帝，国号魏，史称魏文帝（220－226 年在位）。40 年后，咸熙二年（266），魏文帝朝丞相司马懿之孙、晋王司马炎仿效曹丕代汉故事，逼迫魏元帝曹奂（260－266 年在位）禅让，自己登基为帝，定国号晋。魏王朝历时 45 年，其后都天不假年——魏文帝年仅 40 岁，魏明帝 35 岁，厉公曹芳 43 岁，曹髦 20 岁，曹奂 58 岁比较年长，但也没有超过其祖曹操 66 岁，这些难

① ［西晋］陈寿：《三国志》卷 10《荀彧传》，北京：中华书局，1959 年版，第 310 页。

▲武侯高卧图

[明代]朱瞻基

纸本墨笔

27.7×40.5cm

北京故宫博物院藏

道不足以让人警醒和反思吗？更严重的是，留下永世的骂名——曹操的“奸雄”形象流传至今，且几无更改的可能。若听荀彧之言，何以至此。

结语

纵观三国，曹操无疑为第一等第一号人物。他如果甘居第二，无人敢居第一。除众所周知的政治家、军事家的头衔之外，他还是一名杰出的诗人，建安文学的开创者，“登高必赋，及造新诗，被之管弦，皆成乐章”。他的很多写实作品比之“诗圣”杜甫也毫不逊色，完全可当诗史，如《薤露行》《蒿里行》《苦寒行》等。此外，他在书法、音乐乃至建筑学上的造诣也都非常深厚。晋人张华《博物志》云：“汉世，安平崔瑗、瑗子寔、弘农张芝、芝弟昶并善草书，而太祖亚之。桓谭、蔡邕善音乐，冯翊山子道、王九真、郭凯等善围溸，太祖皆与埒能。”张华认为曹操的围棋水平可与当世高手相比，而他的草书仅次于东汉末年的书法名家崔瑗、崔实父子和张芝、张昶兄弟。须知，张芝有“草圣”之名，“为世所宝，寸纸不遗”，曹操的字仅亚于“草圣”，可见其功底；而他的音乐才华更是与史上有名的音乐大家桓谭、蔡邕等人不相上下，亦可称得上大家。从史料观之，曹操确实多才多艺，拥有多方面的技能。王沈《魏书》说他“及造作宫室，缮治器械，无不为之法则，皆尽其意”。这说明曹操是一个水平相当高的建筑工程师，甚至会酿酒，锻造宝刀，能“与工师共作卑手刃”。他曾经亲自打造了5把名为“百辟”的宝刀。至于说武艺，更是小菜一碟。《魏略》云：“才力绝人，手射飞鸟，躬禽猛兽，尝于南皮一日射雉获六十三头。”相比之下，刘备、孙权除武艺之外，几无所长。

然而，就是这样一个功勋卓著、多才多艺的人却被后世视为“奸雄”，不能不发人深思。其中，自明朝以降不无《三国演义》的戏说渲染，但在《三国演义》诞生之前，北宋时期，曹操的奸雄形象已定型，而且深入民间。

陆游即有诗云："邦命中兴汉，天心大讨曹"，反映的正是这种情况和情绪，为"君子所不道"[1]。然而，读曹操的诗，不无悲悯之心。"白骨露于野，千里无鸡鸣。生民百遗一，念之断人肠。"[2] 这显然非一个"奸雄"所有之情怀；"周公吐哺，天下归心"更非一个"奸雄"之胸襟，奈何遗臭千年？

或许，从唐太宗的评价中可知其中原委。贞观十九年（645）二月，太宗皇帝从洛阳出兵高丽，路过邺城，拜曹操高陵，亲撰《祭魏太祖文》云："帝以雄武之姿，当艰难之运，栋梁之任同乎曩时，匡正之功异乎往代。"将曹操比作商代伊尹与汉代霍光，充分肯定了曹操的能力与功绩；但随之笔锋一转，太宗接着说："观沈溺而不拯，视颠覆而不持，乖徇国之情，有无君之迹。"严肃批判了曹操虽有匡正之功，但不彻底，而是窝藏私心。尽管他没有废汉自立，但"其蓄无君之心久矣"[3] ——悲剧即源于此。

子曰："政者，正也。"即政权必须来源于正道。"子率以正，孰敢不正？"如果权力的来源无可非议，别人又能说什么呢？怎么敢不端正呢？可惜，在强调正统性的中国，曹操做了一个坏榜样，自魏开始，晋、宋、齐、梁、北齐、后周，以及陈、隋皆沿袭曹魏故技，而不能不将曹操视为"奸雄"。作为人类社会组织的最高形式，政权的来源无疑必须拥有正统性——用现代的语义解释就是必须具有"合法性"。显然，不仅曹操的权力来源有待商榷，曹丕的帝位更是公然篡位，不具有任何合法性，更遑论正统性了。

而可以承袭正统的"刘皇叔"不仅未能一匡天下，甚至未能平蜀。诸多史料显示，蜀国在刘备和诸葛亮的治下并非一片祥和，而是暗潮涌动。刘备和诸葛亮所在的荆州集团，以及李严所在的东州集团与当地土著益州集团一直处于暗斗之中。尤其是后者，巴不得蜀国灭亡，身在蜀汉心在魏。如益州

---

① ［南宋］洪迈：《容斋随笔》卷12《曹操用人》，长沙：岳麓书社，1994年版，第100页。

② 语出［三国］曹操《蒿里行》。

③ ［北宋］司马光：（《资治通鉴》卷68《汉纪六十》，长沙：岳麓书社，1990年版，第798页。

名士杜琼即公开宣扬："古者名官职不言曹。始自汉以来，名官尽言曹，吏言属曹，卒言待曹，此殆天意也。"① 其原因在于刘备和诸葛亮不仅有着严重的个人英雄主义，还秉持严重的小团体与宗派思想，排斥和控制益州集团，拒绝后者进入最高决策机关（仅授予一般官职，最高不过郡守、将军和谏议大夫），史论"豫州入蜀，荆楚人贵"。这不仅让人才本就极度匮乏的蜀国雪上加霜，更失去了为政的基础。《三国志》卷35《诸葛亮传》载"张飞卒后，领司隶校尉"条裴注引《蜀记》所载郭冲条亮五事，其一云："亮刑法峻急，刻剥百姓，自君子小人咸怀怨叹。"② 于是，至后主景耀六年（263）九月，魏国大举进攻蜀国，益州集团大多袖手旁观。邓艾入蜀后，益州人士也不抵抗，"众皆离散"，唯有诸葛亮之子、卫将军诸葛瞻上阵迎敌，但不久即战死。之后，邓艾如入无人之境，长驱直入，兵临成都城下。益州集团代表人物谯周公开主张投降。因为"在益州土著集团看来，蜀汉政权并不能代表他们的全部利益，它的覆亡，也不会给他们带来更大的灾害；相反，这一政权的覆亡，反可驱逐荆楚等外来地主势力于益州之外，而使益州土著集团更能获得长足的发展"③。势单力薄的后主自然无话可说，只能投降魏国，时值十一月。也就是说，魏国只用了短短两个月时间就灭亡了蜀国。未知先主和诸葛丞相泉下有知，会作何感想？

就三国而言，它的故事无疑是中国历史最为精彩的篇章，它的教训更是中华民族不可多得的精神财富。它以异常丰富但也无比残酷的事实（以无数英雄的鲜血与生命）总结出了诸多的政治戒律，给出了宝贵的政治经验……

---

① ［西晋］陈寿：《三国志》卷42《杜琼传》，北京：中华书局，1959年版，第1022页。
② ［西晋］陈寿：《三国志》卷35《诸葛亮传》，北京：中华书局，1959年版，第917页。
③ 王仲荦：《魏晋南北朝史》（上），上海：上海人民出版社，1979年版，第97页。

第十二卷

西晋：一场临时演出

相比于同样被称为盛世的『文景之治』『贞观之治』『开元盛世』『永乐盛世』和『康乾盛世』，国人对于『太康盛世』的记忆并不算多，甚至不知道西晋是中国历史上的大一统朝代之一。西晋仿佛一场临时性演出，很快就被忘记，这是什么原因呢？

中国著名的志怪小说《搜神记》的作者干宝同时也是一名享有很高声誉的历史学家，他在其历史名著《晋纪》之《总论》中云：“太康之中，天下书同文，车同轨。牛马被野，余粮栖亩，行旅草舍，外闾不闭。民相遇者如亲，其匮乏者，取资于道路，故于时有天下无穷人之谚。虽太平未洽，亦足以明吏奉其法，民乐其生，百代之一时矣。”其中，“太康”是晋武帝司马炎（236－290）的年号，自公元280年至289年，共10年。其时，晋武帝（265－290年在位）于太康元年（280）灭吴，结束了三国鼎立的分裂局面，再次统一分裂了超过半个世纪的中国；不仅如此，晋武帝还比较重视生产，劝课农桑、兴修水利，当时，民和俗静，家给人足，出现了四海平一、天下康宁的升平景象，史称“太康盛世”。

可惜的是，相比于同样被称为盛世的“文景之治”“贞观之治”“开元盛世”“永乐盛世”和“康乾盛世”，国人对于这一段历史的记忆并不算多，甚至不知道西晋也是中国历史上的大一统朝代之一。西晋仿佛一场临时性演出，很快就被忘记，这是什么原因呢？

不及格的主角

细说起来，西晋的第一主角必须追溯到被晋武帝司马炎追封为宣皇帝、庙号高祖的他的祖父司马懿（179－251）。国人对这个名字并不陌生，因为他总是与另一个如雷贯耳的名字——诸葛亮连在一起。和著名的孔明先生比较，司马懿也不遑多让。无论家世、才学还是谋略，后者都不比前者差，而且是最后的赢家——是司马懿让孔明先生“出师未捷身先死”,[①] 留下他个人乃至历史的遗憾。然而，司马懿缺少一样孔明先生有而他几乎没有的东西——那就是道义。曾经，曹操看出司马懿有“狼顾之相”，而凡是有这种特征的人心术一定很坏，认为“非人臣也，必预汝家事”。[②] 如果说这多少还有些许杜撰之嫌，那么他后来的作为确实证明了曹操的判断非常准确，而且诸葛亮将他喻为“妇人”也具有先见之明。司马懿拥有很高的行政能力不假，但从始至终都不是一个正臣，而是一个“媚臣”。他从来没有孔明先生鞠躬尽瘁的精神，且杀心极重。当然，在历朝历代的各式政治斗争中，杀戮都不少，但如司马懿那样斩尽杀绝的却也不多。首先，在魏文帝曹丕即位后，即杀害了丁仪、丁廙兄弟及两家所有的男丁。这其中固然与曹丕有关——因为他们是曹植的好友，但也是司马懿的主张。其次，司马懿在攻破襄平城（今辽宁辽阳北）之后，不仅杀掉了反叛的辽东太守公孙渊与城里的2000多名官吏和士兵，还杀害了7000多名无辜百姓。最后，在他已经取代魏明帝曹叡的托孤重臣、大将军曹爽（？ –249）大权在握之后，还不放心，继续屠杀了曹爽的三族，甚至延及曹爽党羽的三族——这还不算结束，他又借口有人告发太尉王凌（172 –251）意图背叛少帝曹芳（232 –274），另立曹操之子、楚王曹彪（195 –251）为帝，继而又屠杀了王凌及其同党的三族；同时，强迫曹彪自杀。按理说，这已经做到头了，可还没结束，司马懿下令将王凌以及他的外甥、兖州刺史令狐愚剖棺戮尸。可以想象，在这样一位父亲教导和影响下的子女和家族未来会是怎样。

过了不到1个月，司马懿也死了。传说，是由于他常常见到王凌的鬼魂，惊惧得病而死。这又应验了那句老话：“出来混，迟早都要还的。”至于

---

① 语出［唐代］杜甫《蜀相》，全诗云：“丞相祠堂何处寻？锦官城外柏森森。映阶碧草自春色，隔叶黄鹂空好音。三顾频烦天下计，两朝开济老臣心。出师未捷身先死，长使英雄泪满襟。”

② ［唐代］房玄龄等：《晋书》卷1《宣帝纪》，北京：中华书局，1974年版，第20页。

第二主角司马师（208－255），他被晋武帝司马炎追封为景皇帝，庙号世宗。他把少帝曹芳废了，改立高贵乡公曹髦（241－260），即位时年仅14岁，这还是一位少帝，目的显而易见。相比之下，曹髦无疑比曹芳更有资格登基为帝。曹芳不过是魏明帝（226－239年在位）的养子，而曹髦是曹丕的孙子，是正宗的曹家骨血。但是，自古废立都是大事，非一人之所为。因此，三个月后，镇东将军毌丘俭及扬州刺史文钦起兵声讨司马师，兵败被杀。但文钦有子文鸯，有勇有谋。他带领骑兵夜袭司马师大营，司马师惊吓过度，再加上本来就有眼疾，经常流脓，致使眼珠震出眼眶，旋即病死，正所谓“恶人自有恶报”！

至此，第三位主角就该出场了——他就是司马懿的次子、司马师的弟弟、司马炎的父亲司马昭（211－265），他在司马炎登基之后被追封为文皇帝，庙号太祖。老少皆知的坊间俚语“司马昭之心，路人皆知”，说的就是他。而这句话的版权拥有者却很少有人知道——他就是被司马师立为皇帝的曹髦——他不仅拥有纯正的曹家血统，而且继承了曹家的文学天分。可惜的是，文思于政治毫无用处，何况遇到司马昭那样一个老谋深算的对手。因此，当他年少而莽撞行事，带领殿中宿卫、苍头和宫人企图攻击司马昭官邸时，被司马昭的党羽、时任中护军的贾充和太子舍人成济阻拦，并当场杀害。随后，司马昭立曹操之孙、燕王曹宇之子曹奂（原名曹璜）为帝。这是司马家族迎立的曹魏王朝的第3位少帝，时年也是14岁。5年后，司马昭命令曹奂（246－302）加封他为晋王。孰料，还没来得及做一个皇帝梦，不到一年半，就一命呜呼！

那一年，是魏元帝咸熙二年（265）八月，司马昭之子司马炎继承父亲衣钵，嗣为相国、晋王。4个月后，这位不到20岁的晋王甚至等不及过年，就逼迫与自己同龄的魏元帝曹奂“禅位”，自己登基称帝，国号晋，将曹奂废为陈留王。从某个角度讲，20岁的司马炎取代20岁的曹奂无不可。从前者的行动中可见些许勇气和胆略。何况，历史上类似的事件并不少见，在得

◀ 雪夜访戴图
[明代]夏葵
绢本水墨
195.6×88.6cm
美国芝加哥美术学院藏

天下之后，如果能励精图治，守国安民，后人不会一味地偏见待之。遗憾的是，这位被谥为武皇帝的天子并非如此。有一个成语叫作“羊车望幸”，说的就是他的荒唐事。原本他的后宫已多佳丽，吞吴之后，又将5000名吴国宫女纳入其中，总数近万人。因此，每天晚上到底要临幸哪个妃子，就成为一个让他十分头疼的问题。于是他想出一个办法，就是坐着羊车，让羊在宫苑里随意行走，羊车停在哪里当晚他就住在哪里。聪明的嫔妃就把竹枝插在门上，把盐水洒在地上，羊因为喜欢盐水的味道，停下吃食，于是羊车就自然停在她的宫门口。①

其实，这也不算什么，几乎每一个皇帝都好色。只要托付对人，也没问题。孰料这个武皇帝虎头蛇尾，前期因为用人得当，得以完成统一大业；但自灭吴之后，却像换了一个人一样，身边都是贾充（212－282）和杨骏（？－291）等谄媚之人。更为重要的是，晋武帝不再思进取。这一点，开国元勋、丞相何曾（199－278）看在眼里，而在有一天终于忍不住，不无担忧地对儿孙们说：“主上开创大业，吾每宴见，未尝闻经国远图，惟说平生常事。”② 由此可想而知。

不入流的配角

不知道是历史的捉弄，还是历史的误会？司马氏家族自司马懿的高祖开始，都是一时之俊杰——高祖司马钧为汉安帝时的征西将军，曾祖司马量为豫章太守，祖父司马隽为颍川太守，父亲司马防为京兆尹，至其子司马师和司马昭一辈，也都智慧过人，孙辈的司马炎也不算平庸，至少不是一个低能儿。可是，司马炎之子司马衷（259－307）却是一个十足的低能儿。曾经，

① ［唐代］房玄龄等：《晋书》卷31《后妃传》（上，胡贵嫔），北京：中华书局，1974年版，第962页。

② ［北宋］司马光：《资治通鉴》卷87《晋纪九》，长沙：岳麓书社，1990年版，第100页。

司马炎打算更立太子，与皇后杨艳商量。杨氏以一句“立嫡以长不以贤，岂可动乎?”① 就打消了晋武帝的念头（顺便说一句，晋武帝本人也是“嫡长子继承制”的受益者。当时，司马昭看中的是次子司马攸）。如果说这其中还有些许的道理，那么接下来的一件事就彻底说明杨氏绝对不能胜任皇后之职——在司马衷成年之后，晋武帝本来想为他迎娶一代名士卫瓘（220－291）之女为太子妃，为此，他曾经明白地对杨氏说：“卫公女有五可，贾公女有五不可。卫家种贤而多子，美而长白；贾家种妒而少子，丑而短黑。”但杨氏固执己见，云“有淑德”，并且还密令“荀顗、荀勖并称充女之贤”，原因是“贾充妻郭氏使赂后，求以女为太子妃”。于是乎，历史就这样被一场贿赂和一个贪婪的女人决定了！不过，历史也曾经给了西晋一个改正错误的机会。因为“太子妃贾氏妒忌，（晋武）帝将废之”。却又为杨氏阻止，云“不足以一眚掩其大德”。当然，这个杨氏非杨艳，而是她的堂妹杨芷，却也与杨氏不无关系。那是泰始十年（274），杨氏病危，她担心晋武帝立他宠爱的胡贵嫔为皇后，便将堂妹杨芷推荐给武帝，希望在自己死后立杨芷为后。结果一如她所愿，但历史却因此面目全非。完全可以想象，如果没有这两位杨氏的干预，贾氏不可能成为太子妃，继而更不可能被立为皇后，从而也就不可能发生“八王之乱”的惨剧。此外，杨芷的父亲杨骏也不可能跻身西晋权力中枢，在晋武帝死后与弟杨珧、杨济（时称“三杨”）独揽大权、培植亲党，最终因争权被灭三族，甚至连累已经贵为皇太后的杨氏被活活饿死（这在中国历史上仅此一例）。

以上是第一个不入流的配角的故事。第二个就是贾充。如果不是贾充的鼓动和唆使，成济本没有胆量和皇帝对抗。在传统中国，莫说和皇帝正面对抗，就是勇敢地看一眼龙颜的人似乎都不多。当时，曹髦亲自挥剑拼杀，司

① ［唐代］房玄龄等：《晋书》卷31《后妃传》（上），北京：中华书局，1974年版，第953页。

马炎的兵士见皇帝亲战，都不敢近前。跟随贾充的成济问："此事该如何处置?"贾充答说："司马公养着你们，就是为了今天！还用问吗?"成济听了这话，才壮了胆，端起长矛，向曹髦直刺过去，曹髦一介文弱书生如何能够抵挡战场宿将的坚硬长矛，当场毙命。曹髦死后，司马昭召集群臣商讨对策，陈泰建议诛杀主谋贾充，但贾充诿罪成济，结果成济被司马昭诛灭三族，对贾充却奖赏有加，封为安阳乡侯（原为阳里亭侯），增邑 1200 户，统领城外诸军，加散骑常侍。入晋之后，转任车骑将军、尚书令，更封鲁郡公，增邑 8000 户。当时，贾充作为当朝宰相之一，深得晋武帝信任，史载"深见宠异，禄赐常优于群官"，却少有建树，在伐吴战争中始终采取消极态度，"专以谄媚取容"[①]。当时，侍中任恺（223－284）、中书令庾纯等刚直守正的官员都异常厌恶贾充的为人。

还有何曾，虽然他几乎可以作为贾充的父辈（年长 18 岁），而且是堂堂太宰，朝会可剑履乘舆上殿，却不惜自降身价依附贾充势力。有一次，贾充与庾纯酒后争论，庾纯斥责贾充不敬长者和弑君。事后，何曾在朝堂议政时却贬抑庾纯，遭到正直人士非议。因此，虽然他讥讽晋武帝偷惰，安于现状、不思进取，"非贻厥孙谋之道也，及身而已，后嗣其殆乎！"却不能进谏，而是沉溺物欲享乐，"帷帐车服，穷极绮丽，厨膳滋味，过于王者"，"食日万钱，犹曰无下箸处"[②]。作为开国大臣，品行如此，一个朝代的气象也不会好到哪里去。何况，还有一群在朝廷危难中不思救难而蠢蠢欲动的人！

---

① ［唐代］房玄龄等：《晋书》卷 31《后妃传》（上），北京：中华书局，1974 年版，第 1166－1167 页。

② ［唐代］房玄龄等：《晋书》卷 33《何曾传》，北京：中华书局，1974 年版，第 998 页。

梦想成为主角的群众演员

曹魏时期，曹爽当政，有人指出若不分封宗室诸王，政权可能转入异姓之手，曹爽不听。之后，司马氏篡位自立。或许是为了吸取教训，晋武帝即位之初，立即恢复了被遗弃已久的分封制，封了27个同姓王，以郡建国。之后，还不断扩大宗室诸王的权力。诸王可自行选用封国文武官员，收取封国租税。并且，每个王国都有自己的军队。他以为这样一来，有许多亲属子弟支持皇室，司马氏的统治就可以稳固。哪里知道事与愿违，反而种下了祸根。王国有了兵力，就容易发生内战。何况，晋武帝还亲手种下了另一颗不祥的种子——不仅选择了一个痴呆儿作为继承人，而且为痴呆儿娶了一个善妒又不安分的皇后贾氏。这有如打开了“潘多拉的盒子”，前文所说的晋武帝的小杨皇后被饿死不过是序曲（史载“绝膳而崩”，年仅34岁）①。在联合当时汝南王司马亮（司马氏的长辈、司马懿第四子）和楚王司马玮（晋武帝第五子、晋惠帝异母弟弟）清除意欲专权的外戚杨骏的势力之后，贾氏又秘密串通司马玮杀了司马亮及太保卫瓘。次日，贾氏采用张华（232－300）的计谋，派中将军王宫到司马玮处宣布其伪造手诏。司马玮的部下闻诏后多放下武器散去，司马玮束手就擒，随后以伪诏害死司马亮和卫瓘的罪名被处死。这就是中国历史上著名的皇族惨剧“八王之乱”的第一幕。

至此，贾氏已经大权在握。她的亲戚党羽多被委以重任。如其族兄贾模、内侄贾谧、母舅郭彰等。此外，她还起用当时名士张华（232－300）为司空，世族裴頠（267－300）为尚书仆射，裴楷（237－291）为中书令，王戎（234－305）为司徒，这些人对她没有任何威胁。但贾氏并不满足。她还计划建构一个纯粹的、以她为主的贾氏王朝。因此，并非己出的太子司马遹（278－300）自然成为她的眼中钉，害怕太子即位后她的地位难保，于是与

---

① ［唐代］房玄龄等：《晋书》卷31《后妃传》（上），北京：中华书局，1974年版，第956页。

侄子贾谧等人设计谋害，诬陷太子谋反，将其囚于金墉城，后又将其迁至许昌宫，秘密派遣黄门孙虑强迫太子喝下金屑酒而死。

在太子被杀之前，司马懿第 9 子同时也是太子的曾叔祖的赵王司马伦（？ –301）其实也早有杀意。当时，司马伦是太子太傅，常讨好贾氏，一向为贾氏所信任，并且掌握了皇宫禁军。但司马伦一党认为，即使救了太子，太子也不会嘉赏他们，救太子是自取其祸。于是司马伦一党决定先等一等，让贾氏先杀了太子再动手为太子报仇，这样才能获得最大利益。为此，司马伦一党经常劝贾氏尽早杀了太子，以断绝大家要复位太子的希望。

果不其然，在太子被杀之后，司马伦一党伪造晋惠帝诏书，以杀太子的罪名，发兵收捕贾氏及其党羽，废贾氏为庶人，将其囚禁在建始殿，不久贾氏也被送到金墉城，司马伦又以伪诏让贾氏也喝下金屑酒而死；同时，张华、裴頠等名臣都被杀害。事后，司马伦矫诏自封相国，其党羽孙秀等人都被封大郡，握有兵权。但司马伦一党不仅道德低下，而且治国乏术，居然冒天下之大不韪，于永宁元年（301）将晋惠帝软禁于金墉城，自立为帝。原本就虎视眈眈的齐王司马冏（？ –302 年，司马昭之孙、晋武帝侄子）、河间王司马颙（？ –306 年，晋武帝堂弟）、成都王司马颖（279 –306 年，晋武帝第十六子，晋惠帝之弟）乘机起兵讨伐司马伦。经过 60 天激战，司马伦战败被擒，也被囚禁于金墉城，随后也被赐金屑酒而死。司马伦一党全部被杀，无一漏网。

随后，齐王司马冏迎接晋惠帝复位，自己担任大司马一职，辅政晋惠帝。河间王司马颙、成都王司马颖也被封高爵，拥兵自重。但齐王司马冏一如赵王司马伦治国乏术，并没有好好利用自己兴复皇位之功的大名，反而不尊臣下之礼，骄横跋扈、不可一世、沉迷女色，任由政事荒废，结果又给其他有野心争权的王有了讨伐的借口。

恰巧当时有一个翊军校尉李含传假诏给河间王司马颙，要其兴兵讨伐齐王司马冏。于是在太安元年（302）年底，河间王司马颙兴兵，同时谎称驻扎洛阳的骠骑将军、长沙王司马乂（277－304年，晋武帝第六子、晋惠帝异母弟）为内应，司马冏得知，立即起兵应对，派遣部将董艾攻袭长沙王司马乂。司马乂连同其党羽数百人，乘车飞奔皇宫，以天子的名义攻打司马冏。火烧司马冏府第，连战3日，齐王司马冏战败被杀，其子被囚金墉城，司马冏一党多人被夷三族。从此长沙王专权。

河间王司马颙不甘长沙王司马乂独揽政权，与成都王司马颖共同兴兵讨伐司马乂，但司马乂胜。孰料，至永安元年（304）初，司空兼中书监、东海王司马越（？－311年，司马懿从孙）趁司马乂不备，趁夜捕获司马乂，将其活活烧死。司马颖拜丞相，独揽政权，废太子司马覃（295－308）成为皇太弟，但其作风又令其他野心家有了借口和机会。

晋惠帝以尚书令、东海王司马越为大都督，云集10多万士兵讨伐成都王司马颖。但司马颖在朝野颇有威望，而且军事实力强，司马越不是对手，大败，晋惠帝被捕后送到邺城，司马越则逃回封地东海（今山东郯城北）。他的弟弟司马腾（？－307）不甘心失败，联合鲜卑、乌桓等胡族势力大败司马颖。司马颖放弃邺城与晋惠帝逃往洛阳。河间王司马颙部下、洛阳守将张方将两人挟持到司马颙的封地长安。司马颙废司马颖的皇太弟封号，遣其回封地。同时，司马颙又让晋惠帝下诏，拜司马越为太傅，与太宰司马颙共同辅政，司马越没有接受。

当时，东海中尉刘洽劝司马越发兵讨伐司马颙，司马越答应，以刘洽为左司马，东海尚书曹馥为军司。永兴二年（305），司马越正式出兵讨伐河间王司马颙，司马颙大败。司马越迎接晋惠帝回归洛阳。晋惠帝下诏拜司马越为太傅录尚书，同时下令镇南将军刘弘、南中郎将刘陶搜捕成都王司马颖。司马颖顾不得母亲和妻子，只带着两个儿子（庐江王司马普与中都王司马廓）一起逃亡，途中被顿丘太守冯嵩捕获，送到邺城，被范阳王司马虓（268－306）幽禁，司马虓并没有要杀害他们父子的意思。不承想司马虓突然暴毙，长史刘舆见司马颖在邺城素有威望，忧虑其将成后患，就秘不发丧，

▲高逸图（《竹林七贤图》残卷）
［唐代］孙位
绢本设色
45.2×168.7cm
上海博物馆藏

而且令人装扮台使，矫诏赐司马颖死。司马颖被看守田微缢死，他的两个儿子也被杀。

次年，东海王司马越下令毒死晋惠帝，另立晋武帝的第25子、豫章王司马炽（284－313）为帝，是为晋怀帝（306－311 年在位）。晋怀帝刚登基，就下诏拜司马颙为司徒，让其回朝议政。司马颙不疑有诈，自长安启程赴洛阳。到新安雍谷时，被南阳王司马模（？ －311）派杀手勒死在车内。他的3个儿子同时被杀。司马颙就此绝后。晋怀帝宣布大赦，改元永嘉，同时废除三族之刑。太傅、东海王司马越在“八王之乱”中取得最后胜利，掌握朝廷大权，但也未能颐养天年，因为宁朔将军刘渊已经叛晋自立为汉王。永嘉二年（308），另一个身份是南匈奴单于于夫罗之孙、左贤王刘豹之子的刘渊正式称帝（304－310 年在位），改年号为永凤。从此正式拉开了“五胡乱华”的序幕。

结语

自元康元年（291）开始到光熙元年（306），长达16年，试想一下：如果一个国家在建立之初就内战不停，还能期望它有什么建树呢？更让人惋惜的是，这场内战是一场皇族内讧，参与者、内斗者彼此之间都出自同一个祖先，都还没出五服呢——按照出场顺序先后为：汝南王司马亮、楚王司马玮、赵王司马伦、齐王司马冏、长沙王司马乂、成都王司马颖、河间王司马颙、东海王司马越。其中，汝南王和赵王分别是司马懿的第4子、第9子；河间王和东海王分别是司马懿的弟弟司马孚和司马馗的孙子；楚王、长沙王和成都王分别是司马懿的孙子，晋武帝的第5子、第6子和第16子。他们分别是晋惠帝的叔祖辈、叔父辈和兄弟——从中国人的传统观念讲，这是真正的一家人。因此，仅从这一个角度讲，后人也不会对司马懿产生多少敬意，不会对西晋抱有什么好感。对此，《十七史商榷》评价曰：“（司马懿）一人之身，少壮则为魏画篡汉策，及老则又自为子孙定篡魏策，兴亡若置棋，亦可叹矣。”①

原本，经过超过半个世纪的三国争斗（220－280），人民渴望统一与安定，历史也给予了司马家族、给了西晋以机会和良好的开端。但是，司马氏虽然统一了中国，在政治上并没有带来任何新气象，尤其是统治阶层弥漫奢侈之风，贵戚公卿莫不以奢侈相尚，像石崇、王恺、何曾一类的人固不必论，即使如名臣杜预也不免赂遗权贵；当时一般臣工的操守可想而知，无外乎富贵显达一类的乡愿而已。何况还有其他众多的失误，缺少立国精神。当时，包括匈奴、羯、鲜卑、氐、羌等少数民族已然跨过长城大量南下，史称“五胡内迁”，而西晋自始至终没有出台良好的管理政策，最后酿成边患，并且趁西晋内乱纷纷建国。因此，西晋迅速衰败也在情理之中——当时，胡人已入居关中及泾水、渭水流域，对西晋都城洛阳形成包围之势。何况自晋武帝之后，司马氏子孙是那般地不堪。

其中，有一个史实在这里不能不提：中国汉家皇帝为胡族俘虏和杀害的不是只有北宋的徽宗和钦宗，而是早在西晋就有了。那是永嘉五年（311），前赵开国君主刘渊之子刘聪（310－318年在位）派遣建威将军刘曜攻破洛阳，晋怀帝被俘（两年之后被杀。死之前，刘聪曾使为酒童，“著青衣行酒”②），又杀太子、宗室、官员及士兵百姓3万多人，并大肆发掘历代皇家陵墓、抢夺焚毁宫殿③——而这，只是悲剧的开始——建兴四年（316）年，刘曜围困长安，晋愍帝司马邺（313－316年在位）出降（做了刘聪的服务

① ［清代］王鸣盛：《十七史商榷》卷44《晋书二》，上海：上海古籍出版社，2016年版，第507页。

② ［唐代］房玄龄等：《晋书》卷5《怀帝纪》，北京：中华书局，1974年版，第125页。

③ ［唐代］房玄龄等：《晋书》卷5《怀帝纪》，北京：中华书局，1974年版，第123页，载曰：“刘曜、王弥入京师。（晋怀）帝开华林园门，出河阴藕池，欲幸长安，为曜等所追及。曜等遂焚烧宫庙，逼辱妃后，吴王晏、竟陵王楙、尚书左仆射和郁、右仆射曹馥、尚书闾丘冲、袁粲、王绲、河南尹刘默等皆遇害，百官士庶死者三万余人。”

生，受尽侮辱后也被杀)，西晋灭亡，建国仅51年。当时，曾经繁华的长安城一片末世景象，“米斗金二两，人相食，死者太半”①，“城中户不盈百，墙宇颓毁，蒿棘成林”，史称“永嘉之乱”②，为中国历史上的一场大灾难，几近亡种灭族——匈奴、羯等族军队所到之处，屠城略地千里，无论百姓还是世族都纷纷南逃，“洛京倾覆，中州士女避乱江左者十六七”③。所谓“衣冠南渡”叙述的其实是一个民族的大悲剧。自此，中国开始了长达265年(316－581)的政治分裂和武力纷争的局面。哀哉!

① [唐代]房玄龄等:《晋书》卷5《愍帝纪》，北京：中华书局，1974年版，第130页。
② [唐代]房玄龄等:《晋书》卷5《愍帝纪》，北京：中华书局，1974年版，第132页。
③ [唐代]房玄龄等:《晋书》卷65《王导传》，北京：中华书局，1974年版，第1746页。

第十三卷

前秦：两个英雄的草稿

苻坚败了！但不失为一代大英雄。可惜的是，他生不逢时。尽管他成为一代大帝，但与那个时代格格不入。他有着比汉人还执着的仁者思想，却不合时宜。细言之，他的悲剧不独是他个人的悲剧，而是中国文化的悲哀。

早在夏商时期，氐族就出现在中国的历史舞台，当年成汤建立商朝，氐族不远千里送去祝福与重宝。《三国志》卷30《外夷传》裴注引《魏略·西戎传》云："氐人有王，所从来久矣……其俗，语不与中国同，及羌杂胡同，各自有姓，姓如中国之姓矣……皆编发。多知中国语，由与中国错居故也。其自还种落间，则自氐语。"① 广泛分布于西起陇西，东至略阳，南达岷山以北地区，这约相当于魏晋时代的陇西、南安、天水、略阳、武都、阴平6郡及其南邻地区，也即今之甘肃省东南、陕西省西南、四川省西北交界处，包括渭水、汉水、嘉陵江、岷江、涪江等诸水源头。在《诗经》《山海经》等文学经典与《竹书纪年》《史记》《汉书》《后汉书》《三国志》等历史著作中都有大量的关于氐族的描述与记载，是中国历史上重要的民族之一，中华民族的重要组成部分。然而，自南北朝之后，在中国的民族谱系中再也找不到氐族的名字，却也不能掩去它曾经的光芒——氐族是第一个统一中国北方的少数民族。由氐族建立的前秦（350－394），其盛时的疆域东至海，西抵葱岭，北极大漠，东南以淮、汉与东晋为界。当时，东夷、西域和西南夷以及强悍的匈奴、吐谷浑都遣使朝贡，只有东南一隅的东晋与它对峙，而割据朝鲜半岛的高句丽、百济、新罗，都受前秦册封。

若非淝水一役不可思议的失败，引发多米诺骨牌现象，前秦完全有可能成为第一个统一中国的少数民族。其时，无论疆域（"居九州之七"）、人口（多出东晋近1000万人）还是兵力（"投鞭于江足断其流"），前秦都超越东

① ［西晋］陈寿：《三国志》卷30《东夷传》，北京：中华书局，1959年版，第858页。

晋许多。尤其是，东晋孝武帝司马曜（372－396 年在位）根本不是前秦苻坚大帝（357－385 年在位）的对手，两人完全不是同一个级别。司马曜不过是一个酒色之徒（“殆为长夜之饮”[①]），而苻坚则是“大帝”。柏杨先生说：“在中国数千年历史上，有资格称得上大帝的不过 5 人，他们是秦始皇、汉武帝、前秦王苻坚、唐太宗李世民和康熙。”当时，前秦境内“百僚震肃，豪右屏气，路不拾遗，风化大行”[②]，一派治世景象。遗憾的是，其他 4 位大帝在中国家喻户晓，可谓英雄，而苻坚几乎是一个陌生的名字。因他而走向极盛的前秦更是沦为一段尘封的往事，因何？

独木难支

前秦建元十九年（383），那一年也是东晋太元八年，八月，苻坚以他的弟弟、征南大将军苻融（340－383）为前锋，率骠骑将军张蚝、抚军将军苻方、卫军将军梁成、平南将军慕容暐（350－384）、冠军将军慕容垂（326－396）等及步骑 25 万人先行南下；九月，苻坚亲将戍卒 60 余万人，骑兵 27 万人，自都城长安往东进发，期与苻融会合，希望自此统一中国。行前，太子苻宏（356－405）、他自己最宠爱的幼子苻诜、宠妃张夫人、弟弟苻融以及朝中众多大臣乃至名僧释道安（312－376）都一再进谏，不赞成发兵南下，左将军窦冲更是直言此行乃“不祥之征”，然而苻坚却一意孤行，他不无自豪地说：“以吾之众旅，投鞭于江足断其流。”这即是成语“投鞭断流”的来历。史载，当时南下的前秦军队“前后千里，旗鼓相望”，“东西万里，水陆齐进”。十月，苻融渡过淮水，旋即攻克寿阳（今安徽寿县），却止步于此。十一月，前秦在洛涧之战中失利，东晋鹰扬将军刘牢之大败前秦名将梁

① ［唐代］房玄龄等：《晋书》卷 9《孝武帝纪》，北京：中华书局，1974 年版，第 241 页。

② ［唐代］房玄龄等：《晋书》卷 113《苻坚载记》（上），北京：中华书局，1974 年版，第 2887 页。

成，出身氐族豪门的卫将军梁成、扬州刺史王显、弋阳太守王咏等十数名将军与15000名兵士阵亡，苻融亦坠马被杀，给苻坚敲响了警钟。然而，苻坚并未觉醒，而在随后的淝水之战中大败，百万雄兵损失十之七八。其中过程，妇孺皆知，无须赘言。

更严重的是，先前被征服的鲜卑、羌等部族纷纷趁机举兵反叛，建立割据政权。先是384年慕容垂逃回前燕故地复国称王，史称后燕；慕容泓（？－384）在关中起兵建立西燕；什翼犍之孙拓跋珪于385年亦在牛川称王复国（386年改国号“魏”，是为北魏）；羌族的姚苌（329－393）等人也重新崛起，建立后秦；丁零、乌丸等也相继起兵反叛，随慕容垂进攻邺城。一时之间，中国北方再次陷入分裂。

苻坚虽于建元十九年十二月逃回长安，局面已非他出征之前的模样，形势从一片大好急转直下，内外交困。次年九月，西燕皇太弟慕容冲（359－386）兵临长安城下。慕容冲原为苻坚男宠。建元六年（370），前秦灭前燕，慕容冲的姐姐清河公主年14岁，美貌绝伦，苻坚便纳她为妃，备受宠爱。时年慕容冲12岁，为世间少有之英俊少年，苻坚为之意乱情迷。姐弟独占宠爱，其他的妃嫔被冷落一旁，以至长安儿歌唱道：“一雌复一雄，双飞入紫宫。”人们都担心姐弟两人将为祸乱。丞相王猛（325－375）恳切劝谏，苻坚就把慕容冲送出宫。淝水之战时，慕容冲为平阳（今山西临汾）太守。慕容冲之叔慕容垂叛秦建立后燕，慕容冲在河东起兵，攻打蒲坂，前秦左将军窦冲在河东大败慕容冲，慕容冲率兵8000人投奔其兄慕容泓。建元二十年（384）六月，慕容泓的尚书令高盖、谋臣宿勤崇等认为慕容泓的德望不如慕容冲，而且执法苛严，就杀了慕容泓，立慕容冲为皇太弟。随后，慕容冲进逼长安。苻坚凭城观看，情不自禁，派人送了一件锦袍至慕容冲军中，慕容冲答道：“孤家以天下为任，怎能看这一袍小惠。如果你束手来降，慕容家对你的待遇不会比你从前待我们差。”苻坚闻言大怒，不无悔恨地说：“吾不用王景略（王猛）、阳平公（苻融）之言，使白虏敢至于此。”鲜卑民族皮肤白皙，故苻坚称呼慕容冲为“白虏”。可惜，口舌之利毫无用处。史载，“时长安大饥，人相食，诸将归而吐肉以饴妻子。”① 没有人会想到颇具帝国气象的前秦会沦落至这般模样！这时，距离王猛去世不过9年时间。

正所谓“其兴也勃焉，其亡也忽焉”。28年前，也即苻坚即位的那一年（357），前秦还是一个“豪右纵横，劫盗充斥”的、近乎原始部落式的小国。若非丞相王猛不畏强权，“明法峻刑，澄察善恶，禁勒强豪”，而后殚精竭虑，“外修兵革，内综儒学，劝课农桑，教以廉耻，无罪而不刑，无才而不任”②，前秦可能早已化为一缕尘烟，而不可能建立统一中国北方的伟业。回想自晋室南渡之后，北方中国遍地烽火，而前秦更是居于四战之地，北有建都平城（今山西大同）的鲜卑代国（338－376）；西有盘踞今甘肃地区的前凉（320－376）、氐族杨氏仇池（296－371）以及分布于今甘肃、青海间的强大的吐谷浑；东有立都邺城（今河北临漳西南）的鲜卑前燕（337－370）；南有以建康（今江苏南京）为都的东晋。其余尚有若干个时生时灭的割据势力。而王猛则只用了10年时间（366－376）便统一了中国北方。在此期间，他经常统兵征讨，攻必克，战必胜，表现出了卓越的军事才华和大将风范。对此，柏杨先生不无赞美地说：“王猛是中国成功的伟大政治家之一，在他之前有诸葛亮，在他之后有王安石，诸葛亮欠缺军事上的成就，王安石欠缺坚强的支持力量，所以王猛得以独展长才，把一团乱糟糟的流氓地痞、土豪恶霸，硬是凝结成金刚；不但国泰，而且民安。”成为当时最具生机与活力的国家。

假以时日，完全可能实现两人“混一六合，以济苍生”的愿望。遗憾的是，天不假年。建元十一年（375），王猛病逝，遗言：“晋虽僻陋吴越，乃正朔相承。亲仁善邻，国之宝也。臣没之后，愿不以晋为图。鲜卑（即慕容

---

①［唐代］房玄龄等：《晋书》卷114《苻坚载记》（下），北京：中华书局，1974年版，第2925页。

②［唐代］房玄龄等：《晋书》卷114《王猛传》，北京：中华书局，1974年版，第2932页。

氏)、羌虏（即姚苌)，我之仇也，终为人患，宜渐除之，以便社稷。”① 寥寥数语，却都关系前秦的兴衰存亡——胸襟开阔、从不猜忌人的苻坚不曾想到，历史用残酷的事实证实了王猛非凡的远见。

养虎为患

慕容冲在长安城外围城日久，百姓饿死无数。无计可施，苻坚居然听信谶言“帝出五将久长得”，留太子苻宏守城，他自己从长安出奔，逃至五将山（今陕西岐山东北)。他曾经亲自封赏的龙骧将军、如今的大单于、万年秦王姚苌尾随而至，重兵包围了他。苻坚所率秦兵四散，仅留下十数侍卫而已。但苻坚大帝风度不改，坐而待之，召厨师进食。姚苌大将吴忠驰马赶到，把他捆绑送到新平（今陕西彬县水口镇)，随后姚苌派人索要传国玉玺，苻坚严厉拒绝了。姚苌于是又派人提出苻坚禅位给他，苻坚忍不住大骂道：“禅代者，圣贤之事。姚苌叛贼，奈何拟之古人！”② 为免姚苌凌辱两个女儿，他先杀了姐妹俩。八月辛丑（10 月 16 日)，姚苌命人将苻坚绞死于新平佛寺（今陕西彬县静光寺）内，享年 48 岁。宠妃张夫人和苻坚最疼爱的幼子符诜随即自杀身亡。一代大帝的结局如此之悲惨，没有人会想到。

然而，却也不能完全怪罪他人。他将自己敬重的王猛的临终遗言置之脑后。如姚苌，这是王猛遗言中明确说明需要提防的人，但苻坚不以为意，甚至在淝水大战前夕授予了他具有特别意义的“龙骧将军”的称号，都督益、梁二州诸军事。龙骧将军那是苻坚自己曾经担任过的军职，他登基之后，“龙骧之号未曾假人”，这个封号便不再使用，然而他却不听劝谏，毫不犹豫地给了姚苌，可见对其信任有加。然而，姚苌不仅无情地背叛了苻坚，还残

① ［唐代］房玄龄等：《晋书》卷 114《王猛传》，北京：中华书局，1974 年版，第 2933 页。

② ［唐代］房玄龄等：《晋书》卷 114《苻坚载记》（下），北京：中华书局，1974 年版，第 2929 页。

忍地将他杀害了。从政治角度讲，这也是常态，本来就是你死我活，倒也无可厚非，何况在文化程度不高的胡族之间，更是无可避免。可是，姚苌在苻坚死后，因为前秦军队的英勇抵抗，连遭败绩，气急败坏之下，又“掘苻坚尸，鞭挞无数”，甚至还“裸剥衣裳，荐之以棘”，这就彻底失去人性了。

再说慕容冲，苻坚对他宠爱有加。王猛明察秋毫，担心有变，恳切劝谏，苻坚才忍痛把慕容冲送出宫外。时有民谣说：“凤凰凤凰止阿房。”一代大帝苻坚这时是一个不折不扣的多情种子，他认为凤凰不是梧桐不栖息，不是竹子的子实不吃，就在阿房城种植梧桐、竹子数十万株等待凤凰。慕容冲的小名叫凤皇，至慕容冲占据阿房城（今陕西咸阳一带）之时，却站在了苻坚的敌对面。是他给了苻坚致命的一击，围困长安，导致了“人相食”的悲剧。苻坚听信谶言出城奔逃，又不幸落入姚苌之手。

还有慕容垂，他可以说是“勾践第二”，绝对是一个扮猪吃老虎的最佳演员。当前秦宗室和群臣大多反对进军东晋之时，是他表示了强烈的支持，力主苻坚攻晋，说：“弱并于强，小并于大，此理势自然，非难知也。以陛下神武应期，威加海外，虎旅百万，韩、白满朝，而蕞尔江南，独违王命，岂可复留之以遗子孙哉！《诗》云：‘谋夫孔多，是用不集。’[①] 陛下断自圣心足矣，何必广询朝众！晋武平吴，所仗者张、杜二三臣而已，若从朝众之言，岂有混壹之功乎！”苻坚不以为这是慕容垂的借刀杀人、一石二鸟之计，而是听闻“大悦”，“赐帛五百匹”，真挚地说：“与吾共定天下者，独卿而已”[②]，大意与曹操对刘备所说的那句“天下英雄，为使君与操尔”类似，苻坚认为能与他一起平定天下之人，就只有慕容垂了，足见对其的重视。也难怪，鲜卑慕容氏一家个个人中龙凤、卓尔不凡，无论仪容还是才具，都堪称一流，这让爱才似渴的苻坚叹赏不已，不惜赏赐巨万，并授予实职高官。

---

① 《诗经·小雅·小旻》。

② ［北宋］司马光：《资治通鉴》卷104《晋纪二十六》，长沙：岳麓书社，1990年版，第339页。

对此，王猛不无忧虑，他深知慕容垂藏有雄略，必将为患，而多次恳切劝谏说："慕容垂是燕国勋贵，宽仁待下，恩结士庶，燕赵之地都有拥戴他的意愿。加上他的儿子们个个明毅能干，都是人中龙凤。有如蛟龙猛兽是不可驯养之物，不如早日消除，以免后患。"苻坚不许，说："我现在是以恩义赢得英雄，如果杀了他们，后人将会如何评价我啊？"苻坚所说不无道理，他赢得了后世名，却失去了一个可能成就伟大的帝国机会，孰重孰轻？

淝水一役失败后，慕容垂虽然没有趁火打劫，而是护驾北返，却也没有从一而终，而是借故离京（"请至邺拜陵墓"），召集鲜卑、乌桓等部，第一个举起了反旗，自称燕王，建立了后燕，拉开了分裂前秦的大幕。其中，不能说苻坚举措失当。他无疑是中国历史上最为宽仁爱人的君王，但同时也是最没有政治原则的皇帝。他不滥杀，却也疏于防范，每灭一国，都授其君以官爵，并使统领旧部。故诸胡虽是亡国降虏，因受到这种优待，其族日益滋盛。反观氐族，原本人口就稀少，还被"分氐户与诸镇"，将本族子弟派往边疆，而将异族（鲜卑、西羌等）迁至关中，布满京畿，留在自己身边，这无形中将自己置于极其危险之中。至淝水决战之时，凉州之兵（羌族部队）还远在咸阳，慕容垂所率之鲜卑兵则没有参加战斗，唯有本部兵马参战，孰料损失殆尽——梁成、苻融和苻坚亲帅氐军精锐大部被歼。尔后，苻坚虽然重返长安，已形同空城，氐族兵力所剩无几。不然，在慕容冲围困长安之时，不会不见援军。另外，翻阅史书，未见记载一代大帝亲军故事。这些，都是千古之谜。不过，这些并非帝国崩溃的主要原因。

囫囵吞枣

淝水一役不过是导火索，即使不南下，前秦也未必可以保全。早在建元十三年（377），是年王猛才去世两年，但慕容垂之子慕容农（此子颇有大将之风，可惜死于宵小之手）便在暗中对慕容垂说："自王猛之死，秦之法制，

◀ 兰亭修禊图
[明代]唐寅
绢本设色
205×104cm
私人藏品

日以颓靡，今又重之以奢侈，殃将至矣。”① 可见慕容氏确实有先见之明，难怪藏有二心。可惜，苻坚却一无所知，他还沉浸在他统一北方的荣耀当中，而不知危险将至，尤其是来自前燕慕容家的威胁。

诚然，统一北方无疑堪称一项伟大的功绩，但徒有一个空架子。换句话说，前秦的硬实力看上去不错，但软实力几乎等于零，至少还没有形成自己的优势。第一，执政团队在王猛去世后，除了苻坚，再无第二人，势单力薄，只能孤军作战。第二，凝聚力不足。前秦是一个典型的多民族国家，却没能解决民族融合问题，如陇西鲜卑首领乞伏司繁投降后，只迁乞伏司繁到长安，仍留其部众在陇西地区；前燕鲜卑族人除了皇族慕容氏及部分关东豪族被迁至关中地区外，大部分都留在前燕故地；消灭代国后，苻坚虽然由北方匈奴族人代领代国遗众，但仍居北方。从而不能不催生二心，一有风吹草动，即刻生变。甚至作为统治民族的氐族本身，也未能解决这个问题——前有“五公之乱”（苻坚的5个弟弟在365－368年短短3年间发生两次叛乱），中有苻重谋反，后有“吕光建国”（后凉，386－403）。尤其是后者，在苻坚遇难之时，一直不见救援。尽管可能因为相隔千里，难通音讯，但也说明了氐族内部存在巨大的问题。第三，国家文化层次不高。虽然苻坚与王猛非常注重礼治建设，热心宣扬儒教、广修学宫、兴办教育、培养人才，但远水解不了近渴。更重要的是，晋室南渡，北方主要士族随之南迁，中国正统移至南方。陈寅恪先生认为：“在中国历史上，统一不能从血统着手而要看文化高低。文化低的服从文化高的，次等文化服从高等文化。”② 显然，汉族文化高于氐族文化。尤其是南方，王猛临终遗言：“晋朝虽然僻处江南，但为华夏正统，而且上下安和”，深刻说明了这一点。第四，师出无名。不是说前

---

① ［北宋］司马光：《资治通鉴》卷104《晋纪二十六》，长沙：岳麓书社，1990年版，第331页。

② 万绳楠整理：《陈寅恪魏晋南北朝史讲演录》，贵阳：贵州人民出版社，2007年版，第197页。

秦不能进攻东晋，而是“为什么而战”？“以天下不一为深耻”是一个虚词，在前秦高层都不被理解，而多有劝谏。苻坚以一己之见坚持出兵，也没有征讨檄文（向天下人说明什么是“大同之业”），因而看上去颇为壮观，浩浩荡荡，实际上不无弱点，首尾不相顾。反观东晋，为了保卫家园财产、保卫生活方式、保卫衣冠制度，必然奋勇抗击。

换句话说，前秦在一个错误的时间做了一件还有待假以时日之事。苻坚大帝与王猛统一北方有如囫囵吞枣，还没有消化呢，就想再吃一头大象，如何可能？王荆公云：“苻坚好功，而不能忍，智大而不见机。”说的就是这个道理。征服一个尚未见亡国之象，且文化程度远远高于自己的国家，百万大军远远不够。对此，子由先生云：“晋虽微弱，谢安、桓冲为之将相，君臣相安，民未患晋，而欲以力取之，稽之天道，论之人情，虽内无垂、苌之衅，而坚之败，必不免矣。”[①] 何况，不见苻坚任何作战计划与部署，除了声势之外，毫无章法；而东晋派出的则是真正的“子弟兵”，中国历史上有名的劲旅——北府兵，这支由南迁的北方农民组成的精锐之师，每个人都与五胡有着血海深仇，每个人都把光复河山作为己任。尤其是其创建者是东晋最重要的高门大族之一的谢家公子谢玄——他可不是纨绔子弟，而是颇有治国才略，是后世公认的名将；此外，南朝第一个政权刘宋王朝的创始人刘裕也出身于这支部队，时为冠军将军孙无终的司马，时人誉之为“一代英雄”，因而战斗力可想而知。苻坚碰上这样一支军队，无疑不是一件幸运的事。结果也证明了苻坚大帝非常不幸运，败得非常彻底，百万大军被8万人一路追打、丢盔弃甲，死伤无数，苻坚自己也为流矢所伤。除了军队的战斗力之外，与文化和历史也不无关系。

① 语出［北宋］苏辙《栾城后集》卷10《历代论四》苻坚条。

结语

苻坚败了！但不失为一代大英雄。陈登原先生认为他“怀妇人之仁，在内有慕容垂等未除之时又大举伐晋，一跌而失天下，成为后世讥讽攻击的目标”不免有些“小气”；明太祖更是没有资格说他只有“匹夫之勇”。可以说，正是这点“妇人之仁”让后人看到了一个真正的王者。一如子由先生所说：“坚以夷狄之余，而有帝王之度，其灭慕容、姚苌，收二姓之子弟，录其才能而官使之，布满中外，凡其旧臣无不疑者。若以世俗言之，则以渐除之，如猛之计得矣；若以帝王之事言之，则坚之意，未必过也。”①

可惜的是，他生不逢时。尽管他成为一代大帝，但与那个时代格格不入。他有着比汉人还执着的仁者思想，却不合时宜。一再原谅，言“非卿之罪”，直到证据确凿，才诛杀慕容暐父子及其宗族，但已经无可挽回——正是慕容暐暗中写信给慕容泓和慕容冲兄弟，让他们率军进逼长安，内外勾结，从而给了前秦与苻坚最致命的一击，以至其毫无还手之力。这些，苻坚都不知道，他不知道礼乐精神早已经被阴谋诡计所取代。从另一个角度讲，他灭了人国，他人复国也是天经地义。因此说苻坚生不逢时。细言之，他的悲剧不独是他个人的悲剧，而是中国文化的悲哀。他以仁治国，以礼待人，正是中国文化的精髓所在——却已被中国逐渐抛弃。他和王猛，宛若夜空中偶尔划过的流星，倏尔即逝。两个人，一个是皇帝群中最优秀的皇帝；另一个是将相群中第一流的将相，只来得及完成一部草稿。不过，即使只是一部草稿，也让后人惊艳不已、追思不及——史载“关陇清晏，百姓丰乐，自长安至于诸州，皆夹路树槐柳，二十里一亭，四十里一驿，旅行者取给于途，工商贸贩于道。百姓歌之曰：‘长安大街，夹树杨槐。下走朱轮，上有鸾栖。

---

① 语出［北宋］苏辙《栾城后集》卷10《历代论四》苻坚条。

英彦云集，诲我萌黎。’”[①] 那是一个多么难得的美丽时代！在 5000 年中国历史中，一两见而已！

① ［唐代］房玄龄等：《晋书》卷 114《苻坚载记》（上），北京：中华书局，1974 年版，第 2895 页。

第十四卷

北魏：大戏的序幕

国祚148年不能说是昙花一现，但北魏自始至终缺乏统一的格局。相比同样统一了中国北方的前秦，北魏的气度相差不少，只能是一个过渡性质的王朝。尤其是，北魏皇室堪称命运多舛，皇帝大多死于非命……

相比于汉、唐、宋、明等王朝，北魏（386 – 534）的名声无疑小了许多，不少国人对这个王朝所知甚少；但是，如果说起大同的云冈石窟与洛阳的龙门石窟，其知名度则不亚于北京的八达岭长城与故宫，它们的缔造者正是北魏皇室，而敦煌莫高窟的开凿也得到许多北魏贵族的大力支持。很难想象，一个习惯于金戈铁马的游牧民族给后人留下了如许灿烂多姿的雕刻艺术宝库，可谓刀刀惊天动地。不仅如此，这个由游牧民族创立的王朝还将汉字艺术推到一个极致高峰，孕育出大气雍容、令后人叹为观止的魏碑书法，与晋朝楷书、唐朝楷书并称中国三大楷书字体。随后，在经过标准化成为“魏体”字，是当代中国最为常用的汉字印刷字体之一。可谓神奇！

须知，北魏的创建者——鲜卑族在公元前后才正式登上历史舞台。史载，鲜卑源于东胡，为东胡余部（另有起于东夷说），世受匈奴奴役。东汉建武二十一年（45），鲜卑随匈奴侵犯辽东（今辽宁境内大凌河中下游一带，治所在今辽宁义县），鲜卑才开始被中原王朝所知，载入汉史。那一次，匈奴和鲜卑非常不幸，碰到了一个强硬的对手——祭肜（? – 73），那可是历史上著名的“云台二十八将”之一、征虏将军祭遵的堂弟。光武帝因他有才，亲自拜任辽东太守。当时，鲜卑出动骑兵有一万多人，气势汹汹，但祭肜毫无惧色，亲自领兵冲锋，鲜卑骑兵落荒而逃，其中有人为了跑得更快一些，“弃兵裸身散走”，兵器、盔甲和衣裳都不要了，光着身子逃跑，糗极了，而于几年后，鲜卑主动归顺了东汉，转身帮助东汉打击匈奴，“岁岁相攻，辄送首级受赏赐”,[①] 从此匈奴衰弱，汉家边境很少有外敌入侵的警报。

至永元三年（91），大将军窦宪（？ –92）决计彻底消除宿敌匈奴对汉朝的威胁，以执金吾耿秉（？ –91）为副将，联合南匈奴、乌桓、羌胡等3万兵马，会于涿邪山（今蒙古国满达勒戈壁一带），在稽落山（今蒙古国额布根山）大破北匈奴（共歼敌13000余名，并俘获牛羊牲口无数），追击3000余里，于燕然山刻石记功[②]，继西汉冠军侯霍去病封狼居胥之后，再次书写了中国军人的最高荣誉。[③] 从此，匈奴无力再战，开始了史无前例的西迁（而成为欧洲的梦魇），至于说南匈奴则早已向东汉称臣，鲜卑则趁势占据了整个蒙古草原，吞并匈奴余种十余万人，开始强盛。汉桓帝时（146–167），檀石槐（137–181）统一鲜卑各部，并占领了此前匈奴全境，并于灵帝熹平六年（177）大败汉军。此后，鲜卑兵势更盛，连年犯汉边境。但随着檀石槐去世，鲜卑重新陷于分裂。到魏明帝青龙元年（233），轲比能（？ –235）统一漠南，对曹魏边境形成新的威胁。为防鲜卑南下，青龙三年（235），曹魏幽州刺史王雄遣刺客韩龙将轲比能刺死，鲜卑开始“种落离散，互相侵伐”[④]，各个部落进入独立发展时期。西晋永嘉四年（310），并州刺史刘琨（271–318）与拓跋部首领拓跋猗卢（？ –316）结盟，共同对抗前赵石勒（319年建立后赵），被西晋封为大单于、代公。建兴三年（315），又封拓跋猗卢为代王，置百官，建代国。东晋太元元年（376），即前秦建元十二年，秦王苻坚发兵攻打代国，代王拓跋什翼犍（320–376）兵败奔逃后被庶长子拓跋寔杀害，前秦乘机灭代。但10年后，拓跋什翼犍之孙、嫡长子拓

① ［南朝宋］范晔：《后汉书》卷20《祭肜传》，北京：中华书局，1965年版，第745页。

② 2017年8月15日，蒙古国成吉思汗大学宣布，在蒙古国中戈壁省发现的一处摩崖石刻，被中蒙两国联合考察队确认为班固所作《封燕然山铭》。

③ ［南朝宋］范晔：《后汉书》卷23《窦宪传》，北京：中华书局，1965年版，第814–817页。

④ ［西晋］陈寿：《三国志》卷30《鲜卑传》，北京：中华书局，第831–832页，载曰：“（魏明）帝乃听王雄，遣剑客刺之。然后种落离散、互相侵伐，强者远遁，弱者请服。”

跋寔之子拓跋珪（371－409）复国，改国号为魏，史称北魏。北魏太延五年（439），那一年也为南朝刘宋元嘉十五年，北魏统一北方中国，魏晋南北朝之北朝开始。

喜忧参半的开局

在中国历史上，16 岁继位的皇帝，甚至更年少时登基的皇帝都不少，如著名的汉惠帝、汉武帝和明熹宗都是 16 岁即位，宋仁宗是 12 岁登基，清圣祖康熙帝则是 8 岁就君临天下。然而，无论 8 岁还是 16 岁，他们继承的都是现成的帝业，而拓跋珪除了血缘上的拓跋什翼犍的嫡长孙身份之外，所有并不多，优势更谈不上。然而，“帝虽冲幼，而嶷然不群”①。他不仅在淝水之战后遍地狼烟的北方中国得以保存，还被以贺兰部为首的拓跋诸部一致举为首领，而于东晋太元十一年（386），虚岁 16 岁的拓跋珪在牛川（今内蒙古锡拉木林河）主持召开部落大会，即位为代王，年号登国。北魏建国初年，强敌环伺，北有贺兰部（舅父所在部落，因为担心拓跋珪越来越得人心，拓跋珪舅父贺兰染曾经想方设法要除掉拓跋珪），南有独孤部，东有库莫奚部，西边在河套一带盘踞有匈奴铁弗部，阴山以北则是柔然部和高车部，而太行山以东还有慕容垂（326－396）建立的后燕，太行山西面是慕容永（？－394）统治的西燕，四面都是潜在的敌人。此外，在部族内部还面临叔父拓跋窟咄的威胁——鲜卑自古有立少子的传统，拓跋窟咄为拓跋什翼犍幼子，时任新兴太守，他企图与拓跋珪的侍从于桓兄弟里应外合，取而代之。为了争取更多力量，于桓兄弟试图拉拢舅父、征虏将军穆崇，孰料穆崇不为所动，将他们的计划连夜通知了拓跋珪，拓跋珪因而再次逃过一劫。随后，拓跋珪领兵会合后燕援军，在高柳大败拓跋窟咄。拓跋窟咄西逃，依附匈奴铁

① ［北齐］魏收：《魏书》卷 2《太祖本纪》，北京：中华书局，1974 年版，第 19 页。

弗部，被其首领刘卫辰杀死，拓跋珪收其部众。之后，拓跋珪连续击败了鲜卑独孤部、库莫奚部，及高车诸部、柔然和铁弗部。在攻破铁弗部之后，拓跋珪残忍杀害了刘卫辰（本姓赫连）宗族共5000多人，将尸体丢在黄河中，只有其第三子赫连勃勃（381－425）逃脱。登国十年（395），又在参合陂（今内蒙古左凉城东北）大败有姻亲关系（前燕慕容皝嫁女为拓跋什翼犍妻，故后燕慕容垂可谓拓跋珪舅公）的后燕；次年，（曾经借兵给拓跋珪平叛的）后燕灭亡。天兴元年（398），拓跋珪迁都平城（今山西大同），登基称帝，史称道武帝。天兴五年（402），他又于柴壁（今山西襄汾西南）大败后秦军，为北魏统一中国北方奠定了坚实的政治和经济基础。史载，仅攻灭刘卫辰部一役，北魏共获良马30多万匹，牛羊400多万头。

然而，因长年服食寒食散，拓跋珪逐渐变得刚愎自用、猜忌多疑，经常因为偶然想起昔日不愉快的往事以致心情不愉快而迁怒乃至诛杀大臣。在天赐四年至六年3年间，拓跋珪先后无故诛杀了开国功臣司空庾岳、北部大人贺狄干兄弟及高邑公莫题父子。堂弟骠骑大将军拓跋仪心生恐惧而逃亡，被追兵抓住，赐死。次子拓跋绍（394－409）的生母贺夫人偶有小过，拓跋珪便将她幽禁宫中，准备将其处死。贺氏秘密向拓跋绍求救。拓跋绍与宫中守兵及宦官串通，当晚带人翻墙入宫，杀死拓跋珪，拓跋珪死时年仅39岁。

贺氏原为拓跋珪姨母，拓跋珪前往贺兰部时，见到年纪与已相仿的姨母很是喜欢，便向母亲贺兰夫人请求纳姨母为妾。贺兰夫人认为太美的东西，一定有不好的地方。况且当时他的姨母已有丈夫，贺兰夫人自然不能答应。但拓跋珪却秘密派人把姨母的丈夫杀死，而后迎娶姨母进宫，“生绍，终致大逆焉”。可惜一代英豪死于儿子之手。同年，太子拓跋嗣（392－423）即位，改元永兴，史称明元帝。在位14年，勤政爱民、励精图治，曾经北伐柔然、南进刘宋，多有收获。可惜，英年早逝，年仅32岁。太子拓跋焘即位（423－452年在位），是为著名的太武皇帝。其时一如其祖，虚岁16岁。拓跋珪生前不无期许地说："成吾业者，必此子也。"[①]

果然，拓跋焘没有辜负祖父的期望——他14岁为相国，监管国事，并以大将军身份统领六军出镇塞上，柔然（蠕蠕）[②] 兵西撤——此等事迹，在中国历史中并不多见。即位后，他更是主动反击柔然，先后13次出兵，扩地千里，使柔然"怖威北窜，不敢复南"[③]，边疆息警。至始光四年（427），拓跋焘献给自己一份即位大礼，攻破大夏国都统万城（约在今陕西靖边县北）；4年后，灭了由一代传奇人物、杀人如麻的赫连勃勃创建的最后一个匈奴王朝——胡夏（407－431）；太延二年（436），北魏军队攻克北燕国都和龙（今辽宁朝阳），北燕灭亡；次年，又攻占了宋、魏之间氐族杨氏建立的后仇池国；太延五年（439），拓跋焘亲征北凉，兵不血刃降服北凉诸镇，十六国时代最后一位君主、北凉皇帝沮渠牧犍（433－439年在位）带文武百官面缚出降，北凉灭亡。是年，拓跋焘31岁，在位第16年。

至此，拓跋焘终结了50多年十六国纷争的混乱局面，将柔然、吐谷浑以外的北方诸胡，都统一于飘扬的大魏旗下，而西域各国都遣使来朝，吐谷浑也遣使附魏，史称"廓定四表，混一戎华，其为功也大矣"[④]。然而，一如他著名的祖父，拓跋焘的脾气越来越暴躁，动辄杀人，造成国内政治混乱，连累太子拓跋晃过度忧虑而死。而拓跋焘又常常在杀完人之后追悔莫及，尤其对于太子之死，常常落泪思忆——这让每日伺候在他身边的中常侍宗爱（401－452）惧怕不已，害怕拓跋焘追究前事与太子的死因——给事中仇尼道盛与侍郎任平城两人皆见宠于太子，但都与宗爱不睦。因为宗爱本性阴险，且多有不法行为，他害怕自己会被仇尼道盛等检举揭发，于是说谎，捏

① ［北齐］魏收：《魏书》卷4《世祖本纪》（上），北京：中华书局，1974年版，第69页。

② ［唐代］李延寿：《北史》卷98《蠕蠕传》，北京：中华书局，1974年版，第3249页，载曰："太武以其无知，状类于虫，故改其号为蠕蠕。"

③ ［唐代］李延寿：《北史》卷98《蠕蠕传》，北京：中华书局，1974年版，第3255页。

④ ［北齐］魏收：《魏书》卷4《世祖本纪》（下），北京：中华书局，1974年版，第69页。

造了二人罪名，拓跋焘听闻之后怒不可遏，下令将仇尼道盛等人斩首示众，太子身边的很多官员都被牵连杀害——却还不能平息拓跋焘心中的怒气，让太子忧惧不已，被自己的父皇活活吓死，史载“以忧卒”，其中罪魁祸首当然是宗爱，他怕祸及自己，就决定先下手为强，半夜带人潜入寝宫，勒死了熟睡中的拓跋焘，时年45岁。可怜一代雄主没能马革裹尸、战死疆场，却死在无耻的阉宦小人之手。世事无常，谁又能预料呢？回想北魏前三代君王，每一个都死于非命，是否上天在预示着什么？

前所未有的改革

没有了拓跋焘的北魏还存在了82年。在这82年间，发生了一件不仅对北魏、对中国都极具影响的大事件——孝文帝改革，俗称孝文汉化。

细说起来，北魏自建立伊始就带着浓厚的汉族—华夏色彩。当年，在道武帝拓跋珪身边就聚集了如崔玄伯、张衮、邓渊等一批汉族大臣，帮助北魏制定国家典章制度、天文历法。其中，崔玄伯原名崔宏（？-418），因避讳孝文帝拓跋宏，而以字行。他出身北方高门士族清河崔氏，是曹魏司空崔林的6世孙。祖父崔悦，在后赵时官至司徒左长史；父亲崔潜，在前燕任黄门侍郎。崔玄伯年轻时才名远扬，号称“冀州神童”。道武帝拓跋珪素闻其名，“遣骑追求”。他取其美好伟大之意，确立了“魏”的国号，“于是四方宾王之贡，咸称大魏矣”[①]。张衮（338-410）则力主“离散部落，编户齐民”[②]，招揽大姓名士，以儒学治理天下，从而逐渐改造了北魏政权的性质。北魏在短短十数年间由弱变强，最终统一中国北方，有赖于张衮辅助之处甚

---

① ［北齐］魏收：《魏书》卷24《崔玄伯传》，北京：中华书局，1974年版，第621页。

② ［北齐］魏收：《魏书》卷24《张兖传》，北京：中华书局，1974年版，第613页，载曰：“衮常参大谋，决策帏幄。”又，卷83《外戚列传》（上）有《贺讷传》，第1812页，载曰：“其后离散诸部，分土定居，不听迁徙，其君长大人皆同编户。”

▲校书图卷（宋摹本）
［北齐］杨子华（旧传阎立本）
绢本设色
29. 3 × 122. 7cm
美国波士顿美术博物馆藏

多。邓渊（？–403）则与尚书令崔玄伯参订朝仪、律令、音乐，而国家文告、军事策略和起居注等，多为邓渊独立所为。可见，北魏王朝自一开始就有汉化倾向。

至崔玄伯长子崔浩（381–450）当国，更是日趋明显。他不仅是拓跋珪、拓跋嗣、拓跋焘祖孙三代的最重要的谋臣，也是北魏汉化的先驱者。他希望北魏一如早先的中原王朝，以儒立国，曾注《孝经》《论语》《诗经》《尚书》《春秋》《礼记》《周易》。明元帝拓跋嗣（409–423 年在位）初年，他任国子监祭酒，便常教拓跋嗣读儒家经典。此外，他还“欲大整流品，明辨姓族”，企图按照汉族的世家大族的传统思想，整理、分别和规定氏族的高下，出身著名的范阳卢氏的表兄卢玄则极力劝阻说：“夫创制立事，各有其时，乐为此者，讵几人也？宜其三思。”① 但崔浩并没有意识到其中的危险，从而得罪了众多的鲜卑贵族。终于，鲜卑贵族假借崔浩主持编纂国史，无所避讳，直书皇族拓跋氏一些不为世人知晓的早期历史，并刻于石碑，公之于众，而相与谮毁，激怒了太武帝拓跋焘，以宣扬“国恶”的罪名于太平真君十一年（450）被冤杀。崔浩宗族以及其姻亲、高门士族范阳卢氏、太原郭氏、河东柳氏也广受牵连，北方士族的势力由此受到沉重打击。

好在北魏汉化的种子没有灭绝。太武帝拓跋焘的左昭仪也出身于汉家，且是北燕国君冯跋的女儿。北魏延和三年（434），北燕向北魏称臣，冯跋将其送入宫掖为质，后被太武帝拓跋焘封为左昭仪。她的侄女就是历史上著名的文成文明皇后，俗称冯太后（441–490）。冯太后的父亲冯朗因罪被杀，冯氏因为年幼又是女孩，就被没入宫中，成了皇宫婢女。但因其姑母在宫中，而得到多方照应，尤其是受到很好的教育。正平二年（452），冯氏被选为北魏文成帝的贵人，4 年后又被立为皇后。文成帝 12 岁即位，在位 14 年，26 岁去世，皇太子拓跋弘继位，史称献文帝（465–471 年在位）。皇后冯氏

① ［北齐］魏收：《魏书》卷 47《卢玄传》，北京：中华书局，1974 年版，第 1045 页。

被尊为皇太后。献文帝一如其父皇，即位时也年仅12岁，贪权狂傲的太原王车骑大将军乙浑欺凌孤儿寡妇，阴谋篡位，北魏面临严重的危机。冯太后处变不惊，秘密布置，很快平定了乙浑之乱，稳定了朝廷局势。随后，她宣布临朝听政，两年后归政。但因情人、风流倜傥且多才多艺的李弈被献文帝所杀，心情一直不能平静，就威逼献文帝交出皇位。献文帝本人虽则聪睿夙成、刚毅有断，且自年少时就处政甚雅，举朝称善，但生性喜好黄老、浮屠之学，常常与朝中士大夫和沙门高僧一起高谈玄理，也给人一种雅薄富贵、厌倦国政、不以天下事为意的印象。此时加上冯太后的不断压力，就在皇兴五年（471）八月，禅位给不满5岁的太子拓跋宏——历史上著名的孝文帝。献文帝自己则做了太上皇，这一年，他也只有18岁——这恐怕是历史上最年轻的太上皇了。5年后，被尊为太皇太后的冯氏强行软禁，不久献文帝即去世。时人多言为冯太后杀害。

因为孝文帝年幼，冯太后再度临朝听政。在给心上人报仇之外，她也对北魏的政治、经济和风俗习惯进行了卓有成效的改革，史称“太和改制”。其中，政治领域的改革包括：①改革税制。在延兴五年（474）改变过去州、郡、县争收租调的混乱局面，确定只能由县一级征收，征收时禁止使用大斗、长尺、重秤。②颁俸禄制。在太和八年（484）申明俸禄以外贪赃满一匹绢布的处死。次年颁行的均田令中，又规定地方官员可以按官职高低给予一定数量的俸田。所授公田不准买卖，离职时移交下任。③重定官制。议定百官秩品，分九品，每品又分正、从。以上为政治领域改革。在经济领域的改革包括：①行均田制。太和九年（485）对不同性别的成年百姓和奴婢、耕牛都作了详尽的受田规定。授田分露田、桑田之别。露田种植谷物，不得买卖，70岁时交还国家。桑田种植桑、榆、枣树，不需交还国家，可以出卖多余的部分，买进不足的部分。均田令还对老少残疾鳏寡都有一定的照顾。②创三长制。太和十年（486），以三长制取代宗主督护制，五户为一邻，五邻为一里，五里为一党，分设邻长、里长、党长，采用新的邻、里、党的乡官组织，抑制地方豪强荫庇大量户口。③也是在太和十年，重新制订了租调方案。租即谷物，调即布帛，将租调分开征收。新租调规定以一夫一妇为征收单位，每年交纳帛一匹，粟二石。15岁以上的未婚男女，从事耕织的奴婢每8人，耕牛每20头的租调，分别相当于一夫一妇的数量，由此大大减轻了农民负担。史载“府藏盈积”[①]。冯太后以一介女流之身一手打造了北魏的鼎盛时期，殊为难得。虽然私生活不无争议，但不失为一位杰出的政治家，可惜亦天不假年，于太和十四年（490）病逝。

孝文帝亲政，他先将自己的祖母以国君之礼安葬（将陵拓宽60步），这不仅是对一位伟大祖母的敬意，更表明了其继承祖母遗志的决心。而孝文帝不仅做到了薪火相传，还更上一层楼。在他亲政次年，即太和十五年（491），便更定律令，孝文帝亲自执笔书之；十七年（493），下令把国都从平城（今山西大同）迁至古都洛阳；十八年（494），实行全面汉化。强力推行汉服、汉语。规定不再说鲜卑复合语，而须改说单音节的汉语；十九年（495），改汉姓，将鲜卑族人的姓氏（通常是复姓）改为单姓。其中，皇族拓跋改姓“元”，其他鲜卑贵族之姓独孤、丘穆棱、步六孤、贺赖、贺楼分别改姓刘、穆、陆、贺、楼。班定姓族，使鲜卑贵族与汉士族得以进一步结合。此外，在迁都洛阳之后，他还立即下令修建孔庙，安排祭孔。凡此种种，几于汉家王朝无异。

确实，从北魏的角度讲，汉化有些得不偿失。仅35年后，不仅国灭了，甚至族也消失。但是，那些不曾汉化的游牧民族如今又在哪里呢？不可一世的匈奴、骁勇善战的突厥在哪里可以找到他们的踪迹呢？因而，汉化不应该只看作孝文帝的个人选择，他非“好名慕古而不实见国家大计”[②]，而是历史的必然，甚至可以说是游牧民族的命运使然。在汉化和坚持本民族特性之

---

① ［北齐］魏收：《魏书》卷110《食货志》，北京：中华书局，1974年版，第2856页。

② ［南宋］叶适：《习学记言序目》卷34。

间，只能择选其一，别无他途。船山先生云："拓跋宏之伪也，儒者之耻也。夫宏之伪欺人而遂以自欺久矣。"[①] 不仅偏颇，而且小气。真正懂得孝文帝的人是唐初名臣虞世南，他说："后魏代居朔野，声教之所不及，且其习夫土俗，遵彼要荒，孝文卓尔不群，迁都山解辫发而袭冕旒，袪毡裘而被龙衮，衣冠号令，华夏同风，自非命代之才，岂能至此？比夫武灵胡服，不亦优乎！"[②] 事实上，这些改革不仅改变了北魏，使之可以留名青史，更为继起的隋唐帝国奠定了坚实的基础，在中国历史上写下了辉煌的一页。换言之，北魏衰亡非关孝文帝之错，而是后继者失之太多。

始料不及的起义

其中，胡太后可谓罪魁中的罪魁。太和二十三年（499），孝文帝病逝，太子元恪即位，是为宣武帝。他巩固了孝文帝的改革，但无力防止朝廷的迅速腐败。尤其是他和他的许多祖先一样都是短命，去世时年仅32岁。太子元诩继位，是为孝明帝。孝明帝即位时年仅5岁，其母即胡太后。按照北魏"子贵母死"的制度，胡氏在其子被立为太子之后就该被处死，但颇有心计的她得到中常侍刘腾，侍中、领军将军于忠与右光禄大夫崔光等人的帮助，不但没有遵照旧制将她赐死，反而由居于九嫔之末的充华晋封为位次仅次于皇后的贵嫔。孝明帝元诩即位后，尊宣武帝皇后高氏为皇太后，尊胡氏为皇太妃。但不久，胡氏逼迫皇太后高氏出家为尼，尊自己为皇太后。由于元诩年幼即位，就由胡太后临朝听政。胡太后的私生活之糜烂程度比之冯太后有过之而无不及（曾经胁迫孝明帝的叔叔清河王元怿与她同房，为天下人所厌恶），其政治才华却与冯太后相差十万八千里。她只知重用佞悻小人，跋扈

① ［明代］王夫之：《读通鉴论》卷16《明帝》，北京：中华书局，1975年版，第485页。
② ［唐代］虞世南：《帝王略论》。

朝廷，肆意妄为，致使政事不堪，内乱不止，朝廷毫无威信。及孝明帝逐渐年长醒事，对胡氏的秽行和专权非常不满，密诏契胡族首领、柱国大将军尔朱荣（493－530）进兵洛阳。尔朱荣的先人都是部酋。自高祖尔朱羽健率领3000武士随道武帝拓跋珪征后燕起，至尔朱荣一代，皆为魏将，因而孝明帝自然想起他。不料密诏被泄，胡氏看后大怒，毫不犹豫毒死了元诩，时年19岁，时为武泰元年（528）二月二十五日。次日，立临洮王元宝晖年仅3岁的儿子元钊为帝，史称北魏幼主，天下人对此事惊讶不已。四月十一日，尔朱荣起兵渡过黄河，胡太后令孝明帝六宫所有宫女都入寺院，她自己也剃光头发。四月十三日，尔朱荣派遣骑兵拘捕押送胡太后以及幼主到河阴。胡太后对尔朱荣多方辩解自己的行为，尔朱荣拂袖起身，阴令将胡太后和幼主沉入黄河。①

胡作非为的胡太后终于得到了她应有的下场，但北魏也由于她的擅权乱政而处于风雨飘摇之中。原本，作为一个多民族国家，北魏一直没有处理好民族关系。孝文帝改革，不过稍微缓解了鲜卑与汉族的关系而已，境内还有其他许多民族关系都还没得到妥善处理。因而，早在太武帝拓跋焘时期，就起义不断。如太平真君六年（445），关中地区就爆发了匈奴别种卢水胡盖吴领导的武装起义。当时，关中各族尽皆回应，起义军扩大到10万余人。同年，聚居河、汾之间的河东蜀族在薛永宗领导下在汾曲（今山西新绛附近）发动起义。两支起义军连衡相应，结成犄角之势，太武帝拓跋焘领军亲征，方才平息。至文成帝在位期间（452－465），谋反不断。兴安元年（452）十一月，陇西屠各部落王景文反叛，文成帝诏命统万城镇守将领、南阳王惠寿讨伐平定叛乱；次年二月十三日，司空、京兆王杜元宝谋反被杀；建宁王拓跋崇与儿子济南王拓跋丽被杜元宝拉拢，卷入叛乱，都被文成帝赐死；同年

① ［北齐］魏收：《魏书》卷13《皇后列传》（宣武灵皇后胡氏），北京：中华书局，1974年版，第339－340页。

七月，濮阳王闾若文与征西大将军、永昌王拓跋仁谋反；七月二十五日，文成帝下令在长安赐死拓跋仁，闾若文被杀。其他大小谋反事件数不胜数。至献文帝朝，又发生著名的乙浑之乱，所幸有赖于冯太后，否则后果不堪设想。孰料，一波未平一波又起，孝文帝太子元恂又来捣乱，不喜新都洛阳，拒穿汉服，言下之意是反对汉化，并且于太和二十年（496）回到平城，得到反对汉化和南迁的鲜卑贵族的支持。这无疑触怒了要求坚决执行汉化政策的孝文帝，废元恂为庶人，囚禁河阳。不久，又派人将元恂赐死，年仅15岁，酿成又一桩皇室悲剧。

至宣武帝元恪即位之时，北魏已如夕阳西下。延昌四年（515），冀州僧人法庆率众起义，以弥勒佛为宗教旗帜。宣武帝动员了10万军队才镇压下去。然而，那不过小插曲而已。正光五年（524），北魏北方六镇戍卒和各族发生动乱。此前，从皇始至延和年间（396－434），北魏先后自东而西设怀荒（今河北张北）、柔玄（今内蒙古兴和西北）、抚冥（今内蒙古四子王旗东南）、武川（今内蒙古武川西）、怀朔（今内蒙古固阳西南）、沃野（今内蒙古五原东北）军镇，史称北镇或六镇。至孝文帝末年，又于怀荒镇东，即今河北赤城西北增置御夷镇，实为七镇。外御柔然，内制高车、山胡，拱卫京都。每镇设置镇都大将，镇将由鲜卑贵族担任，戍卒多是拓跋联盟各部落的牧民和中原豪强地主的高门子弟。随着北魏统一中国北方，柔然在北魏的打击下日益衰落，对北魏无法造成致命威胁，使得六镇的军事政治地位有所下降。至孝文帝改革，班定姓族，仿照门阀化，六镇将军无论立功与否，大多被排斥在门阀以外，不能进入北魏中枢机关。而六镇的鲜卑人依然说着鲜卑族语，保留鲜卑习俗，与洛阳以孝文帝为代表的汉化鲜卑族保持着一种文化层面上的抗衡。正光四年（523），柔然出现大饥荒，柔然大汗阿那环率兵南侵，将六镇的家财粮食洗劫一空。胡太后听政当家，但不谙政治，发放赈恤粮款杯水车薪，加以六镇鲜卑和鲜卑化贵族与将士的待遇及升迁不如洛阳鲜卑贵族，最后诱发反汉化大起事，怀荒镇军民强抢官府粮仓，并杀掉了镇将于景，由此引发多米诺骨牌效应。次年四月，沃野镇的高阙戍兵、匈奴人破六韩拔陵带着手下杀掉戍主，宣布起义；同年八月，六镇东西两部敕勒酋长皆归附于义军，义军完全控制了六镇地区。北魏请柔然人当雇佣军，镇压六镇起义。义军不敌，被迫降魏。随后，关陇、河北等地汉、鲜卑、匈奴、氐、羌、敕勒等族陆续起义，但都失败，而北魏距离灭亡也不远了。

在杀害胡太后和元钊之后，尔朱荣假意邀请元子攸带领朝中百官到河阴之陶渚（今河南孟津东）祭天。当2000多名朝中官员陪同元子攸到达陶渚时，尔朱荣下令早已埋伏在此的士兵将文武百官2000余人全部杀害，北魏诸王中的元雍、元钦、元略、元玘等人也在这次杀戮中遇害，制造了骇人听闻的“河阴之变”。经过此次事变，尔朱荣把迁到洛阳的汉化鲜卑贵族和出仕北魏政权的汉族大家消灭殆尽，史称“河阴之下，衣冠涂地”①。但由于尔朱荣声望和准备都不足，而派人将元子攸送到了洛阳，即位孝庄帝（528－531年在位）。孝庄帝不甘心做傀儡，一心要铲除骄横跋扈且有血海深仇的尔朱荣。永安三年（530），尔朱荣以皇后即将产子为由，申请入朝，其目的是为谋朝篡位做好最后的准备。尔朱荣的女儿本是孝明帝元诩（515－528年在位）的侧妃，但尔朱荣却强迫孝庄帝立（已出家为尼的）她为后（按辈分，这是寡居的侄媳被强迫嫁给叔叔，有些乱）。不过，这个尔朱皇后也非善类，经常和孝庄帝过不去，发脾气耍性子，说：“我在天子面前放肆一些有什么关系？他本来就是我爹所立，我爹把帝位让给他已经很不错了！”这无疑加剧了孝庄帝铲除尔朱荣的决心。历史也终于给了孝庄帝一个机会，在明光殿与侍臣及卫士手刃了尔朱荣——对于这一段惊心动魄的故事，史书仅给予了寥寥三字，曰：“帝杀荣。”② 但孝庄帝自己也未能幸免。尔朱荣的堂弟尔朱

---

① ［北齐］魏收：《魏书》卷74《尔朱荣传》，北京：中华书局，1974年版，第1657页。
② ［北齐］魏收：《魏书》卷10《孝庄本纪》，北京：中华书局，1974年版，第265页。

世隆和侄子尔朱兆得知消息，合兵攻打洛阳。尔朱兆攻入城中，抓住孝庄帝，将他锁在北魏皇家寺院永宁寺的塔里，不久将他押到晋阳（今山西太原），在一间佛寺将他杀害，时年 24 岁。同时被害的还有陈留王元宽等鲜卑王公贵族。①

尔朱世隆等留守洛阳，无恶不作，激起人们的愤恨。建明二年（531），晋州刺史高欢乘机攻占洛阳；两年后，进兵晋阳，消灭了尔朱氏的势力，完全控制了北魏朝政。孝武帝元修（532－534 年在位）无法容忍高欢擅权，于永熙三年（534）七月投奔长安的夏州刺史宇文泰（507－556 年，后世追谥文皇帝）；八月，授宇文泰为大将军（建府兵制、立八柱国，奠定关陇集团的基础）；十二月，宇文泰弑杀孝武帝，立元宝矩为帝（535－551 年在位），是为西魏，都长安。与此同时，高欢立清河王世子元善见为帝，即孝静帝（534－551 年在位），迁都于邺（今河北临漳），史称东魏。至此，北魏不复存在。

结语

国祚 148 年不能说是昙花一现，但北魏自始至终缺乏统一的格局。相比同样统一了中国北方的前秦，北魏的气度相差不少，只能是一个过渡性质的王朝。尤其是，北魏皇室堪称命运多舛。自道武帝拓跋珪建国，共历 20 帝（实传 10 帝），不仅英年早逝，且大多死于非命，如下表所示——

① ［北齐］魏收：《魏书》卷 10《孝庄本纪》，北京：中华书局，1974 年版，第 268 页。

附表 13 北魏皇帝世系简表

序号	皇帝谥号/姓名	生卒时间	在位时间	即位年龄	去世年龄	死因
01	道武帝拓跋珪	371－409 年	386－409 年	15	38	为子弑杀。
02	明元帝拓跋嗣	392－423 年	409－423 年	17	31	病逝。
03	太武帝拓跋珪	408－452 年	423－452 年	15	44	为太监弑杀。
04	文成帝拓跋濬	440－465 年	452－465 年	12	25	病逝。
05	献文帝拓跋弘	454－476 年	465－471 年	11	22	为母毒杀。
06	孝文帝拓跋宏	467－499 年	471－499 年	4	32	病逝。
07	宣武帝元恪	483－515 年	499－515 年	16	32	病逝。
08	孝明帝元诩	510－528 年	515－528 年	5	18	为母毒杀。
09	孝庄帝元子攸	507－531 年	528－531 年	21	24	为权臣弑杀。
10	孝武帝元修	510－535 年	532－534 年	22	25	为权臣弑杀。

由上表可知，北魏诸帝除了太武帝拓跋焘一人之外，享年都没有超过 40 岁，最年轻者仅 18 岁，刚及成年而已。死因则超过一半是君王为人弑杀，其中一半居然是皇族亲人，甚至为母亲所杀；而开国君主则为皇子所杀，不可谓吉祥。于是可想而知，这样一个（凶相毕露的）王朝是否可能担当统一中国的大任。所幸有孝文帝，不然，北魏几乎乏善可陈。至于说起云冈石窟和龙门石窟，焉知不是拓跋一氏的忏悔，而求佛宽恕呢？

第十五卷

隋朝：灿烂的悲歌

隋文帝不是一个弱主，隋炀帝也非一个昏君，父子二人为中国历史贡献良多——如三省六部制、州县两级制、科举制、均田制和开皇律等，都对中国影响积极且深远。从某个角度讲，唐诗之所以兴盛，也可以说是因隋炀帝起，因何二代而亡呢？

2013年11月16日，国家文物局和中国考古学会在江苏省扬州市组织召开了扬州曹庄隋唐墓葬考古发掘成果论证会，中国考古界权威专家黄景略、徐光翼、王巍等10余位先生参加了论证会，专家们一致认定，位于扬州市邗江区西湖镇的隋唐墓葬为隋炀帝杨广（604－618年在位）与皇后萧氏的合葬墓。是年，距离隋炀帝被缢身亡1395年。

虽然时过千年，但是在他身后的几乎每一个中国人对于“隋炀帝”（569－618）这个名字并不陌生——“荒淫残暴”是他的个人标签，“民不聊生”是对他所统治的王朝的印象。一如他的谥号“炀”，据《逸周书》卷6《谥法解》的解释，为“去礼远众、好内远礼、好内怠政”之意——这近乎是对一位君王的最坏评价了。然而事实果真如此吗？《旧唐书》卷74《马周传》记载：时任给事中（正五品上，为门下省清要之职，约相当于现在的国务院第一副秘书长）马周（601－648）在向唐太宗（598－649）谏言时说：“隋家贮洛口仓，而李密因之；东都积布帛，王世充据之；西京府库，亦为国家之用，至今未尽。”[①] 从一个侧面让后人了解了隋朝曾是何等地富庶！是年，为贞观十一年（637），距离隋朝灭亡已经20年，也即过去整整一代人的时间，可是隋朝遗留下来的粮食与布帛还未用完。奈何二世而亡？或许，正如马周所说：“自古以来，国之兴亡不由蓄积多少，唯在百姓苦乐。”[②]

隋朝无疑是一个有大成就的朝代（从某个角度讲，唐朝正是继承了隋朝

---

① ［后晋］刘昫等：《旧唐书》卷74《马周传》，北京：中华书局，1975年版，第2617页。
② 同上。

丰厚的物质和文化遗产才得以蓬勃发展，令后世艳羡不已），隋炀帝也绝非昏君。然而，或许正是由于隋炀帝是一个雄心万丈、敢作敢为的君主而导致了中国历史上最灿烂的一个悲剧！

一个世界性帝国的内伤

在美国学者迈克尔·H. 哈特 1978 年出版的《影响人类历史进程的 100 名人排行榜》一书中，中国的隋文帝杨坚（541－604）列第 82 位（其他入选的中国人还有孔子、蔡伦、秦始皇、毛泽东、成吉思汗、老子、孟子）。哈特先生的眼光颇为独到，没有选唐太宗（626－649 年在位）而选了隋文帝（581－604 年在位），自然有让人信服的理由。

隋文帝在位 23 年，与唐太宗的在位时间相等，但论功绩，唐太宗逊色不少。首先，隋文帝面对的是一个分裂分治三百多年的中国，对于周边民族政权经常处于劣势地位，汉代所建立的对外关系体系彻底崩溃，而唐太宗不过是面对数个临时起意的反王而已。其次，隋朝建立时外敌众多，东北是高宝宁（一作高保宁），漠北有突厥，西面是吐谷浑，南面有陈朝，四面环绕，对隋朝形成一个严密的包围圈，处于四战之地。如果不能迅速解决危机，四方敌人不是没有可能结成军事同盟；相比之下，唐太宗面临的外部局势相对好得多。最后，隋王朝内部还存在一个意图复辟北周的势力。仅此三点，形式之艰难即可见一斑。然而，“未及十年，平一四海”“内修制度，外抚戎夷”①。尤其是，隋文帝仅用 3 年就打败突厥，彻底改变了 300 年来汉民族饱受欺凌的局势——仅此一事就足以名留青史，令人难以望其项背。史载，开皇元年（581），靺鞨遣使来贡；开皇二年，吐谷浑降；开皇三年，突厥大

① ［唐代］魏徵等：《隋书》卷 2《高祖本纪》（下），北京：中华书局，1973 年版，第 54 页。

败；开皇四年，党项归化、契丹请降、高句丽入朝贡献，被许为“圣人可汗”。[①] 至此，隋朝外部略定，内部于开皇九年（589）攻陷陈朝都城建康（今江苏南京），再次统一中国。从此，中国在大多数的世纪里都保持着他所建立的政治统一，他所建立的各项制度垂则后世。

与此同时，据《文献通考》卷10《户口考一》记载：隋文帝开皇元年（581）全国户口462万户，到隋炀帝大业五年（609）近891万户，4602万人。其中在开皇九年（589）南下平陈增50万，此时的全国户口700多万，平均年增长22.6万户。大约30年后，唐高祖武德五年（622）户口才219万，唐太宗贞观十三年（639）有户304万，到唐高宗永徽三年（652），户口才有380万，还不到隋朝极盛时的1/2。由此可见的隋朝的富庶与强盛。一个世界性的帝国隐然成型，“人庶殷繁，帑藏充实”。[②]

然而，正所谓祸起萧墙！虽然在南北朝时期，由于改朝换代或者新皇即位而进行的宗室残杀司空见惯。可是，在北周（557－581）开国之时并没有滥杀西魏（535－556）宗室。而且在此之后，尽管北周内部发生过多次政治斗争，胜利者也都小心翼翼，没有过分诛杀，尽可能将斗争控制在一定的范围内。可是，隋文帝在登基前后却尽戮北周宗室，包括：周文帝（宇文泰）子8人，孙22人；孝闵帝（宇文觉）子1人，孙1人；明帝（宇文毓）子2人，孙4人；武帝（宇文邕）子6人，孙5人；宣帝（宇文斌）子3人；宗室成员12人，总计62人。御正下大夫李德林（532－592年，其子即《北齐书》作者李百药）据理力争，企图劝阻不要轻开杀戮，惹得隋文帝勃然大怒，被逐渐疏远；至于他所器重的开府仪同、大将军苏威（542－623）则在

---

① ［唐代］魏徵等：《隋书》卷84《西突厥传》，北京：中华书局，1973年版，第1879页，载曰：“自天以下，地以上，日月所照，唯有圣人可汗。今是大日，愿圣人可汗千岁万岁常如今日也。”

② ［唐代］魏徵等：《隋书》卷2《高祖本纪》（下），北京：中华书局，1973年版，第54页。

登基之前即不辞而别，归隐故里。可以说，这场大屠杀给隋朝造成了深重的内伤。首先，激起了北周旧臣的内心不服（非以德服人），从而对杨氏的正统地位不以为然；其次，尽管隋文帝也曾对文教事业表现出相当的热情，并且也卓有成效，“但这毕竟不是其真正的想法，他只是尝试着把文教事业变成速效的统治工具”①。他对李德林说的那一句“君读书人，不足平章此事”②，无意中道破了他思想深处对文化的轻视。因此，当速效的目的无法达到，就弃如敝屣，而钟情高压手段，没能使曾经平起平坐的北周旧臣归心，最终葬送了自己，落下欺负孤儿寡母的骂名！至隋朝末年，忠臣不多见，其根源即在于此。遗憾的是，继位的隋炀帝看不到这一点，他迫不及待地改元“大业”（605－618），希望成就一番令千秋万代瞩目的伟大事业，结果却事与愿违！

白骨垒成的大业

越来越多的考古发现佐证了史料的真实性，隋朝的富庶远非唐朝可以比拟。开皇十七年（597），“户口滋盛，中外仓库，无不积盈”③；即便到隋文帝末年，“计天下储积，得供五六十年”④。凡此种种，让元人马端临都不无感慨地说：“古今称国计之富者，莫如隋。”⑤ 回想汉武帝也是因为有了汉文帝和汉景帝的两代积蓄才得以成就不世功勋，于是隋炀帝也想成就一番大业，“狭殷、周之制度，尚秦、汉之规摹”⑥，因而在位十数年间，就规划和

---

① 韩升：《隋文帝传》，北京：人民出版社，1998 年版，第 114 页。

② ［唐代］魏徵等：《隋书》卷 42《李德林传》，北京：中华书局，1973 年版，第 1199 页。

③ ［唐代］魏徵等：《隋书》卷 24《食货志》，北京：中华书局，1973 年版，第 672 页。

④ ［唐代］吴兢《贞观政要全译》卷 8《辨兴亡第三十四》。

⑤ ［元代］马端临《文献通考》卷 23。

⑥ ［唐代］魏徵等：《隋书》卷 4《炀帝本纪》（下），北京：中华书局，1973 年版，第 95 页。

实施了十多件前人不敢，甚至不曾想到的工程——营东都、凿运河、掘长堑、置关防、开驰道、筑长城、建粮仓、造龙舟、制羽仪、巡游江都等。

其中，营建东都洛阳为当时政治、军事和经济形势的客观需要，是经过深思熟虑后作出的决策，便于加强对山东和江南的管理和控制，同时也有利于经济，尤其是漕运。其他工程也都有其正当的理由，并且都是功在当代、利在千秋的大事业，如运河一直沿用到清代，并且至今还在享用它带来的红利；粮仓至少也使用到宋代；即使如饱受批评的巡游江都也并非游山玩水（即位初年就匆忙巡游，没有道理），而是具有重大的政治文化使命——是时，经过南北朝数百年的发展，江南地区已经由此前的荒蛮之地成为锦绣之乡。尤其是江南文化和政治力量在全国具有越来越举足轻重的分量，如何融合南北差异，维护国家统一呢？此时，天子南巡就非常重要，由此即可以达到安抚的目的，同时也可以起到警示的作用，对于维护王朝的大一统无疑具有积极的意义。可以说，隋炀帝的一系列国事活动，无不具有建设性和发展统一国家的历史内容。但是，一如俗话所说，“好心成坏事”。

隋文帝留下的积蓄固然让隋炀帝有了建设大业的物质基础，但是，民力终归有限。尤其是在生产力低下，没有大型机械的古代，要开凿千里运河，修筑万里长城，谈何容易！何况，隋炀帝所要求的大都是急政——仅在大业初年（605）半年内，连续下令营东都、凿运河、掘长堑、造龙舟、制羽仪、巡游江都等，就役使男女数百万人。其中，营东都计 10 个月，每月役丁 200 万人，总数超过 2000 万人；凿运河“河南诸郡男女百余万”，这还只是大业元年开通济渠时征发的民工数量，大业四年（608）开永济渠时征发河北诸郡男女百余万人。学者胡如雷先生对仁寿四年（604）隋炀帝即位起至大业八年（612）第一次东征高句丽，8 年时间所役人力有一个统计：8 年内可考的 22 项工程共征用人力 3012 万人，除此之外还有郡县正常的徭役、兵役。当时，隋朝人口总数约 4600 万人，22 项工程就征用人力超过 3000 万人，几乎是全民就役了，这大大超出了当时人民所能够承担的限度，但隋炀帝从不恤人力，任由“僵仆而毙者，十四五焉。每月载死丁，东至城皋，北至河阳，车相望于道”①，而在所不惜，结果是“天下死于役”②。以唐高祖武德五年（622）户口219万，以每户10人计算，仅2190万人，距离隋炀帝大业五年（609）近891万户，4602万人不足一半，另一半的人口哪里去了？不排除统计遗漏的可能，除此之外，想必也有因为繁重的劳役而损失了！

国富民穷

明末清初思想家唐甄云：“立国之道无他，惟在于富。自古未有国贫而可以为国者。夫富在编户，不在府库。若编户空虚，虽府库之财积如丘山，实为贫国，不可以为国矣。”大意是说，民众是国家的根本，只有人民丰衣足食、生活富裕，国家的政权才能巩固。如果藏富于国，虽富亦穷，必败；藏富于民，是真富，必兴。此言不虚。

“隋之富，汉、唐之盛未之逮也。”③ 王夫之先生如是说。然而，并非民富。隋文帝开皇十二年（592），“时天下户口岁增，京辅及三河，地少而人众，衣食不给”④。与此同时，国家仓库却仓满为患。“所有赉给，不逾经费，京司帑屋既充，积于廓庑之下”。史载，当时洛口仓储米2400万石，而与洛口仓相等的还有回洛仓、黎阳仓、广通仓、常平仓、河阳仓，共6大仓，每个仓的储粮都足以供应10万人一年之用。然而，“吏皆惧法，莫肯赈救”。齐郡臣张须陁“将开仓赈给”，官属不敢，云“须待诏敕，不可擅与”⑤。身

---

① ［唐代］魏徵等：《隋书》卷24《食货志》，北京：中华书局，1973年版，第686页。
② ［唐代］魏徵等：《隋书》卷24《食货志》，北京：中华书局，1973年版，第672页。
③ ［明代］王夫之：《读通鉴论》卷19《隋炀帝》，北京：中华书局，1975年版，第580页。
④ ［唐代］魏徵等：《隋书》卷24《食货志》，北京：中华书局，1973年版，第682页。
⑤ ［唐代］魏徵等：《隋书》卷71《张须陁传》，北京：中华书局，1973年版，第1645页。

▲锁谏图（明摹本）
[唐代]阎立本
绢本设色
41.0×373cm
美国弗利尔美术馆藏

为地方长官开仓赈济灾民竟然要皇帝下诏批准，是何道理？以致灾民只能"剥树皮以食之，渐及于叶，皮叶皆尽，乃煮土或捣稿为末而食之。其后人乃相食"。

因此，隋末瓦岗寨领袖李勣（即徐世勣、徐茂公）语李密曰："天下大乱，本是为饥。"隋末农民起义风起云涌是因为"百姓废业，无以自给"。这不能不说是一种讽刺。一方面是国家仓库内粮食布帛堆积如山，另一方面是人民食不果腹。结果是"以绢为汲绠，然（燃）布以爨"。

虽然说隋炀帝经常宣布大赦，免除民众部分徭役。其中，在大业前五年（605－609）间，就7次下诏免役。并且，他每巡游一次，所经郡县都免征徭役若干，但实际上，所过郡县皆令献食，不仅比正常徭役多数倍，郡县官吏更是"竞务刻剥，以充贡献"，耗费之大，无以计数。结果是在租赋之外，征税百端，"奸吏侵渔，内外虚竭；头会箕敛，人不聊生"①，甚至"丁男不供，始以妇人从役"②。隋炀帝以其政治强力率意孤行，随意向人民索取，完全不体恤民情，不顾人民的死活。

诚然，隋炀帝希望成圣王之业，利国利民，但正所谓"欲速则不达"！而且，如果不顾人民的承受能力，超前作为无疑将酿成悲剧。在短短十几年内希望做成十多件大事，无疑是不可能之任务，以致沦为个人的形象工程和面子工程——只能加重对人民的剥削，"取社仓之物以充官费"③，使公共储备用于救荒的义仓性质发生变化，成为聚敛的手段。于是自然发生上文所述故事，"须待诏敕，不可擅与"。（而忘了救灾如救火）对各处仓粮的控制极为严格，并没有多少用于赈灾救急，其目的不过是满足个人形象与满足权贵集团所需。史载，开皇九年（589），"陈平，（隋文）帝亲御朱雀门劳凯旋师，因行庆赏。自门外，夹道列布帛之积，达于南郭，以次颁给。所费三百

① ［唐代］魏徵等：《隋书》卷4《炀帝本纪》（下），北京：中华书局，1973年版，第94页。
② ［唐代］杜佑《通典》卷10《漕运》。
③ ［后晋］刘昫等：《旧唐书》卷70《戴胄传》，北京：中华书局，1975年版，第2533页。

余万段"①。劳军是必须的，但300余万段是一个什么概念？它来自哪里？似乎不言而喻！

结语

隋文帝不是一个弱主，隋炀帝也非一个昏君，父子二人为中国历史贡献良多，如创立三省六部制、州县两级制、科举制、均田制和颁布开皇律等，都对中国影响积极且深远。其中，就隋文帝而言，"虽未能臻于至治，亦足称近代之良主"②。当时，"自是天下州县皆置博士习礼焉"③。京城藏书居历代之冠，高达37万卷，"齐、鲁、赵、魏，学者尤多，负笈追师，不远千里，讲诵之声，道路不绝"④。至于说隋炀帝，唐诗之所以兴盛，也可以说是因他起——自他为晋王时，就在身边聚拢了一批著名文人，如虞世南（558－638）等，形成一个文人团体。登基后，奖掖文士，又开创了以策问诗文取士的进士科，对隋唐诗歌的发展起到了不可或缺的促进作用。如读他的《春江花月夜》："暮江平不动，春花满正开。流波将月去，潮水带星来。"风格丽而不艳、柔而不淫，不无正言之风、雅语之气，与唐诗大家相比也不遑多让。

然而，隋朝却二代而亡，倏尔即逝。为什么有过那么多的创举，曾经又是那么富裕和强盛的王朝，皇帝那么勤勉、才华横溢，却非常迅速地灭亡了呢？这是因为什么？这无疑是很值得深思的历史问题。对此，唐太宗李世民云："以铜为镜，可以正衣冠；以古为镜，可以知兴替；以人为镜，可以明得失。"⑤ 中国是一个历史资源异常丰富的国家。虔诚地希望中国丰富的历史

---

① ［唐代］魏徵等：《隋书》卷24《食货志》，北京：中华书局，1973年版，第682页。

② ［唐代］魏徵等：《隋书》卷2《高祖本纪》（下），北京：中华书局，1973年版，第54页。

③ ［唐代］李延寿：《北史》卷67《柳敏传》附《柳昂传》，北京：中华书局，1974年版，第2358页。

④ ［唐代］魏徵等：《隋书》卷75《儒林列传》，北京：中华书局，1973年版，第1706页。

⑤ ［后晋］刘昫等：《旧唐书》卷71《魏徵传》，北京：中华书局，1975年版，第2561页。

不应该只是茶余饭后的谈资，而应成为现实社会的有效借鉴。一如孟子曰：“民为贵，社稷次之，君为轻。”[①] 如果不重民，不爱民，驱民为犬马，以民为敌，必将激起民众的极大不满和拼命反抗……

① 语出《孟子·尽心章句下》。

第十六卷

唐朝：长安劫

唐朝无疑是中国历史上最灿烂夺目的篇章和唯一一个英雄主义、浪漫主义与自由主义并行的时代，可谓一个真正的理想国——又如何会一次又一次发生帝都沦陷、君王仓皇出逃的悲剧？可以让众多番族酋长臣服的帝国如何会出现藩镇割据，并且不能平抑？

鲁迅先生曾经有过一个写作小说《杨贵妃》的计划。他对唐代文化有着独到的见解，认为唐朝对于自己的文化抱有极坚强的自信力，同时对于异族文化也抱有极恢弘的胸襟与极热忱的选择。在《看镜有感》一文中，他说过一段著名的话："汉唐虽然也有边患，但魄力究竟雄大，人民具有不至于为异族奴隶的自信心，或者竟毫未想到，凡取用外来事物的时候，就如将彼俘来一样，自由驱使，绝不介怀。"[①] 因而，他打算以唐朝作为背景，以近代恋爱心理学的研究成果作为线索，创作出一个可歌可泣的故事。为此，在 1924 年夏天，他和孙伏园先生（1894－1966）一起，特别去了一次西安，希望看看他为之魂牵梦绕的"唐朝的天空"。孰料，当年的西安不但没有给先生留下好印象，反而破坏了先生想象中的"杨贵妃"的完美。

虽然"今月曾经照古人"[②]，但此长安早已非彼长安，难怪让先生失望了。现今的西安，不过唐代长安城的一隅而已。根据考古实测，唐时的长安城南北宽约 8470 米，东西长约 9550 米，周长 30 多公里，面积近 85 平方公里，约相当于今日西安旧城的 10 倍，是明清时期北京城的一倍半。与之同时代的另外两个帝国的首都——拜占庭帝国的君士坦丁堡只有它的 1/7，阿拉伯帝国的巴格达稍微大一点，也不到它的 1/6。长安，可以自豪地说是当时

---

① 鲁迅：《鲁迅全集》，北京：人民文学出版社，2005 年版，第 209 页。

② 语出［唐代］李白《把酒问月·故人贾淳令予问之》，全诗云："青天有月来几时，我今停杯一问之。人攀明月不可得，月行却与人相随。皎如飞镜临丹阙，绿烟灭尽清辉发。但见宵从海上来，宁知晓向云间没。白兔捣药秋复春，嫦娥孤栖与谁邻。今人不见古时月，今月曾经照古人。古人今人若流水，共看明月皆如此。唯愿当歌对酒时，月光长照金樽里。"

世界第一大城市。它空气清新、绿树环绕、鸟儿欢唱，还有它那纵贯南北长达4500米的朱雀大街，宽度足有150米，可以并排行驶40辆汽车——即使如今，也没有哪一座城市的大道能有如此规模，足见大唐气象，确实非同一般。在这样一座宏伟的都城之上的天空，该是何等壮美！更难得的是，城内不仅有来自帝国境内各地的商旅和观光客，其他各族、各国的人也纷纷定居长安。比如在长安西市，就聚集了来自大食（阿拉伯）、波斯（伊朗）等国众多的"商胡"；而一些外国人甚至参加了唐朝的科举考试并担任了朝廷官职，有的还做了皇帝的侍从，甚至被授予重要的将军之职。史料记载，当时长居长安城的外国人不少于5万人，来自70多个国家和民族，是当时世界各族人最向往的地方，其国际化程度比之今日纽约毫不逊色，而且更为浪漫、更让人流连忘返。想象一下"笑入胡姬酒肆中"① 的场景，那不仅是一份诗意，更是一个开放性的帝国的真实写照。

事实上，唐朝不仅是中国最具世界主义色彩的朝代，② 也是人类历史全球化的滥觞。"万国衣冠拜冕旒"③ 所记录的不只是中国引以为傲的往事，也是人类和平共处的例证。那是一个毋庸置疑的伟大朝代！你几乎不能想象，即使如今，除了联合国，世界上有哪一个国家是朝鲜人、日本人、越南人、粟特人、波斯人、大食人同朝为官？又有哪一个国家将兵权授予曾经敌对的突厥人、铁勒人、靺鞨人、契丹人、高丽人？然而，唐朝做到了，且早在1300年前（那时的欧洲是怎样一副模样？遑论美洲了）。难怪以苛刻著称的鲁迅先生也念念不忘去寻找"唐朝的天空"。

---

① 语出［唐代］李白《少年行》，全诗云："五陵年少金市东，银鞍白马度春风。落花踏尽游何处，笑入胡姬酒肆中。"

② 日本讲谈社出版有一套《中国的历史》（10卷本），其中隋唐史即以"绚烂的世界帝国"为题，中文版参见广西师范大学出版社2014年版卷6《隋唐：绚烂的世界帝国》。

③ 语出［唐代］王维《和贾舍人早朝大明宫之作》，全诗云："绛帻鸡人报晓筹，尚衣方进翠云裘。九天阊阖开宫殿，万国衣冠拜冕旒。日色才临仙掌动，香烟欲傍衮龙浮。朝罢须裁五色诏，佩声归到凤池头。"

其实何止先生一人，几乎每一个中国人心中都有一片“灿烂的唐朝的天空”，都渴望“梦回唐朝”——终究是回不去了！

烽火连天，不给“天可汗”面子

崇高的“天可汗”的尊号并没能保障大唐边境的安宁；温馨的文成公主和亲也没能消泯唐蕃之间的战火。尤其是吐蕃，终唐一世，都可谓第一等威胁，不断寇边，双方自太宗贞观十二年（638）至宣宗大中三年（849）二百余年间一直战争不断，甚至在文成公主入藏之后更为频繁。其中，好几次都是以倾国之力攻唐，如咸亨三年（670），此时距离文成公主入藏不过30年，距离太宗去世仅20年，吐蕃在这一年连克西域18州，又和于阗联手攻陷龟兹，迫使唐朝罢撤安西四镇（龟兹、于阗、焉耆、疏勒），唐朝以右威卫大将军薛仁贵（614－683）为逻娑（即拉萨）道行军大总管，左屯卫大将军阿史那道真、左卫将军郭待封为副大总管领兵讨伐，孰料只有正、副统帅薛仁贵、郭待封得以身免，成为唐朝自开国以来对外作战中最大的一次失败；仪凤三年（678），洮河道大总管李敬玄（615－682）将兵18万人再次不敌吐蕃统帅钦陵，大败于青海之上，左卫大将军刘审礼被俘；永昌元年（689），唐军第3次败于吐蕃，退守高昌。此次战役主帅安息道行军大总管、前文昌右相、扶阳郡公韦待价（？－689）被除名流放，副帅阎温古问斩。

而此前，即便“天可汗”还在的时候，西突厥也没给他面子。那是贞观二十二年（648），唐军已陆续将高昌、焉耆、龟兹等西域诸国纳入大唐版图，原西突厥的附属国也大都脱离西突厥转而归附大唐。西突厥不愿看到这一幕，为阻挠这一趋势，开始秘密筹划对唐战争。永徽二年（651），担任唐朝右骁卫中郎将的阿史那咥运劝说其父率部反唐西走——他的父亲即阿史那贺鲁（？－659），曾经的西突厥沙钵罗可汗，于贞观二十二年率部降唐。太宗安排他们定居庭州（治所在今新疆维吾尔自治区吉木萨尔北破城子）莫贺城（今吉木萨尔西北三台一带），并授左骁卫将军之职。二十三年（649）二月，唐朝在安西都护府下设置瑶池都督府，任命阿史那贺鲁为都督；六月，唐高宗继位后，贺鲁又被晋升为左骁卫大将军。他借机召集离散的西突厥部落后势力逐渐强大，随后于永徽二年（651）春天反唐。他击破另一位可汗乙毗射匮，兼并其部，设牙帐于双河（今新疆维吾尔自治区博乐市境内）及千泉，自称沙钵罗可汗。七月，发兵攻打唐朝廷。为此，唐高宗自永徽三年（652）至显庆二年（657）多次发兵征讨，最终生擒沙钵罗可汗，灭绝西突厥，才平定此次反叛。

但与此同时，于贞观三年（630）被唐朝灭国的东突厥悄然复国（东突厥第二汗国），给唐朝带来更大的威胁。仅在永淳元年（682）与弘道元年（683）两年间，就对唐朝连续发动了7次大规模攻击，目标遍及今内蒙古、山西、河北，杀两刺史、一司马、一都督，致使唐朝竟欲废丰州（治所在今内蒙古五原县南），将当地居民迁至灵州（治所在今宁夏宁武西南）、夏州（治所在今内蒙古白城子），以避其锋芒。须知，此前东突厥虽曾屡次犯边，但唐朝本土防线从未被突破过，如今东突厥在灭国之后，依然有此力量，唐朝正北边州一再被攻，守将一再战死，可见危害之甚。至圣历元年（698），东突厥历史上著名的默啜可汗（？－716）大兵压境，他先破飞狐（今河北涞源），后陷定州（今河北定县），杀害刺史孙彦高及吏民数千人。唐朝（此时武后已登基，改国号为周）命皇太子李旦（662－716）为河北道大元帅、纳言狄仁杰（630－700）为行军元帅组织反击，东突厥退出河北，行前尽杀所掠赵、定等州男女万余人。此后，终大周、中宗、睿宗之世，东突厥连年寇边，达十余年之久，甚至在开元八年（720）再一次大败唐军。至开元二十一年（733），铁勒九姓之回纥部落攻杀东突厥白眉可汗，其余众投唐，但它的土地都为回纥所有，回纥成为中国北方的第一强国。所幸，它与唐朝之间大体相安无事，但吐蕃则继续为患唐朝边境，成为中唐以后唐室的最大敌人。它趁“安史之乱”爆发，大唐帝国内乱，相继占据了河西、陇右两节度使所辖的广袤地区，势力扩展至今日陕西中部，随时可以进攻长安。而终于在广德元年（763），吐蕃率领党项、吐谷浑等族20万人犯边，进陷长安，唐代宗李豫（762－779年在位）仓皇逃至陕州（今河南陕县）。贞元五年（789），安西、北庭两个都护府又为吐蕃所陷。从此，唐朝的西疆仅及于今日陕甘交界的陇山一带，陇山以西的领土全部丧失。

而以上，只是帝国西部和北部边疆的威胁。在帝国东北部，契丹于万岁通天元年（696）反叛，举兵攻下营州（今辽宁朝阳），奚族随之也叛（后来安禄山叛军中便有不少奚族人），号称“两蕃”，与东突厥相表里。唐朝屡次与契丹作战，互有胜负，至天宝十四年（755），才取得决定性胜利。然而在西南方向，则没有这般幸运。天宝九年（750），南诏发兵反叛，攻陷云南，杀死云南太守张虔陀，攻取西南夷32个羁縻州。唐朝派遣剑南节度使鲜于仲通（693－755）征讨，结果大败，死6万人；十三年，再派剑南留后李宓率7万人南征，又一次全军覆没。不久，“安史之乱”爆发，南诏趁机扩展了不少地盘，成为帝国中后期西南部的主要敌人。

说起来，后世多称唐太宗为“天可汗”，殊不知在大多数时候不过一个虚名。其中，朝鲜半岛时服时叛不说（太宗一朝曾三征高丽不克，引为终生之憾），且说小小吐谷浑居然敢在太宗被尊为“天可汗”之后不到5年，即贞观八年（634）大肆犯边，大掠鄯州（今青海乐都），又攻凉州（今甘肃武威）。所幸当时大唐军神、第一流统帅、卫国公李靖（571－649）仍在，他不顾年已花甲，且有足疾，主动请缨，率军远征，长驱吐谷浑境内2000余里，大败吐谷浑，伏允可汗逃至突伦川（今青海西部），为部下所杀，吐谷浑灭，但大唐边患始终未止。自贞观十五年（641）开始，薛延陀（自称铁勒部人，风俗大体与突厥相同）又屡犯边境，还好有大唐的另一位第一流统帅、英国公李勣（594－669）大破其军，杀死名王一人，俘获其首领和士兵

◀ 竹溪六逸图
[明代] 佚名
绢本设色
192×89.5cm
私人藏品

5万多人，严重削弱了薛延陀的有生力量，至贞观二十年（646）薛延陀亡。但铁勒九姓（回纥、仆固皆其中之一）继之而起，于龙朔初年（661－662）多次入侵，唐高宗诏令左武卫大将军郑仁泰（？－663）为铁勒道行军大总管、左武卫将军薛仁贵为副大总管，领兵出击，大败铁勒九姓。后世由此演绎出一则著名传奇："薛仁贵三箭定天山"，歌曰："将军三箭定天山，壮士长歌入汉关"，而不知郑仁泰部14000余骑出塞，入塞仅800余骑，惨胜而已。[①]

从表面上看，"唐朝的武功虽和汉朝相等，其身威所至，或且超过汉朝，但此乃世运进步使然，以经营域外的实力论，唐朝实非汉朝之比。汉武帝时，攻击匈奴，前后凡数十次；以至征讨大宛，救护乌孙，都是仗自己的实力去摧破强敌。唐朝征服突厥、薛延陀等则多因利乘便，且对外多用番兵（雇佣兵）。玄宗时，府兵制度业已废坏，而吐蕃、突厥都强，契丹势力亦渐盛。"[②] 换言之，有唐一代其实外患不断，然而帝国内部亦让人不无担忧！

祸起萧墙，难平天下

隋朝义宁二年（618）五月，太原留守、晋阳宫监、唐国公李渊接受其所立的隋恭帝的禅让称帝，国号唐，定都长安，建元武德，是为唐高祖（618－626年在位）。同年，高祖立嫡长子李建成（589－626）为太子，封次子李世民为秦王，四子李元吉（603－626）为齐王。武德九年六月，确切时间是公元626年7月2日，次子、秦王李世民在长安城宫城玄武门附近射杀同母兄弟、太子李建成与齐王李元吉，史称"玄武门之变"。事后，李世

---

① ［后晋］刘昫等：《旧唐书》卷83《薛仁贵列传》，北京：中华书局，1975年版，第2781页。

② 吕思勉：《中国通史》，西安：陕西师范大学出版社，2010年版，第104页。

民又杀建成、元吉诸子，并将他们从皇室宗籍中除名。3 天后，高祖李渊立次子、秦王李世民为皇太子，并下诏说："自今军国庶事，无大小悉委太子（李世民）处决，然后闻奏。"① 同年八月初九甲子日（626 年 9 月 4 日），唐高祖李渊退位称太上皇，禅位于太子李世民，史称唐太宗（626 – 649 年在位），次年改元"贞观"。所幸，太宗还能心存天下，做到了化腐朽为神奇，开创了后世艳称的"贞观之治"，并被四夷君长共同推举为"天可汗"。但于儿女而言，他却远非一个好父亲。他有皇子 14 人，除第 4 子李治（唐高宗）、十三子李福（赵王）之外，其余 12 人皆死于非命，其中包括曾经被立为太子的嫡长子李承乾（619 – 645），他与同母弟弟李泰（620 – 652）交恶，后者深受太宗喜爱而阴谋夺嫡，承乾害怕失位而企图逼宫，事泄被废为庶人。

随后，承乾的同母弟弟、太宗第 4 子李治被立为太子，在太宗身后成为唐高宗。他有 8 个儿子，其中长子、燕王李忠（643 – 664）和六子李贤（655 – 684）曾经都被册封为太子，然而李忠为高宗所废，理由是非嫡子，后因被武则天诬陷谋反，被赐死；李贤为武则天所生，也被母亲诬陷谋反，废为庶人，后逼令自尽。此外，传说武则天长子、曾经也被立为太子的李弘（652 – 675）也是被母亲所杀。可见，一代女皇的皇冠何止沾满了鲜血！而不仅女皇一人，她的子孙亦有过之而无不及。详见下表——

---

① ［北宋］司马光：《资治通鉴》卷 191《唐纪七》，长沙：岳麓书社，1990 年版，第 498 页。

附表 14　唐代君主继位方式简表

序号	姓名/谥号	与上一位皇帝关系	即位时身份			在位时间	人生结局	享年
			是否嫡长子	是否初立太子	其他情况			
01	高祖李渊	建国者	—	—	隋唐禅让	618－626 年	病逝。逝前为太上皇 9 年。	69 岁
02	太宗李世民	父子	否	否	杀兄夺位	626－649 年	中毒而死。	51 岁
03	高宗李治	父子	否	否	更立太子	649－683 年	病逝。	55 岁
04	中宗李显	父子	否	否	更立太子	683－684 年 705－710 年	病逝。	54 岁
05	睿宗李旦	兄弟	否	否	更立太子	684－690 年 710－712 年	病逝。逝前为太上皇 5 年。	54 岁
06	玄宗李隆基	父子	否	否	更立太子	712－756 年	病逝。	77 岁
07	肃宗李亨	父子	否	否	更立太子	756－762 年	惊吓而死。	51 岁
08	代宗李豫	父子	是	是	宦官拥立	762－779 年	病逝。	53 岁
09	德宗李适	父子	是	是	—	779－805 年	病逝。	63 岁
10	顺宗李诵	父子	是	是	—	805 年	猝死。逝前退位为太上皇。	45 岁
11	宪宗李纯	父子	是	是	宦官拥立	805－820 年	弑杀。	42 岁
12	穆宗李恒	父子	否	是	—	820－824 年	中毒而死。	29 岁
13	敬宗李湛	父子	是	是	—	824－826 年	弑杀。	17 岁
14	文宗李昂	兄弟	否	否	宦官拥立	825－840 年	软禁致死。	31 岁
15	武宗李炎	兄弟	否	否	宦官拥立	840－846 年	病逝。	32 岁
16	宣宗李忱	叔侄	否	否	宦官拥立	847－860 年	中毒而死。	49 岁
17	懿宗李漼	父子	是	否	宦官拥立	859－873 年	病逝。	41 岁
18	僖宗李儇	父子	否	否	宦官拥立	873－888 年	猝死。	26 岁
19	昭宗李晔	兄弟	否	否	宦官拥立	888－904 年	弑杀。	37 岁
20	哀帝李柷	父子	否	否	矫诏拥立	904－907 年	弑杀。	16 岁

由上表可知，大唐皇帝的继位方式始终是一个大问题。自高祖李渊建

国，凡289年，不含女皇武则天，共传19帝，只有4位皇帝的继位秩序正常，其余15位皇帝的皇位来源都不无疑窦。尤其是居然有9位（占比近50%）的皇位都由宦官拥立，这不能不说是一大“奇迹”。再看他们的死因，有4位被弑杀，3位中毒而死，2位猝死，1位惊吓而死，1位软禁致死，高达11位皇帝都是非正常死亡。还有他们的人均寿命，前10位皇帝共享年572岁，人均57.2岁；后10位皇帝共享年320岁，人均32岁，仅相当于前10位皇帝人均寿命的55.94%——这些都不能不影响帝国政治和道路。

事实上，大唐皇位继承人的选择方式和结果是改变帝国方向的第一因素。其中最著名的是顺宗一朝，他作为德宗的长子即位，“居储位二十年，天下阴受其赐”①，然而在位仅8个月即去世。根据《旧唐书》《资治通鉴》等史书记载，顺宗李诵是因病猝死，然而也有舆论认为顺宗是被弑杀——这暂且不论，同时被扼杀的还有“永贞革新”。尽管宪宗李纯（805－820年在位）在有唐一代也算得上是一个颇有作为的皇帝，对藩镇有所抑制，重振了中央政府的威望，史称“元和中兴”。但也正是他重用宦官，甚至任命宦官作为统帅带兵出征，助长了宦官的气焰，认为无须防范，家奴而已，结果却死于家奴之手。在元和十五年正月二十七日（820年2月14日）夜，宦官陈弘志（一说陈弘庆）等为了立太子李恒为帝，潜入寝宫勒死了宪宗，然后守住宫门，不准朝臣入内，伪称宪宗“药发暴崩”②，可谓咎由自取，同时让帝国承受了更大损失。

此前，另一波宦官，也是宪宗所信任的吐突承璀（？－820）等人有意改立第4子、澧王李恽为太子，孰料事泄被杀。而李恒（原名李宥，795－824）之所以被立为太子，也非宪宗完全自愿，他其实也有意于澧王李恽（约792－820），但是李恽的母亲地位卑贱难以在朝廷上得到支持，而李恒的

① ［后晋］刘昫等：《旧唐书》卷14《顺宗本纪》，北京：中华书局，1975年版，第410页。

② ［后晋］刘昫等：《旧唐书》卷184《宦官列传》（王守澄），北京：中华书局，1975年版，第4769页。

母亲郭贵妃在朝野上下的势力实在是太强大了——她是对唐室有再造之功的“尚父”郭子仪（697－781）的孙女，父亲即著名的驸马都尉郭暧（752－800），母亲为代宗之女升平公主（750－810），其背景可想而知。当时，拥立三子李恒的呼声完全占据了朝廷上风，宪宗无奈，于元和七年（812）七月下诏立李宥为太子，改名为李恒，史称穆宗——他是一个什么样的皇帝呢？《旧唐书》云：“败度乱政”[①]，由此可想而知。更要命的是，大唐后半程堪称大臣者寥寥无几。至懿宗朝，在位 14 年，用了 21 位宰相，大多尸位素餐，且贪污严重。长安城中的居民用其中的曹确、杨收、徐商、路岩 4 位宰相的姓名编了一首歌谣名《嘲四相》，云：“确确无余事，钱财总被收。商人都不管，货赂（路）几时休？”满朝毫无大臣风范，这进一步加重了大唐帝国的危机。

此前，李林甫（683－753）、杨国忠（约 700－756）、李辅国（704－762）、元载（713－777）和卢杞（？－785）等人已经给整个帝国造成了严重的内伤。他们 5 人对于帝国由盛转衰负有不可推卸的责任。太宗时代那种“君臣上下、共同望治，齐一努力之精神”的美好景象至他们执政之时已经荡然无存。[②] 其中，不能不提白敏中（792－861），这位著名诗人白居易的从弟曾经两度为相，却以怨报德。在李德裕（787－850）执政之时，曾经推荐白为翰林学士。后来，宣宗继位，李德裕不为宣宗所喜，白敏中便恩将仇报，极力排挤李德裕，并指使同党李咸揭发李德裕的所谓罪行，使之被罢为东都留守，寻贬潮州司马，又贬崖州司户，9 个月后就去世了。[③] 而在他两度执政期间（一是在文宗朝 833－835 年，二是武宗时 839－846

---

① ［后晋］刘昫等：《旧唐书》卷 16《穆宗本纪》，北京：中华书局，1975 年版，第 505 页。

② 钱穆：《国史大纲》第 22 章《统一盛运之再临》，北京：中华书局，1996 年版，第 390 页。

③ ［后晋］刘昫等：《旧唐书》卷 174《李德裕传》，北京：中华书局，1975 年版，第 4527－4528 页。

年)，他力挽狂澜，外攘回纥、内平泽潞、裁汰冗官、制驭宦官，因功勋显赫而被武宗拜为太尉，封卫国公，可谓晚唐的擎天柱。梁任公将他与管仲、商鞅、诸葛亮、王安石、张居正并列，许之为中国六大政治家之一。而在当时，即有人评价他为“万古良相、一代高士”，却被贬死崖州——这不只是大唐的损失，更是中国的损失。当时，有诗云：“八百孤寒齐下泪，一时南望李崖州。”[①] “唐之相臣能大有为者，狄仁杰而外，德裕而已。武宗不夭，德裕不窜，唐其可以复兴乎！”[②] 在李德裕身后，是一个动荡的、无可救药的帝国！

武夫当国，无奈的苦果

回望长安，那既是大唐帝国光荣的起点，又是大唐帝国的最伤心处。很少有人知道，高高在上的大唐皇帝曾经 9 次仓皇逃离长安——第 1 次在天宝十五年（756），潼关失陷，关中守兵不战而退，安史叛军直向帝国首都，唐玄宗西逃；第 2 次在广德元年（763），吐蕃攻唐，占邠州（今陕西彬县），待郭子仪聚兵，吐蕃已至便桥，代宗仓皇逃往陕州（河南陕县）；第 3 次在建中四年（783）十月，泾原（今甘肃泾川北）兵士因不满朝廷不给赏赐而在长安发动兵变，史称“泾师之变”，德宗出逃奉天（今陕西乾县）；第 4 次在兴元元年（784），出身靺鞨族的邠宁、朔方节度使李怀光（729－785）反叛，德宗再次出逃梁州；第 5 次在广明元年（880），黄巢（820－884）西进连克洛阳、潼关，僖宗惶恐逃往兴元（今陕西汉中）；第 6 次在光启元年（885），出身沙陀族的河东节度使李克用（856－908）进兵长安，神策军中尉田令畋挟持僖宗及后宫，逃亡到凤翔（今陕西宝鸡）；次年，凤翔节度使

① ［五代］王定保《唐摭言》卷 7。
② ［明代］王夫之：《读通鉴论》卷 26《武宗》，北京：中华书局，1975 年版，第 824 页。

李昌符、邠宁节度使朱玫反叛，神策军中尉田令畋挟僖宗再次逃往兴元，这是第7次；第8次在天复元年（901），凤翔和陇右节度使李茂贞（856－924）与河东节度使朱温（852－912）争，神策军护军中尉韩全诲劫持唐昭宗逃往凤翔，投靠李茂贞，次年，李茂贞为朱温击败，昭宗被挟持回长安；第9次，天佑元年（904），朱温劫持昭宗及百官离开长安，将他们迁至洛阳。

很难想象，无与伦比的大唐帝国的天子、威名赫赫的“天可汗”的子孙居然接二连三出现被迫逃离首都事件——这不仅在中国历史上绝无仅有，在世界史上也是独一无二的。从某个角度讲，有唐一代289年只做了两件事：一是抵御外族入侵，二是防止军阀混战，即教科书上说的藩镇割据。前一种威胁双方互有胜负，唐朝偏多一些，因而保障了帝国的大致安全；而后一种威胁却是愈演愈烈，直至无可挽回。其中，唐玄宗（712－756年在位）负有不可推卸的第一责任。先是开元十年（722）罢诸卫府兵，改为招募，自此中国兵农分离。[①] 原本，在府兵时代，战时凭皇帝圣旨就近集结府兵作战，战争结束后带兵将领回归朝廷，折冲府官兵回归住所，兵将完全分离，所谓“兵无常将，将无常兵”就是讲的这个道理。况且，兵农一体又相对减少了国家的军费支出，这意味着降低了社会动荡的风险；而之后的募兵制则恰恰相反，募兵完全依赖于朝廷拨款而大大加剧了帝国的财政负担。另外，将兵一体也有利于形成军阀，最后造成藩镇割据。然而，曾经英明神武的玄宗在此事上却犯了一个致命的错误。随后还错上加错——本来，方镇节度使是为了镇守边关所设，权限仅只是边关军事长官，听命于中央，并且还有任期限制，玄宗却委以军、政、财大权，总统其事，俨然一个土皇帝。至天宝十年（751），安禄山（703－757）一人身兼任平卢、卢龙（又名范阳或幽州）、河

---

① ［后晋］刘昫等：《旧唐书》卷97《张说传》，北京：中华书局，1975年版，第3053页，载曰：“时当番卫士，浸以贫弱，逃亡略尽。（张）说又建策，请一切罢之，别招募强壮，令其宿卫，不简色役，优为条例，逋逃者必争来应募。上从之。”

东三镇节度使。换言之，大唐帝国10个边镇安禄山已有其三，兵力近18.5万人——在府兵制已经完全被募兵制代替的天宝年间，这等于把1/3个帝国拱手让人。当时，全国边防力量不到50万人。

对此，杨国忠屡次谏言安禄山有反意，不可靠，至少是削其兵权，可玄宗置若罔闻，对安禄山仍然信任有加——甚至远远超出杨国忠等人的想象。细说起来，杨国忠的谏言未必说明他有先见之明，但是作为君王应该以保障帝国的安全为第一要务。何况，在安禄山之前，在太宗时代，出身外族的将领反叛就不在少数。而与玄宗一同开创"开元盛世"的宰相张九龄曾经断言："乱幽州者，必此胡也。"① 遗憾的是，玄宗根本不信。他自信可以"以胡制胡"，安禄山不过是他的一枚爪牙。为了验证自己的判断，杨国忠一直盼望安禄山造反——他期待证明自己，其实不过是争宠以利于专权，不希望安禄山的权力超过自己，因而每次见到玄宗都说安禄山可能造反，到处收集他图谋造反的证据。安禄山呢，"觉（杨）国忠图己，反谋遂决。""举兵以诛国忠为名。"② 因此，从某个角度讲，安禄山被杨国忠逼反也不是没有一点道理——结果一如所愿，安禄山乱了幽州，乱了大唐，开启了"藩镇割据"这个潘多拉盒子。

其中，最著名的藩镇有：李怀仙（？－768）为卢龙（治所在今北京）节度使，统治今河北东北部；李宝臣（718－781）为成德（治所在今河北正定）节度使，统治今河北中部；田承嗣（705－779）为魏博（治所在今河北大名北）节度使，统治今河北南部、山东北部；薛嵩（？－772）为相卫（治所在今河南安阳）节度使，统治今河北西南部及山西、河南各一部，共4镇。其后，相卫为田承嗣所并，则成为3镇，即河北三镇——这三镇在名义

---

① ［后晋］刘昫等：《旧唐书》卷99《张九龄传》，北京：中华书局，1975年版，第3099页，载曰："禄山狼子野心，面有逆相，臣请因罪戮之，冀绝后患。"

② ［后晋］刘昫等：《旧唐书》卷106《杨国忠传》，北京：中华书局，1975年版，第3245页。

▲陆羽烹茶图

［元代］赵原

纸本墨笔

27×78cm

台北故宫博物院藏

上服从朝廷，实则独立。军中主帅，或父子相承，或由大将代立，朝廷无法过问。与此同时，淄青（又名平卢，今山东益者）大将李正己（733－781）逐节度使侯希逸（704－765），朝廷亦授以节度使称号，统治今山东地区，世袭相承3代4人。其中，公开叛乱的节度使不在少数，著名者还有淮西（治所在今河南汝南）节度使吴元济（783－817），他勾结河北诸镇，成为唐廷心腹大患。于是从宪宗朝开始，国事主要在于平叛，却收效甚微，这些节度使甚至囚禁和截杀朝廷派去的节度使。尤其是广明元年十二月（881年1月），黄巢攻破长安，唐朝中央政权瓦解，许多方镇趁机扩充自己的实力，其中属原黄巢部将，后归降朝廷的朱温兼并最多，势力范围远远超过当时控制范围最大的河东节度使李克用。天佑元年（904）正月，已被唐王朝任命为守太尉、兼中书令、宣武等军节度使、诸道兵马副元帅，晋爵为梁王的朱温劫持昭宗及百官离开长安，将他们迁至洛阳，同时下令烧毁宫室民宅，长安自此成为废墟；八月，朱温派遣枢密使蒋玄晖、左龙武统军朱友恭、右龙武统军氏叔琮在夜间率兵入宫，杀死昭宗。随后，他杀朱友恭和氏叔琮灭口。天祐二年（905）二月，在祭祀土神的社日举行的传统招宴上，朱温又杀德王李裕等昭宗9子，投尸于九曲池，致使昭宗李晔第9子、唐哀帝李柷彻底成为孤家寡人。

天祐四年（907）四月，朱温逼哀帝李柷禅位，改国号梁，改元开平，史称后梁，开五代十国之滥觞。升汴州为开封府（今河南开封），建为东都，而以唐时东都洛阳为西都；废17岁的哀帝为济阴王，迁往济阴（今山东济阴）囚禁。次年二月，哀帝被害。曾经威名赫赫、气度恢宏的大唐帝国在一片哀号与血腥中落下帷幕。此后，长安的天空黯然失色。

结语

唐朝无疑是中国历史上最灿烂夺目的篇章和唯一一个英雄主义、浪漫主义与自由主义并行的时代。尤其在“安史之乱”之前，可谓一个真正的理想国。“拔人物则不私于党，负志业则咸尽其才。”[①] “‘独在异乡为异客，每逢佳节倍思亲’不过是那个时代刹那的忧郁，唐朝人拥有更多的是‘海内存知己，天涯若比邻’的人生欢喜，与‘天生我材必有用，千金散尽还复来’的生活信念。”[②] 文人士大夫即使身处贫穷困苦的逆境也锐气不减。如高适，“少濩落，不事生业，家贫，客居梁、宋，以求丐取给”近30年，可谓潦倒之极。可是他却能够“五十无产业，心轻百万资”“饮酒或垂钓，狂歌兼咏诗”[③]；又如王昌龄，一生数次贬谪，先至岭南，再移江宁，后又贬龙标，依然怡然自得，坚持相信自己，“一片冰心在玉壶”，不因受挫而改变自己自由不羁的本性，同时绝不怨天尤人，高歌“莫道弦歌愁远调，青山明月不曾空”[④]，丝毫没有因为自己的境遇不佳而改变自己对自然、对生活的热爱。他们从来不以穷困而减其豪迈，不以失意而失其本真的品格。

在那个时代，天子亦豪气干云，曰：“吾（唐太宗）持弓矢，公（尉迟敬德）执槊相随，虽百万众奈我何？”[⑤] 于是可想而知，“唐朝的天空”该是多么华丽，多么令人神往。然而，正所谓盛极而衰！甚至处在极盛时代的长安也未能免于一场劫难，这是什么原因？如何会一次又一次发生帝都沦陷、君王仓皇出逃的悲剧？可以让众多番族酋长臣服的帝国如何会出现藩镇割据，并且不能平抑？威名显赫的“天可汗”的子孙怎么会是懿宗、僖宗那样的糊涂蛋与低能儿？尊贵的大唐皇帝如何会为阉宦所长久把持，及至成为刀

① ［后晋］刘昫等：《旧唐书》卷3《太宗本纪》（下），北京：中华书局，1975年版，第63页。

② 文木：《中国人研究——中国家庭、社会与国家角色的历史分析》，北京：首都师范大学出版社，2009年版，第334页。

③ ［唐代］李颀：《赠别高三十五》。

④ ［唐代］王昌龄：《龙标野宴》。

⑤ ［北宋］司马光等：《资治通鉴》第189卷《唐纪五》，长沙：岳麓书社，1990年版，第459页。

下之鬼？这些，都是后世不能不考量的问题——应该以何种途径谋求长治久安，又应该以怎样的方式保持政治领袖的先进性和责任感呢？

或许，正如太宗所说："天子者，有道则人推而为主，无道则人弃而不用。"又云："为君之道，必须先存百姓，若损百姓以奉其身，犹割股以啖腹，腹饱而身毙。"① 诚哉斯言！在美丽的唐诗、唐字、唐乐之外，有唐一代以血的教训验证了为君之道，这是它留给中国最宝贵的财富。

① ［唐代］吴兢：《贞观政要》卷1《君道》。

第十七卷

北宋：被元老消耗的美丽王朝

回顾北宋167年历史，不是没有中兴的机会。幸运女神至少亲自光临了它两次，给了它众多的忠臣和良将，但是，他们或者因为元老们的坚决反对而黯然下台（如范仲淹和王安石），或者因为党争而颠沛流离（如苏轼），甚至死于非命（如狄青），而成为中国历史之最大悲剧。

燕子来时新社，梨花落后清明。池上碧苔三四点，叶底黄鹂一两声。日长飞絮轻。

巧笑东邻女伴，采桑径里逢迎。疑怪昨宵春梦好，原是今朝斗草赢。笑从双脸生。

相信有很多人都和我一样喜欢这一阕《破阵子》——确切地说，只要读过这阕词的人都会情不自禁地喜欢。作者用完全白描的手法写出了一个美丽的春天，以及一群美丽的姑娘和一种美丽的生活——我之所以连用 3 个“美丽”，是因为“它”美得当之无愧——其中的“它”，既是说这阕词，也是说这阕词所在的年代。如果不是后来过于让人悲伤的结局，那个年代应该是中国最美丽的岁月；而由那些最美丽的岁月所凝结的日子是中国最美丽的王朝——似乎没有之一——后世公认，由宋词、宋画、宋书以及宋式生活样式所构成的美是中国古典美学的巅峰，迄今依然莫可追及。

遗憾的是，一如这阕词的作者在另一阕词所写的那样：“无可奈何花落去。”① 他怎么也不会想到，他偶然里对人生的感伤会成为对历史的预言——终究，他个人的、富贵悠闲的一生②并不等于历史的平安和百姓的温饱。

---

① ［北宋］晏殊：《浣溪沙》，全词曰：“一曲新词酒一杯，去年天气旧亭台。夕阳西下几时回？无可奈何花落去，似曾相识燕归来。小园香径独徘徊。”

② ［元代］脱脱等：《宋史》卷 311《晏殊传》，北京：中华书局，1985 年版，第 10197 页，载曰：“文章赡丽，应用不穷，尤工诗，闲雅有情思。”另，［北宋］欧阳修《晏元献公挽辞》云：“富贵优游五十年，始终明哲保身全。”

上河的热闹、汴京的繁华只如梦一场。“富贵宰相”的身后是一个灾害频发的王朝，独步古今的瘦金体终究不能画饼充饥——政和元年（1111），淮南旱①；政和三年，江东旱②；政和五年，“泸南晏州夷反”③。

与此同时，受普遍的“第三个寒冷期”（小冰期）的影响，草创的金国也面临前所未有的大旱与大灾，“冻死者枕藉”，金太祖完颜阿骨打下令（1115－1123年在位）攻宋。在金太祖的眼里，富庶的宋朝是解决金国的饥饿与寒冷的仓库。此前两年，也即天会二年（1125），金国才将宋朝的宿敌辽国灭国，但并不够用，（北）宋的繁华数倍于辽，“举目则青楼画阁，绣户珠帘。雕车竞驻于天街，宝马争驰于御路，金翠耀目，罗绮飘香。”④

何况，北宋大臣并不看好宋徽宗，“谓其轻佻不可以君天下”⑤，也就是没有资格登大位，这无异于天赐良机。当然了，公开的理由不能是这个，而是借口北宋破坏了宋金双方订立的海上盟约⑥，真个是何患无辞。宣和七年（1125）十月，金兵分左右两路南下。西路以完颜宗翰（女真名粘罕，1080－1137）为主帅，率兵马6万自云州下太原、攻洛阳；东路以完颜宗望

---

① ［元代］脱脱等：《宋史》卷20《徽宗二》，北京：中华书局，1985年版，第386页。

② ［元代］脱脱等：《宋史》卷20《徽宗三》，北京：中华书局，1985年版，第392页。

③ ［元代］脱脱等：《宋史》卷21《徽宗三》，北京：中华书局，1985年版，第394页。

④ ［北宋］孟元老《东京梦华录》之《梦华录序》，北京：中国画报出版社，2013年版，第1页。

⑤ ［元代］脱脱等：《宋史》卷22《徽宗四》，北京：中华书局，1985年版，第417页。

⑥ ［元代］脱脱等：《宋史》卷21《徽宗三》，北京：中华书局，1985年版，第399页，载曰：“重和元年（1118）二月，遣武义大夫马政（一名赵良嗣）由海道使女真，约夹攻辽。”另据卷472《奸臣二》记载，“宣和二年（1120）二月，使于金国，见其主阿骨打，议取燕云。”双方商定：宋金各按商定的进军路线攻打辽朝，金军攻取辽国中京大定府（今内蒙古宁城境），宋军攻取辽国南京析津府（今北京）和西京大同府（今山西大同）。宋答应灭辽后，将原来输给辽国的岁币转输给金。金则答应将燕云还于宋。双方均不得单独与辽讲和。结果宋攻辽失败，遂要求金军攻辽南京，金军取胜。辽国兴军节度副使张觉以平州投降完颜宗翰，拜为临海军节度使、知平州。金太祖完颜旻以平州为南京，以为南京留守。后，张觉又叛金归宋。马植争之：“国家新与金国盟，如此必失其欢，后不可悔。”未听。果然，宣和七年（1125）八月，完颜宗望以张觉事变为由奏请攻宋，最终导致“靖康之变”。详见《金史》卷133《叛臣传》，载曰：“及金人伐宋，竟以纳平州之叛为执言云。”

（女真名斡离不，？－1127）为主帅，也率6万兵马，攻自平州入燕山、下真定（今河北正定）。两路兵马仿佛一对巨大的铁钳，直指北宋都城汴京。

宋徽宗临时抱佛脚，“下诏罪己。令中外直言极谏。”已然无济于事。那么，就撂挑子——果然如章惇所言，“不可以君天下”。徽宗内禅，传位东宫，他自己南逃镇江，美名曰“幸镇江府”[①]，把一个早已经腐烂透顶的帝国交与自己的长子赵桓，史称宋钦宗。“是时，金人已分道犯境”，而期望于改元，曰“靖康”[②]，不无安宁与美好之意。可惜，自欺欺人而已。

靖康元年（1126）正月，金兵开进开封城下。由于长期奔袭作战，加之北宋各路勤王之师纷纷前来救援，金国假装和谈，暂时退兵——北宋朝廷以为万事大吉，将主张抵抗、负责首都防御的尚书右丞、京城守御使李纲（1083－1140）驱出朝廷。不料，等到秋收时节，金兵再来。西路军攻破太原，乘胜渡河；东路军攻陷真定。两路军合围汴京，城中粮荒，一鼠价值数百钱。闰十一月二十五，汴京陷落，宋钦宗赵桓乞降。十二月，宋钦宗赵桓赴青城（今河南开封南）金营，尊金太宗完颜晟（1123－1135年在位）为伯，自称侄，许贡金1000万锭，银1000万锭，绢帛1000万匹，割黄河以北地区与金，并分遣使臣持诏书赴河北谕各州县降金。靖康二年（1127）正月，“金人索金银急”[③]，欲纵兵再入汴京，不得已，宋钦宗赵桓再赴青城金营，面请缓期，金国遂留赵桓为人质。二月，北宋京城四壁都巡检使范琼逼迫太上皇、宋徽宗赵佶赴金营。随后，“以内侍邓述所具诸王孙名，尽取入军中”，而且还威逼徽宗召唤皇后、皇太子入青城。三月，金国立北宋太宰兼门下侍郎张邦昌（1081－1127）为帝，国号楚，之后退兵，同时掳徽宗、钦宗及后妃、皇子、宗室、贵戚等3000多人北去。史载那一天“大风吹石折木”，北宋皇室积蓄和储藏百余年的“法驾、卤簿，皇后以下车辂、卤簿，

① ［元代］脱脱等：《宋史》卷22《徽宗四》，北京：中华书局，1985年版，第417页。
② ［元代］脱脱等：《宋史》卷23《钦宗》，北京：中华书局，1985年版，第422页。
③ ［元代］脱脱等：《宋史》卷23《钦宗》，北京：中华书局，1985年版，第435页。

◀ 墨竹图

［北宋］文同

绢本水墨

113.6×105.4cm

台北故宫博物院藏

冠服、礼器、法物，大乐、教坊乐器，祭器、八宝、九鼎、圭璧，浑天仪、铜人、刻漏，古器、景灵宫供器，太清楼秘阁三馆书、天下州府图及官吏、内人、内侍、技艺、工匠、娼优，府库蓄积，为之一空”①。北宋亡，史谓“靖康之耻”。

是年，北宋建国167年（960－1127），全国总户数超过2000万，总人口接近1亿（有学者认为超过1亿），兵过百万人。更为重要的是，北宋是当时世界上经济最发达、文化最繁荣、科技最先进的泱泱大国。陈寅恪先生云：“华夏民族之文化，历数千载之演进，造极于赵宋之世。”② 反观金国，立国仅12年（自1115年才展露峥嵘），辖区户数不过100多万户，总人口绝对不超过700万人（至金国末年辖区户数也不过300万户，人口不过2000万人），兵不足20万人，而可以直接用于对宋战争的兵力更不过15万人；并且，它还是一个以游牧部落（氏族政权）为主导的、相当落后的国家。然而，历史却给宋朝人开了一个天大的玩笑，金国以落后战胜了先进，以绝对弱势灭亡了绝对优势。

其中，我们固然可以把责任归咎于宋徽宗和宋钦宗的昏聩无能，蔡京、童贯、王黼、梁师成、李彦、朱勔“六贼”的贪婪误国以及制度的缺位，但是，一些在历史上曾经占据显赫位置，甚至在道德上占据制高点的元老和重臣却也不能脱了干系，他们辜负了天下对元老与重臣的期待。

元老：帝国的反作用力

其中，北宋开国元勋赵普（922－972）可算是北宋衰亡的最主要责任人之一。他曾经三任宰相，长达十数年，但是历史却没有记载他的多少惠政。

① ［元代］脱脱等：《宋史》卷23《钦宗》，北京：中华书局，1985年版，第436页。
② 语出陈寅恪《邓广铭〈宋史职官志考正〉序》。

“释兵权”的建议虽然暂时保持了北宋王朝的相对稳定，避免了唐末的藩镇割据，但也因之长期养无用之冗兵、冗官而冗费负担沉重；同时，因为强化所谓的权力制衡，从而导致权力的有效职能的被迫弱化，以至北宋逐渐走向“积弱”之境，最终陷入悲惨结局——对此，赵普作为开国宰辅和赵宋王朝的政治设计师之一，不能不负起责任。并且，因为赵普善于夤缘附骥于有政治前途者，并且不惜牺牲政治家的品格去趋奉，编造了“金匮之盟”——尽管可能是奉了杜太后的“金匮遗诏”之命行事①，但可商榷之处依然颇多——后人有不少理由认为是他为宋太宗赵光义（976－997年在位）杀兄夺位制造了“合法继承”皇位的“有力根据”，解决了由他（而不是由太祖之子）继承皇位的合法性问题。于是乎，宋太宗投桃报李，以赵普为司徒兼侍中，这是北宋前期最高的宰相职衔，遂成首相，后又封梁国公。为了报恩，赵普还积极构陷宋太祖的另一位弟弟、秦王赵廷美（原名赵匡美），云意欲谋反，致使不幸遇害——其原因，与廷美兼任开封府尹不无关系。此外，如果按照“金匮之盟”，在宋太宗身后的继位者当是廷美，“初，昭宪太后不豫，命太祖传位太宗，因顾谓赵普曰：‘尔同记吾言，不可违也。’命普于榻前为约誓书，普于纸尾书云‘臣普书’，藏之金匮，命谨密宫人掌之。或谓昭宪及太祖本意，盖欲太宗传之廷美，而廷美复传之德昭。”然而，“德昭不得其死，德芳相继夭绝”，如此，廷美的命运也就可想而知。其中，赵普难辞其咎，他尝与太宗云：“‘太祖已误，陛下岂容再误邪？’于是廷美遂得罪。凡廷美所以遂得罪，普之为也。”② 个中意思一目了然。

此前，在赵普第一次拜相期间，“中书印唯宰相得知，事无大小，尽决于普”，史称“为政颇专”，“尝于视事阁坐屏后设二大瓮，凡中外表奏普意

① ［元代］脱脱等：《宋史》卷242《杜太后传》，北京：中华书局，1985年版，第8607页。

② ［元代］脱脱等：《宋史》卷244《宗室传一》（赵廷美传），北京：中华书局，1985年版，第8669页。

不欲行者，必投之瓮中，满则束缊（束以乱麻）焚之，以是人多怨者。”[①]

由是完全可以设想，作为一位开国宰相却只有如此格局和政治才能，北宋王朝的格局和未来着实堪忧。何况，还有韩琦、富弼、文彦博和司马光等人。

如韩琦（1008－1075）“相三朝，立二帝”，当政 10 年，欧阳修誉为“社稷之臣”，但在对外关系上，立场软弱，力求妥协。当北宋和契丹在“划界”河东问题上争得不可开交之时，韩琦上疏宋神宗，认为北宋在边防策略上主动进攻，积极防御，有 7 件事致“契丹之疑”，吁请宋神宗去掉各项新法，并将契丹所疑之事，“如将官之类，因而罢去”[②]，美其名曰为了“累世之好”，不过为了求得暂时苟安。还有富弼（1004－1083）亦言：“陛下临御未久，当布德行惠，愿二十年口不言兵。”[③] 令宋神宗失望之至。

文彦博（1006－1097）则打着“祖宗法制”旗号，极力诋毁王安石变法的各项内容，如青苗法、市易法、保甲法、免役法、农田水利法等，是当时朝廷中守旧派的领袖，言：“祖宗法制俱在，不便更张，以失人心。”[④] 司马光（1019－1086）可谓继承了他的政治理念，全面反对变法，从变法机构制置三司条例司，到推行新法的人选以及各种变法的措施，他都加以非难。吏部尚书、同知枢密院事范纯仁（1027－1101）劝诫说：“去其泰甚者可也。差役一事，尤当熟讲而缓行，不然，滋为民病。愿公（司马光）虚心以延众论，不必谋自己出；谋自己出，则谄谀得乘间迎合矣。役议或难回，则可先行之一路，以观其究竟。”[⑤] 建议暂缓更改，先行于一州（地区），检验其中利弊，再推之一路（省），循序渐进。如果效果显著，再推行全国。孰料司

---

① ［元代］脱脱等：《宋史》卷 256《赵普传》，北京：中华书局，1985 年版，第 8933 页。

② ［元代］脱脱等：《宋史》卷 312《韩琦传》，北京：中华书局，1985 年版，第 10228 页。

③ ［元代］脱脱等：《宋史》卷 313《富弼传》，北京：中华书局，1985 年版，第 10255 页。

④ ［南宋］李焘《续资治通鉴长编》卷 221。

⑤ ［元代］脱脱等：《宋史》卷 314《范纯仁传》，北京：中华书局，1985 年版，第 10286 页。

马光一意孤行，“不从，持之益坚”。他从元丰八年（1085）五月复出拜相，诏除门下侍郎，至元祐元年（1086）九月病逝，为相时间虽短，但尽废新法。

无疑，在道德上，韩琦、富弼、文彦博和司马光4人都比赵普位高，特别是司马光，不只是那个时代的道德高标，也可谓中国的高标，“恶衣菲食以终其身”。生前，“两宫（皇帝与皇太后）虚己以听。辽、夏使至，必问光起居。”逝世后，“京师人罢市往吊，鬻衣以致奠，巷哭以过车。及葬，哭者如哭其私亲。岭南封州父老，亦相率具祭，都中及四方皆画像以祀，饮食必祝。”① 一生讲究孝友忠信、恭俭正直、居处有法、动作有礼。历经宋仁宗、哲宗、神宗、英宗4朝，备受赞誉，却不是一个合格的宰相。他们都有着元老的崇高地位和荣誉，但是他们不仅都没为北宋王朝设计出一条光明之路，还使得自己成为帝国发展和前进的阻力。并且因为他们与一直困扰北宋王朝的党争有着直接或间接的关系，而消磨了一个新兴王朝的最后一点生气。

党争：历史的霉菌

纵观北宋167年历史，除去前期的太祖、太宗和真宗三朝，党争在之后的仁宗、哲宗、神宗、英宗、徽宗各朝愈演愈烈，并且延续至南宋。其中，由一代名臣范仲淹（989－1052）发起并主持的“庆历新政”即成为党争的第一个牺牲品。

那是庆历四年（1044）初，由参知政事范仲淹发起的、以改革吏治提高政府执行能力为中心的新政全面展开，宰相杜衍（978－1057）、枢密副使富弼、韩琦也着力辅助，孰料遭遇枢密使章得象（978－1048）、御史中丞王拱

---

① ［元代］脱脱等：《宋史》卷336《司马光传》，北京：中华书局，1985年版，第10768－10769页。

辰（1012－1085）和前宰相吕夷简（978－1044）等人的强烈反对，加上前枢密使、资政殿大学士夏竦（985－1051）因为怨恨太子中允石介（1005－1045）曾作《庆历圣德诗》[①]以他为奸臣，而卑鄙地支使其女奴模仿石介的笔迹，伪造所谓的《废禅诏》，诬陷他们要废君谋反[②]，引起朝野内外哗然，从而酿成一种对新政和新政人物极其不利的局面，一时之间谗言四起，不仅迫使富弼在朝中无处容身，而且波及范仲淹，于庆历四年六月即离开朝廷。[③]但反对派犹未甘心，随后又据集贤校理王益柔的席中戏作《傲歌》[④]炮制文字狱“进奏院案”[⑤]，指为“谤及时政”，“列章墙进，取比于君”，借以倾陷范仲淹（监进奏院集贤校理苏舜钦和王益柔均为范仲淹举荐）和杜衍，将新政的主持者和拥护者一网打尽，全部被贬出朝。其中，杜衍罢相知兖州，范仲淹罢参知政事知汾州，富弼罢枢密副使知郓州，韩琦罢枢密副使知扬州，欧阳修罢都转运按察使，降知制诰，知滁州。至此，北宋王朝轻易地就失去了第一次中兴的机会。

至元丰二年（1079）二月，苏轼（1037－1101）自徐州移知湖州，进《湖州谢上表》，监察御史里行何正臣（1041－1100）、舒亶（1041－1103）、御史中丞李定（1028－1087）先后据以弹劾，又成“乌台诗案”。当时，朝

---

① ［元代］脱脱等：《宋史》卷432《儒林二》（石介），北京：中华书局，1985年版，第12834－12836页。

② ［南宋］吕中《宋大事记讲义》卷10，载曰：“先是，石介奏记于（富）弼，责以行伊周事。夏竦怨介斥己，又欲因是倾弼等，乃使奸阴习介书，改‘伊周’曰‘伊霍’，撰废立诏。仲淹、弼乃恐惧不安，适有边奏，仲淹因请行，乃有是命。”

③ ［元代］脱脱等：《宋史》卷314《范仲淹传》，北京：中华书局，1985年版，第10275页。

④ ［元代］脱脱等：《宋史》卷286《王益柔传》，北京：中华书局，1985年版，第9634页。《傲歌》曰：“九月秋爽天气清，祠罢群仙饮自娱。三江斟来成小瓯，四海无过一满壶。座中豪饮谁最多？惟有益柔好酒徒。三江四海仅一快，且挹天河酌尔吾。漫道醉后无歇处，玉山倾倒难相助。醉卧北极遣帝扶，周公孔子驱为奴。”

⑤ ［元代］脱脱等：《宋史》卷442《文苑四》（苏舜钦），北京：中华书局，1985年版，第13079页。

廷并未也无意采取治罪行动。同年七月二日，李定却再次上疏弹劾苏轼，径言“轼有可废之罪有四”，主要是针对苏轼以诗文讥讽新法，制造混乱而言。同日，舒亶配合李定进行弹劾，还缴上苏轼印行的诗稿3卷。于是宋神宗立即诏命知谏院张璪（？－1093）、御史中丞李定立案推治。八月十八日，苏轼自湖州入御史台狱。之后经过4个多月的勘治，被贬逐者除苏轼外，还有驸马都尉王诜（1048－约1104），著作佐郎、签书应天府判官苏辙（1039－1112），正字王巩（约1048－1117），太子少师张方平（1007－1091），知制诰李清臣（1032－1102）。此外，因此被责罚和致仕者还有端明殿学士司马光、户部侍郎范镇（1007－1088）、知开封府钱藻（1022－1082）等20人。这是继“进奏院案”之后，又一次以“文字”全面排击政敌异党的政治事件。在这次事件中，改革派一改前次失败的局面，似乎赢得了全面的胜利，孰料埋下的是一颗悲剧的种子。

元祐四年（1089），大理丞吴处厚为报私怨，诬陷前宰相蔡确（1037－1093）《夏日登车盖亭》十绝句中“内五篇皆涉讥仙，而两篇讥仙尤甚，上及君亲”。以诗中引唐朝郝处俊谏唐高宗欲传位皇后武则天故事，意在讽喻高太皇太后。[①] 左谏议大夫梁焘、右谏议大夫范祖禹、右正言刘安世等“自吴处厚奏至，皆手舞足蹈相庆，不食其肉，不足以餍”，频频上疏，论列蔡确之罪，遂成大狱。同年五月结案，蔡确被贬岭南新州，四年后死于瘴气。该案的结词是“只为此人于社稷不利”。本来此案到此也就该结束了，但恰恰相反，不过序幕而已，对改革派大规模的清洗风暴自此正式开始——元祐党人在蔡确被遣新州的同时，一方面将王安石和蔡确新党名单张榜公布，以示警告，同时对元祐元年（1086）被司马光斥逐的新党人员章惇（1035－1105）、韩缜、李清臣和张商英等人再加以重贬，又逐渐清除了在朝的新党，

① ［元代］脱脱等：《宋史》卷471《奸臣一》（蔡确），北京：中华书局，1985年版，第13700页。

▲林和靖梅花图
［南宋］马远
绢本设色
24.5×38.6cm
日本东京国立博物馆藏

如李德刍、吴安诗和蒲宗孟等人，他们都被降官贬斥，借此巩固旧党的势力。由此，“车盖亭诗案”成了自庆历以来朋党之争以“文字”排挤政敌最广、力度也最大的一起文字狱。

更为可悲的是，在元祐党人排挤乃至肆意倾轧新党的同时，并不是团结一致，有共同的纲领和目标，而是各行其是，分别形成了以程颐为首的洛党，以苏轼为首的蜀党，以及以刘挚、梁焘等人为首的朔党，“诸党相攻击不已”①，在政治上相互排挤和诋毁。其中，洛党、侍御史贾易有鉴于“车盖亭诗案”将改革派一网打尽的成功经验，千方百计地觅猎能够根除蜀党势力的“文字”，而于元祐六年（1091）八月终于觅得苏轼扬州题诗一首，居为奇货，上疏弹劾翰林学士苏轼谤怨先帝（宋神宗赵顼），因苏轼立即上疏自辩，才免去一场大祸，但还是被命出守扬州。同年，洛党、御史中丞郑雍又弹劾朔党、尚书右仆射、中书侍郎刘挚朋党不公，刘挚被贬郓州（今山东东平）知州。

至元祐八年（1093），高太后逝世，宋哲宗赵煦亲政（1085－1100年在位），他即刻重新起用章惇（任尚书左仆射、门下侍郎）、曾布（任翰林学士）、蔡卞（任户部尚书）等新党人物，更张元祐政治，“绍述”熙、丰新法。章惇等人上台之后，拿《神宗实录》说事，斥之为“谤书”，兴狱治案，以史料文字排击元祐党人。至元符三年（1100），年仅23岁的宋哲宗突然去世，弟赵佶被立为帝，是为宋徽宗，时年19岁。向太后临朝，复引元祐党人而排挤新党。既而，向太皇太后因疾还政，宋徽宗亲政，再引新党。两年后，蔡京任尚书右仆射、中书侍郎。同年，禁元祐党人司马光等子孙留京都，

---

① ［北宋］邵伯温：《邵氏闻见录》卷13，北京：中华书局，1983年版，第146页，载曰：“哲宗即位，宣仁后垂帘同听政，羣贤毕集于朝……然虽贤者不免以类相从，故当时有洛党、川党、朔党之语。洛党者，以程正叔侍讲为领袖，朱光庭、贾易等为羽翼；川党者，以苏子瞻为领袖，吕陶等为羽翼；朔党者，以刘挚、梁焘、王岩叟、刘安世为领袖，羽翼尤众。诸党相攻击而已……至绍圣初，章惇为相，同以为元祐党，尽窜岭海之外，可哀也。”

定司马光、文彦博等117人为奸党，由宋徽宗亲书其名，刻石为碑，立于端礼门。崇宁三年（1104），再定奸党司马光等306人名单，颁发州县。同时，全面禁毁“元祐学术”，造成一次几乎不可弥补的文化劫难。当时，“凡苏氏之学，悉以为邪说而禁之”①，并毁其文集印版。唯赖宋神宗赐序，《资治通鉴》才免毁版之劫。至此，北宋王朝失去了最后一次中兴的机会。一个潜伏多时的投机分子和腐败分子蔡京趁乱攫取了高位，长期把持朝政，加之宋徽宗和宋钦宗两代君王无能治国，北宋王朝在不停的内耗中悲惨地落下了它华丽的大幕。

结语

在传世经典《宋词三百首》中，开篇即宋徽宗的《燕山亭·北行见杏花》，词曰：

裁剪冰绡，轻叠数重，淡著胭脂匀注。新样靓妆，艳溢香融，羞杀蕊珠宫女。易得凋零，更多少、无情风雨。愁苦，闲院落凄凉，几番春暮。

凭寄离恨重重，者双燕何曾，会人言语？天遥地远，万水千山，知他故宫何处？怎不思量？除梦里有时曾去。无据，和梦也新来不做。

这首词是宋徽宗被金兵掳往北方途中，路遇杏花绽放，百感交集而作。题中“北行”即是他与儿子钦宗被虏，北行至五国城（一说在今黑龙江依兰县城西北一带），最后死在冰天雪地的北国。词中以美丽绝世的杏花被无情的风雨摧折而凋零，来比喻自己一旦归为俘虏，惨遭蹂躏、希望成灰的悲惨

① ［南宋］佚名《靖康要录》卷5。

命运。然而，正如俗语云："既然如此，何必当初?"孤高的瘦金体书写的也不过是一曲挽歌。他的艺术修养终究没能转化为政治才能，独步古今的艺术气质也没有升华为敢为天下先的政治责任，甚至没能挽救自己的性命，屈辱而死——徽宗遗体被金兵熬油点灯，钦宗则被金人强迫参加马球比赛，不擅马术的他很快跌落马下，被乱马践踏……在古代中国，帝王辞世不能说"死"，而曰"崩"，但至徽、钦两帝，死时却毫无尊严，死状之惨，不忍卒睹，却是自取其辱。也因此，金太宗完颜晟（女真名完颜吴乞买，1123 - 1135 年在位）在他们生前轻蔑地称宋徽宗为"昏德公"，称宋钦宗为"重昏侯"，也即一昏再昏、误国害民之意。①

然而，回顾北宋 167 年历史，不是没有中兴的机会。幸运女神至少亲自光临了它两次，给了它众多的忠臣和良将，但是，他们或者因为元老们的坚决反对而黯然下台、寂寞终老（如范仲淹与王安石），或者因为党争而颠沛流离（如苏轼），甚至死于非命（如狄青），而成为中国历史之最大悲剧，以至"靖康耻"不独是一个王朝的耻辱，也是一个民族抹不去的伤痕。

不过，北宋虽然灭亡了，但还是留下了足以傲视天下、泽被后世的指南针、火药和印刷术 3 大发明，留下了优美的诗词，留下了古雅的书画，留下了灿烂的史学，留下了不可企及的美学风格，留下了恢宏的士人传统……

---

① ［南宋］确庵、耐庵编，崔文印笺证：《靖康稗史笺证》之六《呻吟语》，北京：中华书局，2010 年版，第 210 页。

第十八卷

南宋：悲剧的温床

如果不是史弥远为『庆元党禁』松绑，恢复了道学的地位，并为朱熹、彭龟年、杨万里、吕祖俭等道学先生平反，甚至追赠朱熹为太师，倡导道学，下令刊行他的著作，使得本来已经奄奄一息的道学死而复生，南宋的命运或许是另一番景象。

无论是秦之前的列国，还是秦以后的王朝，包括秦朝本身，结局之悲惨都莫过于两宋——南宋确庵、耐庵编撰的《靖康稗史》可谓一部北宋屈辱史——那是靖康二年，也即金国天会五年（1127）三月二十九日黎明，金兵押送多达860余辆坐着赵宋皇族俘虏和金银财宝的马车北上，其中有“皇子二十三人，太子、皇孙十六人，亲王七人，驸马八人，帝妃五人，……嫔御一百七十六人，帝姬二十一人，公主、皇孙女三十人，亲王妻妾五十二人，王女二十三人，随从奄侍一百四十六人，宫女、侍女八百三十二人”，[①] 共计“俘其妻孥三千余人，宗室男、妇四千余人，贵戚男、妇五千余人，诸色目三千余人，教坊三千余人，都由开封府列册津送，诸可考索”[②]。而这，不过是赵宋皇族悲惨命运的开始。当时，金兵“掠致宋国男、妇不下二十万，能执工艺自食力者颇足自存。富戚子弟降为奴隶，执炊牧马，皆非所长，无日不撄鞭挞。不及五年，十不存一。妇女分入大家，不顾名节，犹有生理；分给谋克以下，十人九娼，名节既丧，身命亦亡。邻居铁工，以八金买娼妇，实为亲王女孙、相国侄妇、进士夫人……”。[③]

当我们惊叹“华夏文明造极于赵宋之时”，华夏悲剧也莫过于赵宋，故史称“靖康之耻”。岳武穆的名篇《满江红》所写“靖康耻，犹未雪”即讲述这

① ［南宋］确庵、耐庵编，崔文印笺证：《靖康稗史笺证》之三《开封府状》，北京：中华书局，2010年版，第92页。

② ［南宋］确庵、耐庵编，崔文印笺证：《靖康稗史笺证》之七《宋俘记》，北京：中华书局，2010年版，第243－244页。

③ ［南宋］确庵、耐庵编，崔文印笺证：《靖康稗史笺证》之六《呻吟语》，北京：中华书局，2010年版，第199页。

一段史实。但他不会想到，他为之努力及至献出生命的南宋的结局更为惨烈！

祥兴二年（1279）二月，宋元两军决战崖山（今广东江门新会南崖门镇）。二月六日，宋军战败，且突围无望，左丞相陆秀夫（1236－1279）决定以身殉国。他盛装朝服，“杖剑驱妻子入海”①。当时，陆夫人稍有犹豫，他厉声道：“都去，还怕我不来？”陆夫人听罢，从容投海自尽。随后，陆走到年仅7岁的南宋末代皇帝赵昺（1272－1279）面前，双膝跪下，满脸凝重，恭恭敬敬地三叩首后，说：“国事至此，陛下当为国死。德祐皇帝辱已甚，陛下不可再辱！”② 惊恐万状的幼帝似懂非懂地摇摇头又点点头。陆再次跪下三叩首，趴在地上，让幼帝慢慢爬上他的后背，然后站起来，用白色的绸带把幼帝牢固地绑在自己的背上，脸色坚毅地走向船舷，走向舵楼，环顾烟雨，纵身一跃，跳入茫茫大海，“负宋主同溺”③。杨太后（宋度宗杨妃，德祐二年，即1276年为皇太后）听说幼帝死去，大声痛哭说：“我忍死间关至此者，止为赵氏一块肉耳。今无望矣！”说毕，毫不犹豫纵身赴海而死。④先前护卫杨太后突围的少傅、枢密副使张世杰（？－1279）听闻太后的噩耗，悲痛不已。将太后安葬之后，将士们劝他弃船登岸，他坦然道：“不必了。”然后独自登上船楼，焚香祷告说：“我为赵氏，亦已至矣，一君亡，复立一君，今又亡。我未死者，庶几敌兵退，别立赵氏以存祀耳。今若此，岂天意耶！”⑤ 言罢，也坠海身亡。史载，崖山一役，宋人“尸浮海上者十余万

---

① ［元代］脱脱等：《宋史》卷451《忠义六》（陆秀夫），北京：中华书局，1985年版，第13276页。

② ［清代］毕沅：《续资治通鉴》卷184《元纪二》，长沙：岳麓书社，1992年版，第563页。

③ 同上。

④ 同上。

⑤ ［清代］毕沅：《续资治通鉴》卷184《元纪二》，长沙：岳麓书社，1992年版，第563页。

人”①，再次上演了一场让后世唏嘘不已的王朝悲剧。

当时，宋军还有兵力约20万人，以及比元军更为先进的战舰800艘；而由张弘范（1238－1280）与李恒（1236－1285）统率的元军总兵力不超过3万人，战舰不及宋军的一半，仅约400艘。如此，即使不说宋军占有绝对优势，但也并不处于劣势，何以一击即溃、不战而败呢？

被皇帝葬送的希望

细说起来，北宋虽然也称是统一年代，但其开国，北有辽，西有夏，西南有大理，并不曾真正统一，甚至于传统中国固有之地——燕云十六州（一说幽云十六州）都不在其版图之内（为辽国控制），而自王朝建立开始就面临战争危险。可以说，当时中国一如春秋战国时期，北宋不过是列国之一。但是，宋王朝不仅没有加强战备，反而自我阉割，在开国不久，即解除了主要将领的兵权，允许他们只拿钱不管事，这就是路人皆知的“杯酒释兵权”的故事。从表面上看，这杜绝了武人乱政的可能，但同时也削弱了宋军的战斗力。与此同时，宋太祖还“发明”了一套新的军事体制，设枢密院为最高军事机关，管部队调动；设三衙管理部队日常训练；将领由皇帝临时指定；彻底分权，使得“兵无常帅，帅无常师”，如此一来将领们想要造反更是难上加难，但战斗力也再次减弱。更严重的是，由此还形成一套制度，所谓3大纲领：“稍夺其权，制其钱粮，收其精兵。”② 其核心思想即“猜防”两字，猜忌将领，钳制士兵，因而在北宋，将领大多以保身全名为要旨，以致在宋太宗身后几无名将，而白白浪费了在宋辽对峙前期宋朝所拥有的优势。后来，有幸出了一个值得称道的狄青，时人呼为“狄天使”，宋仁宗比之为

① ［清代］毕沅：《续资治通鉴》卷184《元纪二》，长沙：岳麓书社，1992年版，第563页。

② ［清代］毕阮：《续资治通鉴》卷2《宋纪二》，长沙：岳麓书社，1992年版，第17页。

◀ 秤书图
[明代]郭诩
绢本设色
122.9×71.1cm
美国纽约大都会
艺术博物馆藏

“朕之关张”，官至枢密使也遭猜忌而死。宋太祖“以小人之心度君子之腹”，他让猜忌和抑制武将成为两宋时期不可逾越的、所谓的“祖宗家法”。

至南宋，其开国气象比之北宋又差了一大截，版图大致为北宋的2/3——在北宋徽宗崇宁四年（1105）尚有24路，至南宋建炎元年（1127）仅剩16路，但依然可谓半壁江山，其中包括当时世界上最富庶的江浙地区，“天下赋税，尽出其半”，号称膏腴之地。遥想夏代的姒少康（夏朝第5位君主）可以十里之地而复国（史称“少康中兴”）[①]，至宋高宗赵构（1107－1187）的基础何止少康千百万倍，可惜的是，他的人品与能力相差少康何止千百万里远。在北宋亡国的前一年，即靖康元年（1126）十一月，时为康王的赵构接到他的嫡亲兄长、宋钦宗任命他为兵马大元帅的蜡书，命他火速勤王，他却只让副元帅宗泽带领部分士兵驰援，自己一路向东逃跑到济州（今山东巨野）。次年，当他接到张邦昌派人送来的传国玉玺，知道自己成了宋徽宗诸子中唯一没有被俘虏的皇子，最有资格登上皇位，成为赵宋王朝的新君，于是即刻移师南京应天府（今河南商丘），在府衙迫不及待地即位，改元建炎元年，史称宋高宗，此后在位36年（1127－1162年在位）。时间之长、基础之好足以复国，血洗父兄被掳之耻，孰料赵构全然不在乎这些，甚至于在他内心不无感激金国入侵，他才得以成为九五之尊。否则，按照常理，终其一生都只是一名康王，没有资格、更没有任何机会登上皇位。

因此，即位不久，赵构就毫不犹豫罢免了“南渡以后最好的宰相人选”李纲，因为担心其主战态度给自己惹来大麻烦；随后，又不惜顶上蔑视祖训的罪名（宋太祖誓约有“不杀士大夫与上书言事人”），处死了上书的太学生陈东和布衣士子欧阳澈，其原因是陈东等人上书主张复用李纲，坚决抗金北伐，这与其逃跑的决策针锋相对。果不其然，赵构很快下诏“巡幸淮甸”，将扬州作为“行在”，每天在行宫中寻欢作乐，一如欧阳澈所说“宫禁宠乐”，

---

① 《左传》哀公元年。

全然不顾中原宋人正在与金军浴血奋战。宗泽留守东京一年（岳飞时任留守司七品统制），先后上了24次《乞回銮疏》，同时派人与两河义军联系，让他们做好接应宋军渡河收复两河（河北东路与河北西路）失地的准备，但赵构置若罔闻，在扬州乐不思蜀。宗泽见坐失良机，忧愤成疾，于建炎二年（1128）七月与世长辞。随后，北方抗金形势迅速逆转，义军被逐个击破，官军分崩离析，一年后东京开封再次被金军占领。南宋失去了第一次复国的机会。

当时，两河数十万义军都受宗泽节制，称其为“宗爷爷”，是复国不可多得的基础，抗金斗争最可倚靠的主力。并且，金国在中原立足未稳，南宋拥有天时、地利、人和的优势，奈何赵构志不在此，他的目的仅在于做一个可以左拥右抱的偷安皇帝，而不是中兴之主。尽管在顺昌一役之后，宋军转入了大规模的战略反攻。史称：“顺昌之捷，金人震恐丧魄，燕之重宝珍器，悉徙而北，意欲捐燕以南弃之。”[①] 那是绍兴十年（1140）六月，刚刚上任的东京副留守刘琦以少胜多，在顺昌府（今安徽阜阳）大破金兵，金军都元帅宗弼（即金兀术）狼狈北逃。七月，岳飞又取得郾城大捷。是役，岳家军大破宗弼依仗的重装骑兵“铁浮屠”，但见金军尸横遍野，宗弼大恸曰：“自海上起兵，皆以此胜，今已矣！”哀叹：“撼山易，撼岳家军难”[②]，而开始玩弄计谋，重启和谈。原本，在绍兴八年（1138），完颜宗幹与宗弼发动政变，杀死了对宋主和的完颜宗磐和完颜昌（挞懒），推翻了合约。孰料在南下之后遭遇顽强抵抗，情势对金国极其不利，大有乾坤倒转的趋势——岳家军的前锋已经推进至距离开封仅45里的朱仙镇，而急忙调整战略，和战并用，以和利诱——这正中赵构下怀。双方一拍即合，尽管金国提出了一个让宋人无

① ［元代］脱脱等：《宋史》卷366《刘锜传》，北京：中华书局，1985年版，第11404页。
② ［元代］脱脱等：《宋史》卷365《岳飞传》，北京：中华书局，1985年版，第11395页。

法接受的、屈辱的条件——“必杀飞，始可和”①，但赵构完全不在乎。《宋史》评价他曰：“偷安忍耻，匿怨忘亲”②，即可知他是一个什么样的君主。他不要也不在乎历史的荣光，也不管皇族的耻辱，只要有高高在上的皇上感觉足矣。何况，岳飞直言犯忌，多次建议立储既触动了赵构的痛处（无法生育），又触犯了祖宗家法中武将不得干政的忌讳；更重要的是，赵构一心议和，却也担忧，害怕诸将不可节制，而杀鸡儆猴，便于控制朝政与军权，凡此种种，意味着岳飞必须死，遂连下 12 道金牌令其班师回朝。绍兴十一年（1141）七月，秦桧唆使他的死党万俟卨以谏官身份弹劾岳飞；十月，岳飞与其子岳云被投入大理寺狱。韩世忠当面诘问秦桧，所谓的谋反证据在哪里，秦桧支支吾吾道：“其事体莫须有。”韩世忠愤然说：“‘莫须有’三字，何以服天下！”③ 终究独木难支、无力回天，赵构意已决，即便“系两月，无可证者”，也不惜违背祖训，于绍兴十一年十二月二十九日（1142 年 1 月 27 日）“赐岳飞死于大理寺，斩其子云及张宪于市，家属徙广南”。

赵构之无耻，居然等不及让岳飞父子看一眼新年的曙光，在除夕前夜将他们残忍杀害。“十年之力，废于一旦”，南宋失去了第二次复国的机会。在岳飞遇害之后，金使刘裪讥讽宋人说：“江南忠臣善用兵者，止有岳飞，所至纪律甚严，秋毫无所犯。所谓项羽有一范增而不能用，所以为我擒。如飞者，无异江南之范增乎。”④ 多年以后，一位赵家皇族后裔过杭州，至西湖拜祭岳王墓，不无批判说：“南渡君臣轻社稷，中原父老望旌旗。”已然无济

① ［元代］脱脱等：《宋史》卷 365《岳飞传》，北京：中华书局，1985 年版，第 11393 页，载曰：“兀术遗桧书曰：‘汝朝夕以和请，而岳飞方为河北图，必杀飞，始可和。’桧亦以飞不死，终梗和议，己必及祸，故力谋杀之。”

② ［元代］脱脱等：《宋史》卷 32《高宗九》，北京：中华书局，1985 年版，第 612 页。

③ ［元代］脱脱等：《宋史》卷 365《岳飞传》，北京：中华书局，1985 年版，第 11394 页。

④ ［明代］陶宗仪：《说郛》卷 18 载南宋叶寘《坦斋笔衡》。

于事。[①] 回忆绍兴十年（1140）岳飞北伐之时，南宋使臣洪皓（1088－1155）正被金国扣留，“距金主所都仅百里”，“ 蜡书驰奏，以为金人所畏服者惟飞，至以父呼之”，赵构却自毁长城，“诸酋闻其死，酌酒相贺。”[②]

但是，上天似乎独好南宋，在岳飞之后，又给了它第三次机会。在岳飞冤死之前两年，一个名叫辛弃疾的人出生了。弃疾的祖父辛赞先后做过谯县和开封等地长官。他虽然在金国占领的北地为官，但心怀故国，希望有所作为，等到弃疾等儿孙们成年之后，他常带着他们“登高望远，指画山河”，并在绍兴二十七年（正隆元年，1157）和绍兴三十年（正隆五年，1160）两次安排弃疾去金国首都燕京应试，实则刺探金国的朝廷形势、山川和官府仓库位置等军事情报，弃疾很好地完成了祖父交给的任务。绍兴三十一年（1161），他组织了一支2000多人的队伍在济南南部山区宣布起义，任掌书记，年纪轻轻但名重一时，“壮声英概，懦士为之兴起，圣天子一见三叹息。”[③] 一年之后，弃疾弃金归宋，任江阴军签判，约相当于副市长之一。弃疾不以为小，而于乾道元年（1165），详细分析了宋金之间的对立形势，写成《御戎十论》（又名《美芹十论》）献给刚刚即位的宋孝宗（1162－1189年在位），希望以此来唤起南宋君臣，尤其是新君的斗志，坚持胜利的信念。史家高度评价说：“言逆顺之理，消长之势，技之长短，地之要害，甚备。”[④]条陈战守之策，显示其卓越军事才能与爱国热忱。事实上，弃疾也是一个“下马能够草檄”“上马能够杀贼”的文武全才，并非一个只知吟诵风花雪月的词人。曾经，他孤身追杀叛徒义端和尚，并入敌营生擒叛徒张安国。可以说，弃疾是南宋少有的几个同时具有远见、谋略和执行力的爱国者。他不只

---

① 语出［元代］赵孟頫《岳鄂王墓》，全诗云：“鄂王坟上草离离，秋日荒凉石兽危。南渡君臣轻社稷，中原父老望旌旗。英雄已死嗟何及，天下中分遂不支。莫向西湖歌此曲，水光山色不胜悲。”

②［元代］脱脱等：《宋史》卷365《岳飞传》，北京：中华书局，1985年版，第11394页。

③［南宋］洪迈《稼轩记》。

④［元代］脱脱等：《宋史》卷401《辛弃疾传》，北京：中华书局，1985年版，第12162页。

是说说而已，而是一直准备着、行动着。南宋派往金国的外交使臣如丘密、钱之望、郑汝谐、许及之、汪义端等人，都是他的友人。从他们那里，弃疾了解到金国政治、经济和军事领域的最新情况。在他担任浙东帅之后，还派遣了许多侦察人员深入敌后进一步探明虚实，及时掌握了金国军力的大小及其军事动向。并且，在他担任湖南路安抚使时，还创立了一支飞虎军，其素质是沿江各个地方军队中最好的，不但湖南一路赖以平安，而且在以后的30多年里，飞虎军也一直是长江下游的一支重要的国防力量，被金兵称为虎儿军，且颇为忌惮。弃疾来自北方，曾同金兵交战，不仅有实战经验，在行军布阵方面也多有研究，因而在南归之后时刻准备着。他一直希望能够置身战斗的最前线，"沙场秋点兵"，但南宋朝廷却偏偏只让他在后方辗转腾挪，"可怜白发生"①，一个英雄就这样被活活折腾到老，于开禧三年（1207）病逝家中。临终还大呼"杀贼！杀贼"！

至此，"千古江山、英雄无觅"，南宋还有希望吗？至咸淳十年（1274），赣州知州文天祥（1236－1283）毁家纾难、起兵勤王，却已无力回天。他原本可成一代名相，一如房、杜、姚、宋开启盛世，无奈居于末世，只能选择做一名烈士。

宰臣是一群宵小

自靖康二年（1127）立国，至祥兴二年（1279）年为元所灭，南宋传9帝，凡152年。时间不算短，又有足够的机会恢复中原，却以悲剧落幕。细说起来，南宋有如历史老人的一件临时性作品，从一开始就缺少一个王朝的健康气质，152年鲜见政治家。文天祥是英雄，但公允而言，还不能归入政

---

① 语出［南宋］辛弃疾《破阵子·为陈同甫赋壮词以寄之》，全词云："醉里挑灯看剑，梦回吹角连营。八百里分麾下炙，五十弦翻塞外声，沙场秋点兵。马作的卢飞快，弓如霹雳弦惊。了却君王天下事，赢得生前身后名。可怜白发生！"

治家行列（待假以时日）。相比之下，东晋（317－420）一如南宋，也是被迫南渡，但其开国气象比南宋则健康许多，虽然偏安一隅，却不无远志。王导（276－339）作为奠基人，时人称“王与马，共天下”，位极人臣，却没有专权，而是帮助南渡即位的晋元帝（318－323年在位）平定了由其堂兄发起的“王敦之乱”。陈寅恪先生云：“王导之笼络江东士族，统一内部，结合南人北人两种实力，以抵抗外侮，民族因得以独立，文化因得以续延，不谓民族之功臣，似非平情之论也。”①

反观南宋，奸臣与权臣现象尤为突出，建国伊始即有黄潜善（1078－1130）与汪伯彦（1069－1141）——这是两个被元朝编修的《宋史》列入《奸臣传》的人物，其潜台词不得而知；此外还有杜充（？－1141），史载“性残忍好杀，而短于谋略”②。他继宗泽担任东京留守，不敢与金兵交锋，却下令开决黄河大堤，使黄河水自泗水入淮，企图以此来阻挡身后的追兵。孰料此举非但没有阻止金兵，还致使当地百姓被淹死20万人以上，因流离失所和瘟疫而造成的死亡数倍于此，数百万无家可归者沦为难民。令人完全想不到的是，赵构不仅没有治罪（丢失了长江以北所有宋朝领土），反而将其拜为右相、御营使，令其负责宋军长江防线中最重要的建康一线的防务。至此，稍有良知之人都会寻思将功赎罪，杜充却终日宴居，不理兵事。建炎三年（1129）六月，金兵大举南下，宋军长江防线全线崩溃，赵构君臣被金兵追杀，狼狈逃窜，在茫茫大海上如孤魂野鬼一样飘荡了4个多月；而杜充则成为南宋第一个叛国投敌的宰相，被《宋史》列入《叛臣传》。很难想象，一朝开国宰相竟然都如此不堪，于是可想而知南宋的命运，秦桧（1090－1155）能够登上历史舞台也就具有某种必然性。

从某个角度讲，秦桧也可谓南宋的“奠基者”，但其目的与王导迥然不

---

① 陈寅恪：《金明馆丛稿初编》，北京：生活·读书·新知三联书店，2001年版，第77页。

② ［元代］脱脱等：《宋史》卷475《叛臣上》（杜充），北京：中华书局，1985年版，第13809页。

同。王导是为了保留中国的衣冠制度，秦桧则是为了一己之私，而不顾国格，及至牺牲国之柱石的性命也在所不惜——在金国开出的议和条件中，除了上述的“必杀岳飞”之外，（居然）还有“不许以无罪去首相”[①] ——这就剥夺了赵构对秦桧的罢免权，确保其作为金国政治代理人的位置不可动摇。因而自绍兴元年（1131）擢参知政事，随后拜相，次年被劾短暂去职，在绍兴八年（1138）再相，至绍兴二十五年（1155）死去，前后执政19年，占南宋时长的1/8。当时，南宋王朝的政治空气呈现出一种前所未有的窒息和黑暗。而这，不过是刚刚开始。

宁宗朝（1195－1224）的史弥远（1164－1233）与秦桧相比不遑多让。秦桧杀岳飞和史弥远杀韩侂胄（1152－1207），都是自毁长城，而史弥远尤为恶劣，他命人秘密杀害了韩，然后还把韩的头割下，派人专程送往金国，大臣王介抗议说：“韩侂胄头不足惜，但国体足惜！”[②] 反对无效。次年，也即嘉定元年（1208）七月，史弥远知枢密院事兼参政知事，随即恢复了被韩侂胄剥夺的秦桧的申王爵位及忠献谥号，积极奉行降金乞和政策；九月，签订宋金和议，史称“嘉定和议”，金宋叔侄之国改为伯侄之国，岁币由20万增为30万；另加“犒军银”300万，这是以往和议中所没有的。这份宋金议和史上最为屈辱的和议，自然引起朝野不满。太学博士真德秀（1178－1235）公开讽刺说：“金人欲多岁币之数，而吾亦曰可增；金人欲得奸臣（指韩侂胄）之首，而吾亦曰可与；往来之称谓，犒军之金帛，根括归朝流徙之民，皆承之唯谨，得无滋嫚我乎？”[③] 这番话，可说是当时舆论的代表。史弥远的丑行，实与秦桧不相上下。不仅如此，他还做了秦桧都没有做的

① ［南宋］叶绍翁：《四朝闻见录》乙集《吴云壑》，北京：中华书局，1989年版，第50页。

② ［南宋］叶绍翁：《四朝闻见录》乙集《函韩首》，北京：中华书局，1989年版，第75页。

③ ［元代］脱脱等：《宋史》卷437《儒林七》（真德秀），北京：中华书局，1985年版，第12957页。

事——交通后宫，伪造宁宗遗诏，“废竑为济王，立昀为皇子，即帝位”①，赵昀即宋理宗（1124－1264年在位）。此前，他在宁宗朝独相17年（1208－1224），理宗即位后又独相9年（1224－1233），专政26年，占南宋时长超过1/6，却无善政。对外屈服妥协，对内则疯狂掠夺。大量印造新会子（纸钞），不再以金、银、铜钱兑换，而只以新会子兑换旧会子，并且把旧会子折价一半。致使会子充斥，币值跌落，物价飞涨，民不聊生。至史弥远死后，“天下之势，如人垂老而得疾，故其疗之也难为功”。②

如果有幸遇到良医，不无愈合之希望。可惜的是，南宋再次遇到一位庸医——确切地说，贾似道连庸医都算不上。他专擅朝政17年，占南宋时长的1/9，前期尚有些许作为，但常夹带私货（假公肥私），又不得要领，实行“打算法”让将士离心。宋理宗景定二年（1262），潼川路安抚副使兼知泸州刘整（1212－1275）畏惧迫害，最终以所领15郡、30万户降元。元军不战而胜，占领大半个四川，战争形势急转直下。更为严重的是，在刘叛降之后，提出“先攻襄阳，撤其扞蔽”的取宋战略。③ 襄阳被围5年后城破，随后，元兵便长驱直入南宋行在临安（今浙江杭州），南宋亡。对此，贾似道不会承认因为他的擅权而闯下弥天大祸，而在宋度宗（1264－1274年在位）即位后，更加刚愎自用，排除异己，“一时正人端士，为似道破坏殆尽。”④每日理政，自有书吏将三省文书送到贾的位于西湖边上的葛岭私宅，由其门客廖莹中与翁应龙处理，他不过在文书尾部画上个押。绝大多数时间里，他都在其私宅内的亭台楼阁里，与姬娼尼妾花天酒地、纵情声色，或者与爱妾趴在地上斗蟋蟀，世人讥为“蟋蟀宰相”，但贾似道浑然不觉，醉生梦死，

① ［元代］脱脱等：《宋史》卷243《后妃下》，北京：中华书局，1985年版，第8657页。

② 虞云国：《细说宋朝》，上海：上海人民出版社，2002年版，第447页。

③ ［明代］宋濂等：《元史》卷161《刘整传》，北京：中华书局，1976年版，第3786页。

④ ［元代］脱脱等：《宋史》卷474《奸臣四》（贾似道），北京：中华书局，1985年版，第13783页。

完全置社稷安危于不顾——对此，世人一点都不难理解，列入《奸臣传》的人做坏事“理所当然”；那么，列入《道学传》的人是否就“心底无私”呢？

无能的道学

绍熙五年（1194）闰十月，拥有外戚身份的知阁门事韩侂胄以内臣的有利条件，出内批罢黜了经筵侍讲朱熹（1130－1200）；次年，改元庆元；二月，又罢黜了担任右丞相才半年的赵汝愚（1140－1196）；六月，右正言刘德秀（1135－1207）上书，希望宋宁宗赵扩效法孝宗，“考核真伪，以辨邪正”①；七月，御史中丞何澹（1146－1219）也上书请禁道学。宋宁宗将这份奏疏张榜朝堂。数日后，吏部郎官糜师旦（1132－?）再次奏请考核真伪，将刘德秀的建议付诸实施。庆元二年（1196）二月，刘德秀公开说“伪学之以危社稷”，将道学正式定为“伪学”。这年开科考试，试卷只要稍涉程朱义理之学一律不取。儒学六经之《诗》《书》《礼》《易》《乐》《春秋》和《论语》《孟子》《中庸》《大学》都“为世大禁”。庆元三年（1197），伪学之禁再次升级，韩侂胄规定伪学之徒不得担任在京差遣，并清查各科进士和太学优等生是否属于“伪学之党”；同年六月，朝散大夫刘三杰奏称：“今日之忧有二：有边境之忧，有伪学之忧”，“盖前日为伪学，至此变而为逆党矣”，把道学之禁推向了高潮；十二月，知绵州王沇上疏，“请置伪学之籍”，宁宗“从之”。于是仿元祐党禁的做法，置《伪学逆党罪籍》，入籍者共59人。其中有：宰执赵汝愚、留正、周必大、王蔺4人；待制以上朱熹、徐谊、彭龟年、陈傅良、楼钥等13人；馀官刘光祖、吕祖俭、叶适、杨简、袁燮等31人；武臣皇甫斌等3人；士人杨宏中、蔡元定、吕祖泰等8人，史称“庆

① ［元代］脱脱等：《宋史》卷37《宁宗一》，北京：中华书局，1985年版，第719页。

元党禁”（也称“伪学逆党之禁”）。[①]

平心而论，韩侂胄此举大为失当。首先，道学家并不是这张名单的共同点（很多人都与道学无关），而是这些人都曾经直接或间接触怒过韩本人或其党徒。在此之前，这59人中，已经罢官的罢官，远斥的远斥，甚至有的已经亡故（如赵汝愚）。韩的目的不过是通过“党禁”打通通往权臣之路。自庆元元年至开禧三年（1195－1207），他建节、封王、拜太师，掌握南宋军政大权达13年之久，却善政不多，但若因此将韩列入《奸臣传》，无疑也不妥。元朝的《宋史》编修者不无个人好恶在内，崇朱抑韩，有失公允。但是，无论是站在南宋，还是站在整个中国历史的角度上看，“庆元党禁”都有着重要的意义，尤其是将道学定为“伪学”，不可谓毫无远见。而且这并非韩那一群人的意见。

早在淳熙十年（1183），就有监察御史陈贾上疏，“请禁伪学。”[②] 认为“所谓道学者……假其名以济其伪”，请宋孝宗“明诏中外，痛革此习”，“考察其人，摈斥勿用”。对此，兵部侍郎林栗说得更为透彻明白：“（朱）熹本无学术，徒窃张载、程颐之绪余，为浮诞宗主，谓之道学，妄自推尊。所至辄携门生十数人，习为春秋、战国之态，妄希孔、孟历聘之风，绳以治世之法，则乱人之首也。”[③] 尽管不无偏激，但也不无道理。与此同时，吏部尚书郑丙也明确表示反对，认为所谓道学者，“欺世盗名，不宜信用”[④]。著名学者叶适则一针见血地指出：“善为国者，务实而不务虚。”甚至于朱熹的朋友陈亮，终其一生都在强烈反对道学，与之针锋相对，说：“今天下之士，

---

① ［清代］毕阮：《续资治通鉴（三）》卷154《宋纪一百五十四》，长沙：岳麓书社，1992年版，第79－89页。

② ［元代］脱脱等：《宋史》卷35《孝宗三》，北京：中华书局，1985年版，第680页，载曰：“六月戊戌，监察御史陈贾请禁伪学。”

③ ［元代］脱脱等：《宋史》卷394《林栗传》，北京：中华书局，1985年版，第12031页。

④ ［元代］脱脱等：《宋史》卷394《郑丙传》，北京：中华书局，1985年版，第12035页。

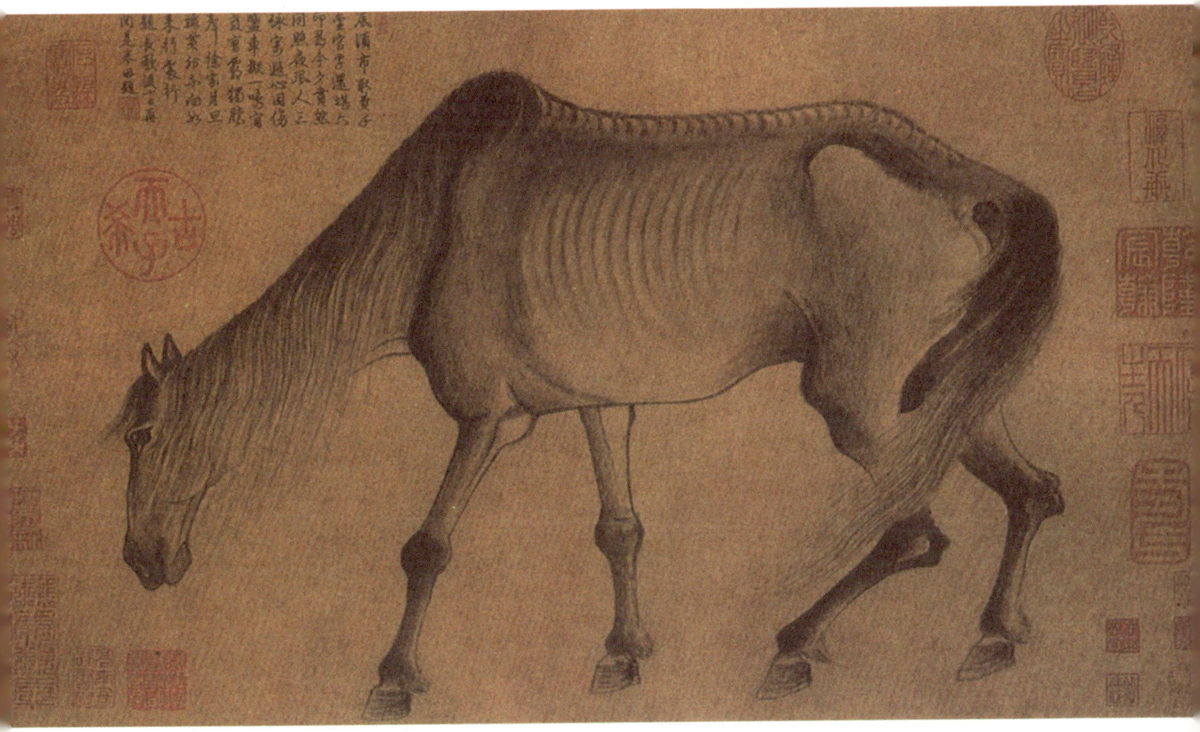

▲骏骨图

［元代］龚开

纸本设色

29.9×56.9cm

日本大阪市立美术馆藏

烂熟委靡，诚可厌恶”，指责道学家“以徐行缓语为用，务为不可穷测”①，故作高深，是借以掩盖他们无知和无能。

显然，对一个大敌当前的君王讲“帝王之学，必先格物致知”② 过于迂阔。然而，朱熹这位后人许为朱夫子的道学先生并不这样认为，他于淳熙十四年（1187），在上孝宗的奏书中继续说：“祖宗之积愤不可以不摅，中原之故疆不可以不复”，这都不对。区区东南还有不少事可虑，哪里还有什么“恢复”可图？真有志于恢复，不在于“抚剑抵掌”，而在于陛下“正心克己”，他公开认为“说恢复底，都是乱说”，“端人正士”以复仇为非，和议为是。“乘时喜功名、轻薄巧言之士，则欲复仇”。指责主战派虞允文（1110－1174）等“其实无能，用着辄败，只志在脱赚富贵而已”，甚至认为“言规恢于绍兴之间者为正，言规恢于乾道以后者为邪”③。这已经不是妥协派的言论，而近乎投降主义了。他们忘了先贤所言“三不朽”中有“立功”一说。

事实上，道学也非救世之学，而类似于“四不像”，“以儒为表，以释道为里，在正心诚意之间加上了一段神秘的色彩”，“在半神学半哲学的领域里做文章，因此产生许多不良的影响。”“凡治财赋者则目为聚敛，开阃捍边者则目为麄材；读书作文者则目为玩物丧志；留心政事者则目为俗吏。”似乎除了为先哲立祠堂，注解古书，道学家们的作用就是将反对者称为“小人”“奸党”，认为只要发现道德之理，省察内心就可以“万物皆备于心”，不需要对外部世界有所研究，无异于无稽之谈。贪图富贵，不图恢复，这并非只是以赵构和秦桧为代表的南宋最高统治者的决策心理，它也是南宋一大批文人的共同心态，是南宋贯穿始终的妥协投降路线大的社会基础。为了一己之

① ［元代］脱脱等：《宋史》卷436《儒林六》（陈亮），北京：中华书局，1985年版，第12940页。

② ［元代］脱脱等：《宋史》卷429《道学三》（朱熹），北京：中华书局，1985年版，第12752页。

③ 《朱子语类》卷133。

私，吹牛拍马，拉帮结派，倒行逆施。因此，黄仁宇先生说“不能认为周程朱张应对宋朝的覆亡负责”[①]，实在是君子之仁。何况，“彼口道先生之言，而行如市人所不为。”[②] 道学先生并没有成为世人的道德榜样。明代的王阳明先生（1472－1529）即是道学（理学）的强烈反对者，而创立了以“知行合一”为主旨的心学。

如果不是史弥远为“庆元党禁”松绑，恢复了道学的地位，并为朱熹、彭龟年、杨万里、吕祖俭等道学先生平反，甚至追赠朱熹为太师，倡导道学，下令刊行他的著作，使得本来已经奄奄一息的道学死而复生，南宋的命运或许是另一番景象。而史弥远推行扶持理学派，重用或起用理学派人士并非因为深知道学的力量，有益于恢复故土，只不过是为了掩盖他的本来面目，“外示涵洪”，笼络喜欢以道德品评天下的道学人士，以利于更有效地打击异己。于是仿佛一个黑色幽默——一个积极倡导道学的人居然被列入《奸臣传》，不知朱熹泉下有知作何感想，他是否知道，道学不仅没能挽救南宋，甚至没能阻止南宋宰相投降敌人——景炎元年（1276），右丞相兼枢密使留梦炎（1219－1295）在元军兵临城下之时弃位逃跑，随后公然降元，北入大都。世人很少知道，留梦炎曾经与文天祥一样，都是状元郎，他如何不知叛国乃“大邪之行”“大恶之举”，非道学之所为。

结语

更糟糕的是，道学不仅成为南宋末年的官学，也是此后元明清三朝的官学。毋庸置疑，“反求诸己”不可或缺（自省是中国文化的核心精神），但认

---

① 黄仁宇：《赫逊河畔谈中国历史》，北京：生活·读书·新知三联书店，1992 年版，第 184 页。

② ［清代］毕阮：《续资治通鉴（三）》卷 154《宋纪一百五十四》，长沙：岳麓书社，1992 年版，第 76 页。

为“人欲”与“天理”相违背，君子必须“主静、主敬、慎独”，这种拘谨的作风可谓开南宋之后700年中国社会整体的保守性格的滥觞。黄仁宇先生评价道学“长于纪律，短于创造性”不无道理。

说起来，道学也是两宋的必然产物。宋太祖“以文立国”并非深思熟虑的国策，而是猜防的结果，权宜之计，目的是“以文抑武”。有一个故事可以佐证——在宋代以前，甚至在纷乱的五代时期依然遵循宰相与皇帝议政，皇帝必须亲自赐茶看座，即常说的“坐而论道”。然而有一天，宋太祖见宰相范质（911－964）等人坐着议事，就借口自己眼睛昏花，让把文书送到他面前，等到范质回身落座的时候，座位已经被暗中撤走了，从此宰相们都只能站着议论朝政了。① 一个开国之君的器量竟然如此之小，可知在“以文立国”的背后其实是对文人的轻视和肆意玩弄，“文”不是治道，帝王之“术”而已。如此，宋代开国的格局相比汉、唐自然小了许多，甚至不及两晋。终究，如果连一个小小的座位都容不下，如何可能拥有天下？因而，两宋自立国开始，便面临存亡危机，被迫签下一个又一个城下之盟，而留下一个令人笑不出来的、悲伤的笑话——一个军人世家建立的国家偏偏在军事上少有作为，总是被动挨打，原本神圣不可侵犯的皇帝被敌兵追击几无立锥之地，屈辱求和，最后还是不免被掳或投海自尽的悲惨命运，原因何在？东京的灿烂与临安的繁华在金国铁骑与蒙古战刀下碎成一路血花……

---

① ［北宋］邵博《邵氏闻见后录》卷1，北京：中华书局，1983年版，第1页，载曰：“自唐以来，大臣见君，则列坐殿上，然后议所进呈事，盖坐而论道之义。艺祖即位之一日，宰执范质等犹坐，艺祖曰：“吾目昏，可自持文书来看。”质等起进呈罢，欲复位，已密令中使去其坐矣，遂为故事。”

第十九卷

元朝：找不到理想的年代

鼓励其将士追求更多的物质享受，千方百计满足他们的各种欲望和需求，这是成吉思汗及其子孙取得一个又一个军事胜利的主要原因；但同时，也暴露了被称为黄金家族的主要弱点，缺乏基本的政治素养和政治眼光，只知道马上打天下，依赖于武力和威权，而不懂治道……

元朝至正二十七年（1367）十月，吴王朱元璋命中书右丞相徐达（1332－1385）为征北大将军、中书平章政事常遇春（1330－1369）为副将军，率大军25万人，开始中国古代历史上最成功的一次北伐，所向披靡、战无不克；次年正月，吴王朱元璋在应天府（今江苏南京）即皇帝位，国号大明，建元洪武，史称明太祖；七月，徐达率明军攻克通州，兵临元大都（今北京）城下，大元帝国中书右丞相也速早已望风逃遁；闰七月二十七日，元顺帝孛儿只斤·妥懽帖睦尔（元世祖忽必烈6世孙，1333－1370年在位）带着第一皇后奇氏、太子爱猷识理达腊、皇孙买的里八剌与众妃、太监和宫女连夜开大都健德门，悄然北逃上都（今内蒙古多伦）①；八月初二，徐达率领明军挺进大都。不久，明朝改大都为北平府。至此，元朝在中原的历史结束。此后，北逃的元政权退居漠北，虽然仍沿用大元国号（史称北元），继元顺帝之后，还有过28位君主，并且一直与明朝处于对峙状态，甚至俘虏过明朝的一位皇帝（明英宗），却已经不复帝国时代的风采，回归一个只能依靠袭扰中原补充资源的游牧政权，不仅无力“收复”大都，而且不得不把俘虏的明英宗送还明朝，留下中国历史上最为沉重的一声叹息！

自至元八年（1271），蒙古大汗忽必烈改称大元皇帝（1260－1294年在位），建立元朝，至至正二十八年（1368）仅97年；如果自至元十六年（1279），南宋左丞相陆秀夫背着年仅8岁的宋怀宗赵昺投海殉国，南宋灭亡这一年算起，元朝历史还将减少8年，仅89年。回想当年，成吉思汗（1162－

---

① ［明代］宋濂等：《元史》卷47《顺帝十》，北京：中华书局，1976年版，第986页。

1227）、窝阔台（1186 - 1241）、拖雷（1193 - 1232）与忽必烈（1215 - 1294）祖孙三代金戈铁马、征战万里、纵横天下，先后于南宋嘉定十一年（1218）灭西辽，十二年（1219）西征花剌子模；至宝庆三年（1227）灭西夏，端平元年（1334）灭金国；在淳祐元年（1241）甚至一度逼近欧洲腹地（今匈牙利一带）；淳祐六年（1246）招降吐蕃，元宝元年（1253）灭大理，祥兴二年（1279）灭南宋，几乎横扫亚欧大陆，建立了人类历史上版图最大的蒙古帝国和中国历史上领土空前辽阔的大元帝国——“其地（仅指元朝）北逾阴山，西极流沙，东尽辽左，南越海表。盖汉东西九千三百二里，南北一万三千三百六十八里，唐东西九千五百一十一里，南北一万六千九百一十八里，元东南所至不下汉、唐，而西北则过之，有难以里数限者矣”。而且，“汉梗于北狄，隋不能服东夷，唐患在西戎，宋患常在西北。若元，……天下为一”[①]。何以在89年后，“一代天骄”成吉思汗的后裔、元顺帝一家只能借着夜色仓皇北遁，曾经扫荡千军的蒙古铁骑呢？还有那傲睨全球的帝国威仪呢？

史载，元顺帝至正元年（1341）至二十六年（1366）25年间，不但年年洪水泛滥，而且蝗灾频繁，仅大蝗灾就多达19次。与此同时，黄河、淮河又多次决口，“漂没田庐无算，死亡百姓无数，村庄城邑多成荒墟。”之后又是瘟疫，多次流行于河南、山东、河北、陕西以及南方诸行省，以至“种不入土，人相食”[②]——统计《元史》两卷《五行志》，出现“人相食”记录15次之多，最早一次发生在天历元年（1328）八月，“陕西大旱，人相食”[③]。甚至，蒙古草原也出现罕见灾荒，数十万户牧民被迫迁到内地。如此，必然对大元帝国的稳定造成根本性的伤害。但是，这些都不过是诱因而已！事实是，大元帝国自一开始就注定了它不可能长久！

---

① ［明代］宋濂等：《元史》卷58《地理志一》，北京：中华书局，1976年版，第1345页。
② ［明代］宋濂等：《元史》卷51《五行志二》，北京：中华书局，1976年版，第1107页。
③ ［明代］宋濂等：《元史》卷51《五行志一》，北京：中华书局，1976年版，第1071页。

每一位大元帝国皇帝的产生都是一场悲剧

这在元朝建立之前的四大汗时期就是一个严重的问题。1227 年 8 月，成吉思汗病逝于西征西夏期间。生前，成吉思汗虽然留有遗诏，由第三子窝阔台（1229－1241 年在位）继承大汗之位，但是依照蒙古传统，必须经过忽里台大会（蒙古贵族大会）公认，这使得窝阔台不能在第一时间即位，填补权力的真空。而在两年后召开的忽里台大会上，支持第四子拖雷（监国）的人比支持窝阔台的人多。好在拖雷执意不就，窝阔台才得以当选。13 年后，窝阔台去世，遗诏立第三子孛儿只斤·阔出长子、皇孙失烈门（？－1252）为大汗，不料皇后乃马真不从，摄政长达 4 年半，至 1246 年 8 月，由她会诸王、百官立己子（也即窝阔台长子）贵由（1206－1248）为大汗。但贵由大汗在位不满两年即死于非命，皇后海迷失称制，欲立窝阔台大汗生前指定的皇孙失烈门，诸王不服。在 1251 年召开的忽里台大会上，选拖雷长子蒙哥（1209－1259）为大汗，一如诸王当初的态度，海迷失皇后与她的两个儿子忽察与脑忽不予承认，有所图谋。蒙哥大汗（1251－1259 年在位）大开杀戒，忽察、脑忽与失烈门自杀。1259 年，蒙哥大汗去世，拖雷第四子忽必烈与第七子阿里不哥（1219－1266）兄弟争夺汗位。忽必烈抢先遣军迎接蒙哥大汗灵辇，收大汗印。次年，抵达开平（今内蒙古锡林郭勒盟正蓝旗境内），废忽里台大会选举大汗制度，由部分贵族支持，即蒙古大汗位，同时依从汉制，建元中统。

1264 年，再改“中统五年”为“至元元年”。至元二年（1265），阿里不哥战败请罪，被赦免，1 月后离奇死亡。至元八年也即南宋咸淳七年（1271），那一年 12 月 18 日，忽必烈再依汉制，取《易经》中“大哉乾元”之意，将国号由“大蒙古国”改为“大元”，蒙古大汗忽必烈“绍百王而纪

◀ 南枝春早图

[元代] 王冕（1187－1359）

绢本墨笔

151. 4 ×52. 2cm

台北故宫博物院藏

统”①，正式成为中国皇帝。至元九年（1272）二月，又采纳光禄大夫、太保刘秉忠（1216－1274）的建议，改中都为大都，宣布在此建都。② 至此，中国历史进入大元王朝阶段。与此同时，蒙哥大汗之子昔里吉和窝阔台大汗长子、合失之子海都一直都与忽必烈和他的大元帝国处于争斗之中，暂且不表。

至元三十一年（1294），元世祖忽必烈去世，在位34年，不可谓短，然而在继承人制度建设上依然乏善可陈。虽然他在至元十年（1273）即模仿中原王朝，采取立太子的方法以预不测，立嫡子真金为太子，不料真金在至元二十二年（1285）突然去世，留下3个儿子：甘麻剌、答剌麻八剌和铁木耳。对于这3个皇孙，忽必烈都很喜欢，尽管他在至元三十年（1293）六月接受御史大夫玉昔帖木儿（成吉思汗时期的功臣、右万户那颜博尔术嫡孙）的建议，把当年赐给真金太子的“皇太子宝”之印遣人送给了铁木耳，但终究不算正式的册封——即使从汉制的角度说来，铁木耳的嗣君地位也未必稳定。事实上，当时无论声望还是实力，甘麻剌都大大优于铁木耳。而且，甘麻剌是嫡长孙，封梁王，而铁木耳不是。因此，在忽里台大会上，身为嫡长孙的甘麻剌的呼声最高。如果不是灭宋元勋、知枢密院事伯颜（成吉思汗时期的功臣、千户阿里黑之孙）“握剑立殿陛，陈祖宗宝训，宣扬顾命，述所以立成宗之意，辞色俱厉，诸王股栗，趋殿下拜”③，铁木耳（史称元成宗，1294－1307年在位）未必能够继承大位。

在此之后，元朝诸帝还是大多由大臣拥立，甚至是指定——继成宗之后在位的武宗（海山，1307－1311年在位）能够即位，完全得益于中书右丞相哈剌哈孙（成吉思汗时期的功臣、千户启昔礼曾孙）。当时，皇后伯要真氏与中书左丞相阿忽台谋立安西王阿难答为帝。哈喇哈孙表面上不反对，暗中

① ［明代］宋濂等：《元史》卷7《世祖四》，北京：中华书局，1976年版，第138页。
② ［明代］宋濂等：《元史》卷157《刘秉忠传》，北京：中华书局，1976年版，第3694页。
③ ［明代］宋濂等：《元史》卷127《伯颜传》，北京：中华书局，1976年版，第3115页。

却派人通知了真金太子的次子答剌麻八剌的长子海山、次子爱育黎拔力八达带兵入京。爱育黎拔力八达先抵大都，率兵逮捕了阿难答，杀了阿忽台，迎海山至上都，拥立为帝。至泰定帝也孙铁木儿（1323－1328 年在位），居然由杀害了元英宗（硕德八剌，1320－1323 年在位）的凶手御史大夫铁失拥立为帝；而元文宗（图贴睦尔，1328－1332 年在位）则由叛乱的太仆卿、佥枢密院事燕铁木儿拥立；至于元朝的最后一位皇帝元顺帝依然由他决定。

细说起来，自忽必烈定国号为元到元朝灭亡，共传 11 帝，历 97 年；若自南宋开禧二年（1206）成吉思汗被蒙古各部酋长推为蒙古大汗，蒙古帝国诞生至元朝灭亡，共传 15 帝，历 163 年，却一直未能建立一个稳定、有效的帝国储君制度，这不能不说是一种严重的缺陷，结果屡起纷争，直接导致了元朝政治的极度混乱。更为严重的是，帝国的缺陷还不限于此！

前所未有的种族压迫

中统三年（1262），在忽必烈平定益都行省（今山东境内）李璮反叛之后，对汉人世侯官僚心存疑惧，遂罢地方诸侯世袭，收汉人军将兵权，并蓄意采取了借重色目人压抑和牵制汉人的策略，最终形成一种明显的种族压迫政策——元朝将境内居民按征服先后分为 4 个等级的不同族群。其中，第一等为蒙古人，亦称“国人”；第二等包括钦察、唐兀、阿速、图八、康里、畏兀儿、回回、乃蛮、乞失迷儿、吐蕃、哈剌鲁等西北各族居民，称色目人；第三等是长江和淮河以北原金国境内的汉族、契丹、女真等民族以及云南、四川两地这些较早被蒙古征服地区的汉人；第四等是原南宋境内的所有居民，元朝称之为南人，又蔑称“蛮子”“囊加歹”“新附人”。这 4 个等级的人在元朝的政治待遇有如天壤之别。据《元史》卷 85《百官志一》记载：

"官有常职，位有常员，其长则蒙古人为之，而汉人、南人贰焉。"① 甚至在刑罚、荫叙等方面也相继出台了带有种族压迫性质的规定，如"蒙古人殴打汉儿人，不得还报"，"如有违犯之人，严行断罪"②，并且强制拘收汉人持有的铁尺、手撾，禁止民间练武、打猎、养马等。当时，元朝皇室"曾以江南民户分赐诸王、贵戚、功臣数十人，每人所得民户，少则数十数百，多则数千数万，甚至有多达十几万户的，于是无数汉人沦为奴隶。蒙古人既拥有大批奴隶，更复强占田地作为牧场，因此他们不但是政治上的主人，也是经济上的特权阶级"③。衣服饮食，他们可以随心索取；财务女子，也可以随心所欲。他们从不鼓励生产，只知道盲目且凶恶地剥削。

更有甚者，元朝把"儒"列于"娼"之后。据南宋谢枋得《送方伯载归三山序》记载："七匠八娼，九儒十丐，贱之也。"于是乎，"诸无赖往往以小睚眦构陷衣冠之士。甚至'小夫贱隶，亦以儒为嗤诋'。上自皇帝皇子，中到官司武夫，下至庸胥俗吏、小夫贱隶，无不把儒者当作欺侮、嘲弄的对象。至元三年（1266）十二月，还发生了'籍近畿儒户三百八十四人为乐工'的事件"。昔日"四民之首"沦为"贱民"，"武夫豪卒诋诃于其前，庸胥俗吏侮辱于其后"④。与此同时，元朝又长时间罢废科举，基本堵塞了汉族儒生的仕途，至元仁宗（1311－1320年在位）皇庆二年（1313），科举才开始恢复。然而，元朝又在考选制度上制造了种种不平等：蒙古人、色目人仅需考两场，汉人、南人则需考3场。而且，4等人的录取名额与相应人口数量极不相符，相差10倍不止——前两个人群占全国总人口不足3%，但其分配名额却占了50%——《元史》卷81《选举志》详细记载了当时乡试合格者（举人）之员数、出身、阶级及地方等，蒙古、色目、汉人、南人都是75

① ［明代］宋濂等：《元史》卷85《百官志一》，北京：中华书局，1976年版，第2120页。
② 《元典章》卷44《刑部》。
③ 傅乐成：《中国通史》（下），贵阳：贵州教育出版社，2010年版，第550页。
④ ［元代］陆文圭《墙东类稿》卷6。

人，由此可见一斑。[①]

黄仁宇先生在《赫逊河畔谈中国历史》一书中说：“一个少数民族虽获得政治领导权而不愿迁就于多数民族政治体系之需要，其统治不能长久。”[②]就中原王朝而言，虽然自古就有华夷之辨，强调“尊夏攘夷”“以夏变夷”的思想，但仅限于文化分野，从未真正施行于政治领域。一如唐代韩愈在《原道》一文中所说：“诸侯用夷礼则夷之，进于中国则中国之。”中国从不以种族为标准，而以文化礼义作量度。然而，种族压迫政策在元朝中后期更加严密和烦琐，这不能不激发帝国内部汉族居民的民族反抗意识，以至帝国末年，汉族反抗军领袖朱元璋公开提出“驱逐胡虏，恢复中华，立纲陈纪，救济斯民”[③] 的斗争口号和政治主张。可惜的是大元帝国的领导者从未意识到这个问题的严重性。

私欲，还是私欲

毋庸置疑，忽必烈可谓一代英主，是他统一了自唐末以来分裂了数百年之久的中国本部，但终其一生也未改以武力征服为本的游牧民族的嗜利天性。他推崇儒术，力图保持与儒家的良好关系，却未能将之化为帝国的治道。他所重用的3任宰相——阿合马（平章政事）、卢世荣（中书右丞相）、桑哥（平章政事）3人只知搜刮民财、贪利好货、卖官鬻爵，鲜有政治上的建树。

继他之后的元朝诸帝同样把太多的精力和时间都浪费在消受和享乐上。

① ［明代］宋濂等：《元史》卷43《选举志一》，北京：中华书局，1976年版，第2021页。

② 黄仁宇：《赫逊河畔谈中国历史》，北京：生活·读书·新知三联书店，1992年版，第203页。

③ ［明代］朱元璋《奉天北伐讨元檄文》（又名《谕中原檄》）。

如元成宗（1295－1307年在位）嗜酒，滥增赏赐，“向之所储，散之殆尽”①，当时的贪黩枉法惊人，曾经罢黜贪官污吏一次即高达18473人，冤狱5000余件。那时，几乎每一位蒙古官员都是百万富翁；而元武宗（1307－1311年在位）一如成宗，由于沉耽淫乐，“惟曲蘖是沉，姬嫔是好”②，在位仅4年就去世了；元仁宗是个有为青年天子，但因为“饮酒常过度”③，年仅35岁就去世了。最后一位大元天子顺帝在位36年，开始时慑于权臣燕铁木耳的势力，即不了皇帝位；之后，又有伯颜擅权，不能亲政。在他完全能够自主之后，则“怠于政事，荒于游宴”，玩出了前所未有的格局，“以宫女三圣奴、妙乐奴、文殊奴等十六人按舞，名为十六天魔，首垂发数辫，戴象牙佛冠，身被璎珞、大红绡金长短裙、金杂袄、云肩、合袖天衣、绶带鞋袜，各执加巴剌般之器，内一人执铃杵奏乐。又宫女十一人，练槌髻，勒帕，常服，或用唐帽、窄衫，所奏乐用龙笛、头管、小鼓、筝、蓁、琵琶、笙、胡琴、响板、拍板。以宦者长安迭不花管领，遇宫中赞佛，则按舞奏乐。宫官受秘密戒者得入，余不得预”④。由此，帝国政事可想而知。到元代中叶，国家税收已较元初增加20倍以上，但国用仍然不足。尽力搜刮的结果，导致江南富庶地区的人民日渐贫苦。至元末，政治及社会上的缺点也就无法收拾了。事实上，纵观整个大元帝国，除了宰相脱脱（1314－1355）颇具政治家的气象之外（恢复科举和太庙的四时祭祀，开放马禁；并且，第一次以中央政府的名义肯定了各个民族政权的合法地位，主持编写了宋、金、辽三史，史称“脱脱更化”），再无他人，却不幸遭谗言，在流放云南途中，被中书平章政事哈麻假传圣旨，“遣使鸩之”，年仅42岁。⑤ 至此，元朝的最后一线希望破灭。

---

① ［明代］宋濂等：《元史》卷19《成宗二》，北京：中华书局，1976年版，第402页。

② ［明代］宋濂等：《元史》卷136《阿沙不花传》，北京：中华书局，1976年版，第3299页。

③ ［明代］宋濂等：《元史》卷143《马祖常传》，北京：中华书局，1976年版，第3411页。

④ ［明代］宋濂等：《元史》卷43《顺帝纪六》，北京：中华书局，1976年版，第918页。

⑤ ［明代］宋濂等：《元史》卷138《脱脱传》，北京：中华书局，1976年版，第3348页。

是时，帝国内部的起义已经风起云涌——在 14 世纪 40 年代，仅山东、河北地区，就有 300 余起农民暴动，但是帝国的将军们大多拥兵自重——山东是王宣、王信父子的地盘，河南属扩廓帖木儿（王保保），关内陇右在李思齐、张思道、孔兴和脱列卜的控制之下。与此同时，宫廷也在酝酿着宫闱政变。皇后奇氏和皇太子爱猷识理达腊试图与王保保联手，逼迫顺帝让位，王保保没有同意。而顺帝在皇后和太子的影响下，最终居然罢免了王保保的本兼各职。王保保自然很生气，便擅自把军队撤回了黄河以北，回到太原，不肯抵御朱元璋的北伐军队。于是，在内外交困之中，曾经是人类奇迹的大元帝国轰然倒下，只留下元大都的些许遗迹。

结语

多年以后，全球著名蒙元史专家、美国圣保罗麦卡利斯特学院人类学教授杰克·威泽弗德博士认为：我们今日生活的每一个方面——边境、政治、科技、战争、商业、服饰、艺术、文学、语言、音乐等，都留有成吉思汗和他所创立的蒙古帝国的印记，他把成吉思汗誉为“缔造全球化世界的第一人”。“由于有了蒙古人，人类才第一次拥有了世界史……打通了世界各国的关系，建立了国际关系新秩序。”① 如果，我们换一个角度去看待蒙元的历史，看待那个时代所迸发出来的蓬勃生机，以及不可抑止的扩张力、进取心和战斗精神，确实太值得后人悠然神往。但是，正是因为成吉思汗和忽必烈曾经给中国带来了巨大的变化——是他们把吐蕃正式纳入中国版图，成为中央政权管辖下的地区，与中国的其他部分结成了一个不可分割的整体，形成今日中国版图的基础；同时，还促进了继南北朝之后中国境内民族的又一次

---

① 语出韩国前总统金大中，转引自［美国］杰克·威泽弗德：《成吉思汗与今日世界之形成》。

大融合。并且在这个基础上，创造了人类历史上第一个全球化时代……凡此种种，更加令人惋惜！

他们有能力征服整个世界——“25年间，蒙古军队征服的土地和人民，比罗马人花费400年时间征服的还要多。成吉思汗和他的子孙一起，征服了13世纪人口最稠密的诸文明世界……最令人吃惊的是，这一成就基于其所控制的整个蒙古部落人数仅有100万，比某些现代大公司的员工数量还要少”①，却没有管理能力，治理好他们所占领的世界，给予征服地区的人民以安稳的生活。一如毛泽东在《沁园春·雪》一词中写的那样：“一代天骄成吉思汗，只识弯弓射大雕！”据《多桑蒙古史》记载：“成吉思汗一日问那颜不儿古赤，人生何者最乐？他答曰：春日骑骏马，拳鹰鹘出猎，见其搏取，斯为最乐。汗以此间历询不儿古勒等诸将，诸将所答与不儿古赤同。大汗曰：不然！人生最大之乐，即在胜敌、逐敌、夺其所有，见其最亲之人以泪洗面，乘其马，纳其妻女也。”又云：“我愿其口餍肥甘，身餍文绣，居得华屋，牧得腴地，道途之内荆棘不生，此我之素志也。”鼓励将士追求更多的物质享受，千方百计满足他们的各种欲望和需求——战斗胜利之后的财物分享、俘虏分享，都足以增进各个部落氏族之间的团结，与对于领袖（主要是对成吉思汗）的拥护——这是成吉思汗及其子孙取得一个又一个军事胜利的主要原因；但同时，也暴露了强悍的“黄金家族”的主要弱点——他们缺乏基本的政治素养和政治眼光，只知道马上打天下，依赖于武力和威权，而不懂治道，甚至做了中国皇帝而不习汉文，所用官吏，有一行省之大而鲜有通文墨者——他们不知道王朝的最大和永久性红利源于文治。对此，钱宾四先生一针见血地说道：“蒙古人既看不起汉人、南人，因此也不能好好地任用汉人、南人，而只用了他们中间的坏劣分子。关键是，他们欠缺了一种合理

---

①［美国］杰克·威泽弗德著：《成吉思汗与今日世界之形成》，重庆：重庆出版社，2006年版，第5-6页。

的政治理想，他们并不知所谓政治的责任，因此亦无所谓政治的事业。他们的政治，举要言之，只有两项：一是防制反动，二是征敛赋税。”[1] 悲乎哉！

回想南宋景定元年（1260），元世祖忽必烈“稽列圣之洪规，讲前代之定制”建元“中统”，李治安先生以为内含“中华开统”[2] 之意，这在同时颁布的《建元诏书》中似乎也可见，云“建元表岁，示人君万世之传；纪时书王，见天下一家之义”[3]。不无美好！可惜，一篇说辞而已。如果不能做到为人民服务，如何渴望“万世之传”呢？

① 钱穆：《国史大纲》（下），北京：商务印书馆，1996 年版，第 642 页。
② 李治安：《忽必烈传》，北京：人民出版社，2004 年版，第 111 页。
③ ［明代］宋濂等：《元史》卷 4《世祖一》，北京：中华书局，1976 年版，第 65 页。

第二十卷

明朝：戾气弥漫的国家

明王朝的GDP至少占到当时世界的1/3，它的两个对手和它完全不属于同一个重量级：李自成的大顺政权本质上还是一群流寇；多尔衮的大清王朝不过『小荷才露尖尖角』，然而就是这样两个对手，前者逼迫明王朝的皇帝自杀身亡，后者占有了明王朝的全部资产……

或许是因为即将发生的悲剧，崇祯十七年三月十九日（公元1644年4月25日）午夜，没有星星也没有月亮，甚至一点儿风都没有。就是在这样一个天气阴郁的日子里，史称崇祯皇帝的大明天子朱由检（1627－1644年在位）在北京景山的一棵歪脖子树上自缢身亡——为什么选择一棵歪脖子树？年仅34岁，死时披发，左脚赤裸，右脚穿着一只红鞋，一副仓皇凄惨的模样，毫无帝王之仪。死前，他留下血衣诏云："朕凉德藐躬，上干天咎，然皆诸臣误朕。朕死无面目见祖宗，自去冠冕，以发覆面。任贼分裂，无伤百姓一人。"[①] 乍看之下，颇为感动。正所谓"人之将死，其言也善"。死前犹叮嘱"无伤百姓一人"，多么好的皇帝。果真如此吗？他自责"凉德藐躬，上干天咎"，却紧接着说"皆诸臣误朕"，试图将亡国责任推得一干二净。不错，"诸臣"确实也算误了崇祯皇帝，让他成了大明王朝一位主要的掘墓人。

不过，鲜有人知道，崇祯皇帝之死并不意味着大明王朝的终结。此后，朱明王朝还存在了39年（1644－1683）。当时，除河北、山东、山西、陕西及河南北部为满清所控制，大半个中国仍然属于大明王朝。它在整个黄河以南的统治，从河南南部、江苏和安徽北部起，直到江西、浙江、福建、广东、广西、云南、贵州诸省，都还相当完整且有效；而四川与湖广之大部，虽因动乱脱离了中央政府，统治的有效性大打折扣，但建制犹存、官吏俱在任上，至少名义上仍属于明朝。更重要的是，明王朝又有了新的皇帝——经过43天的无君状况，崇祯十七年五月初三（1644年6月7日），福王朱由崧

① ［清代］张廷玉等：《明史》卷24《庄烈帝二》，北京：中华书局，1974年版，第335页。

（明神宗之孙）在南京宣布监国；五月十五日（6 月 19 日）即皇帝位，年号弘光。遗憾的是，只维持了大约一年时间，便在无可想象的腐败与寡廉鲜耻的内讧中迅速落幕，烟消云散。其中，首辅马士英（1591－1646）和兵部尚书阮大铖（1587－1646）难辞其咎。正是他们的醉生梦死，利用手中的权力鬻官肥家，“无一善政”。因此，《桃花扇》一书虽说是文学作品，却不无历史真相。之后，虽然也出现鲁王、隆武、绍武、永历等几个政权，终究是“无可奈何花落去”，短短几年时间便全部归于尘土。

但是，若将明朝灭亡的责任单纯地归于“诸臣”却也不符合史实。换言之，“诸臣”至多只是“第二责任人”，“第一责任人”正是至死不曾反省的崇祯皇帝和他的列祖列宗。

无底线的杀戮

元朝至正二十八年（1368），吴王朱元璋击破各路农民军之后，在应天府（今江苏南京）称帝，改国号为明，史称明太祖（1368－1398 年在位），年号洪武。此时，距他加入郭子兴的红巾军仅 15 年。相比于汉高帝刘邦，明太祖的出身更为卑微——他儿时是放牛娃，少年时入寺为僧，青年时加入农民军，中年成为九五之尊，至洪武二十年（1687）大略统一中国本部，可谓一个传奇——一个血染的传奇。

如果说建政之前的杀戮无可避免，建政之后的流血则完全没有必要。但是,太祖皇帝并没有收起他手中的战刀，而是将战刀变为屠刀，转向了曾经的战友和僚属——第一个被杀的是德庆侯廖永忠（1323－1375），洪武八年（1375）以僭用龙凤不法等事赐死，其实是被杀人灭口，因为廖曾经受朱元璋之命在 1366 年谋杀了红巾军领袖韩山童之子、小明王韩林儿；洪武十三年（1380），明太祖又以“擅权植党”的罪名处死了左丞相胡惟庸——此案前后株连长达十年，至洪武二十三年（1390），罪状无限升级为“谋反”。明太祖亲自安排亲信精心策划，唆使开国元勋、韩国公李善长（1314－1390）的家奴卢仲谦无中生有，告发李与胡勾结，说："善长元勋国戚，知逆谋不发，狐疑观望怀两端，大逆不道。"[①] 正所谓欲加之罪何患无辞。明太祖毫不念及旧情（两人还是儿女亲家呢），将李连同其妻女弟侄70余人一并处死，时年李已经76岁。同时受胡惟庸牵连而死的还有吉安侯陆仲亨、延安侯唐胜宗、平凉侯费聚、南雄侯赵庸、荥阳侯郑遇春、宜春侯黄彬、河南侯陆聚等人，甚至包括已故的营阳侯杨璟、济宁侯顾时，而一向与胡惟庸关系疏远的"浙东四先生"也未能幸免，叶琛（1314－1362）以"胡党"被杀，宋濂之孙宋慎也牵连被杀，宋濂（1310－1381）本人则贬死于四川茅州，合计被杀的功臣及家属超过3万人。3年后的洪武二十六年（1393），锦衣卫指挥使蒋瓛诬告谅国公在捕鱼儿海一役中大破北元的大将军蓝玉谋反，说蓝玉与景川侯曹震、鹤寿侯张翼、舳舻侯朱寿、定远侯王弼、东莞伯何荣及吏部尚书詹徽、户部侍郎傅友文等人企图趁明太祖出宫举行籍田仪式时发动兵变。明太祖下旨族诛蓝玉家族，并株连蔓引一公、十三侯、二伯，因牵连被杀15000多人。生前，蓝玉自恃有功，"多蓄壮怒、假子，乘势暴横"，多有不法，但罪不至死[②]，更不至于灭族，且还被明太祖残忍地剥皮实草，如此且不说君王风度，已是毫无人性了。而这，还只是刚刚开始。洪武二十七年（1394），又将定远侯王弼，永平侯谢成及颍国公傅友德赐死；二十八年（1395），再将宋国公冯胜赐死——以上人等，都是朱明王朝的开国功臣，为明太祖登基立下汗马功劳，但都无端被杀。至于诸位文臣，明太祖同样毫不手软，户部尚书茹太素进忠言也曾被当堂痛打一顿，不久因事连坐而死[③]；

① ［清代］张廷玉等：《明史》卷127《李善长传》，北京：中华书局，1974年版，第3772页。
② ［清代］张廷玉等：《明史》卷132《蓝玉传》，北京：中华书局，1974年版，第3866页。
③ ［清代］张廷玉等：《明史》卷139《茹太素传》，北京：中华书局，1974年版，第3987页。

大理寺卿李仕鲁谏言不要佞佛，被武士掼死朝堂阶下①；训导叶伯巨谏言诸王分封太侈，被活活饿死狱中②；御史王朴廷辩，明太祖怒其“无礼”顶嘴，冒犯天威，命令乱棍打死③；员外郎张来硕谏止取已婚配的少女充做宫女，“令壮士以刀碎其齿”④，等等。根据明太祖自己亲自审定的《大诰》《大诰续编》《大诰三编》等所记，枭首、凌迟、族诛、剥皮、抽筋等共计 1 万多案，杀 10 万人以上，以至到洪武后期连地方办事的官员都严重空缺，而出现了罪官戴枷坐堂办案理事的咄咄怪事——倘使这些“犯官”不办事，政事也就无人料理了。⑤

至此，“元功宿将相继尽矣”⑥。等到第 4 子、燕王朱棣“起兵勤王”“清君侧”，实则觊觎大位的时候，继位的皇太孙朱允炆（建文帝，谥号明惠宗，1398－1402 年在位）几乎无将可用，而只能自焚（一说从皇宫的密道逃脱，但不管怎样，都被赶下龙椅），燕王朱棣成为明成祖（1402－1424 年在位），他所做的第一件事就是列出所谓“奸恶”，共 124 人，建文帝的六部九卿大臣几乎全被列入其中。其中，太常寺卿、由他的父亲明太祖钦点的探花郎黄子澄（1350－1402）被列为“首恶”，“磔死”朝堂，一家老少 65 口全部被斩首，异姓致死者 54 人，外亲 400 余人皆充军⑦；兵部尚书齐泰亦被

① ［清代］张廷玉等：《明史》卷 139《李仕鲁传》，北京：中华书局，1974 年版，第 3989 页。

② ［清代］张廷玉等：《明史》卷 139《叶伯巨传》，北京：中华书局，1974 年版，第 3995 页。

③ ［清代］张廷玉等：《明史》卷 139《王朴传》，北京：中华书局，1974 年版，第 4000 页。

④ ［明代］刘辰《国初事迹》。

⑤ ［清代］张廷玉等：《明史》卷 139《茹太素传》，北京：中华书局，1974 年版，第 3987 页，载曰：“与同官十二人俱镣足治事。”

⑥ ［清代］张廷玉等：《明史》卷 132《蓝玉传》，北京：中华书局，1974 年版，第 3866 页。

⑦ ［清代］张廷玉等：《明史》卷 141《黄子澄传》，北京：中华书局，1974 年版，第 4017 页。

杀，从兄弟等“皆坐死”[①]；礼部尚书陈迪一家6口“磔于市”[②]；山东布政使铁铉（1366－1402）也被“磔于市”[③]。其中，最惨烈、最为后人所常提及的是文学博士方孝孺（1347－1402），他作为建文帝最亲近和信任的大臣之一，自然逃脱不了被“磔于市”的命运[④]，并且在被诛“九族”之外，明成祖还将其朋友门生也列为一族，谓第十族，因他牵连被杀者达873人，谪戍荒疆者不计其数。[⑤] 残暴如此，已经越过了历史与人性的底线。在此之前，中国没有“诛十族”之说，明成祖的残忍与其父明太祖相比不遑多让。

而他们不仅毫无怜悯地屠杀大臣，还肆意侮辱大臣——这一点，明武宗正德皇帝（1505－1521年在位）和明世宗嘉靖皇帝（1521－1566年在位）这一对堂兄弟表现得“尤为突出”。先说正德皇帝朱厚照这位在中国历史上有名的荒唐皇帝，他于正德十四年（1519）三月再次突发奇想，自称“总督军务威武大将军总兵官太师镇国公朱寿”[⑥]，下诏出游江南，大臣百余人跪求劝阻。东厂提督江彬依仗宠幸，故意激怒正德皇帝，廷杖翰林院修撰舒芬、金吾卫都指挥佥事张英、武选郎中黄巩等146人，其中张英等11人死于杖下。[⑦] 所幸两年后正德皇帝突然去世（不然不知还要干出多少荒唐和罪恶之事），他的堂弟朱厚熜即位——原本呢，他与皇位不止隔着10条街那么远，但因为正德皇帝膝下无子，于是根据明太祖亲自制定的“论序当立”的宗法原则，让他以武宗堂弟的身份幸运地登上了皇帝的宝座，成为紫禁城的主人和历史上的嘉靖皇帝。或许是出身“小宗”的原因，嘉靖皇帝希望可以给父

---

① ［清代］张廷玉等：《明史》卷141《齐泰传》，北京：中华书局，1974年版，第4015页。

② ［清代］张廷玉等：《明史》卷141《陈迪传》，北京：中华书局，1974年版，第4026页。

③ ［清代］张廷玉等：《明史》卷142《铁铉传》，北京：中华书局，1974年版，第4032页。

④ ［清代］张廷玉等：《明史》卷141《方孝孺传》，北京：中华书局，1974年版，第4020页。

⑤ 晁中臣：《明成祖传》，北京：人民出版社，1993年版，第202页。

⑥ ［清代］张廷玉等：《明史》卷16《武宗》，北京：中华书局，1974年版，第210页。

⑦ ［清代］张廷玉等：《明史》卷95《刑法三》，北京：中华书局，1974年版，第2330页。

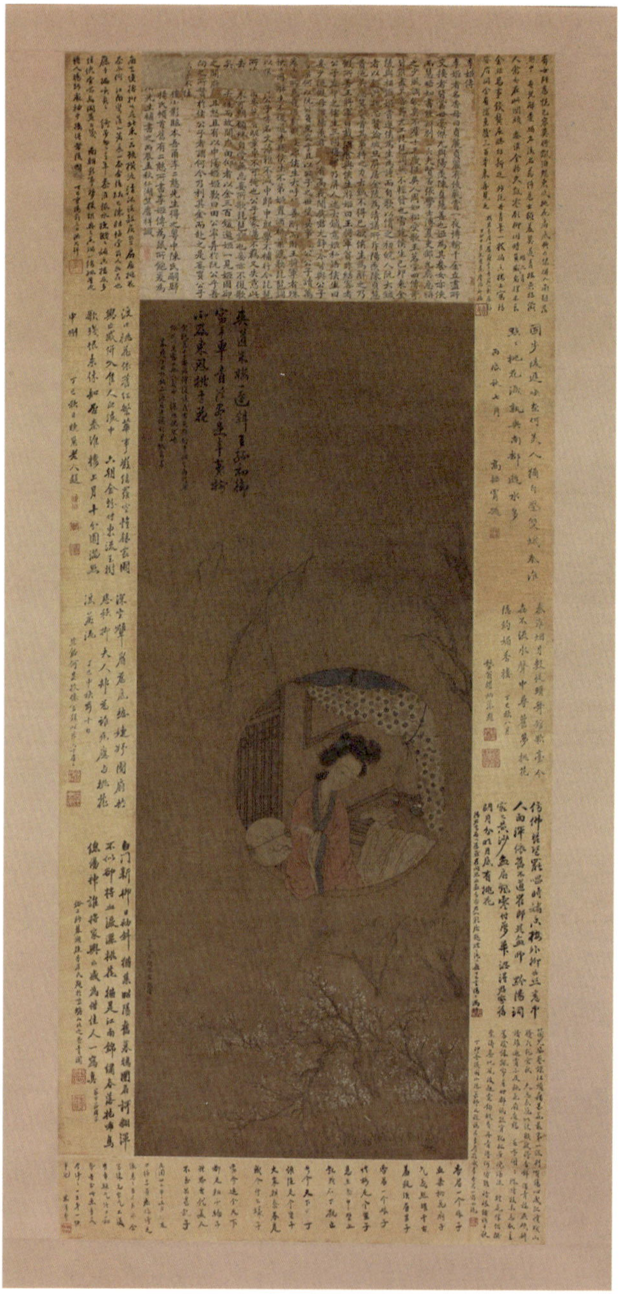

◀ 李香君肖像
[清代] 崔鹤
纸本设色
124.5×52.4cm
美国大都会博物馆藏

母一个名分，而不顾礼制，为了追封自己的生父兴献王为皇帝不惜与群臣反目，史称“大礼仪之争”。围绕着嘉靖皇帝生父兴献王封号的争论，朝臣分为3派：一是以首辅杨廷和为首的反对派，二是以太子太保、武英殿大学士费宏为首的平和派，三是以观政进士张璁为首的议礼派。其中，反对派和议礼派如同水火不相容，终于至嘉靖三年（1424）七月酿成“左顺门事件”，嘉靖皇帝下旨逮捕180人，廷杖134人，其中16人死于杖下。[①] 说起来，身为皇帝，给自己的生身父母一个尊贵的封号未尝不可，杨廷和等人无疑有些食古不化，甚至不无擅权之嫌，但是“杖人于廷”[②]，且杖死16人无论如何说不过去。在这件事上，嘉靖皇帝固然争得了一个孝子的声誉，却落下了历史的骂名。

史载，嘉靖皇帝在位45年，“杖杀朝士，倍蓰前代”[③]。而据《明会要》统计，有明一代在午门外廷杖大臣超过500次，死者其众（其中包括明太祖自己的侄子朱文正）。至于执行廷杖的方式，在明末魏禧所著《魏叔子集》中有生动描述：“每廷杖，必遣大珰监视，众官朱衣陪列。左中使，右锦衣卫，各三十员，下列旗校百人，皆衣襞衣，执木棍。宣读毕，人执麻布兜，自肩脊下束之，左右不得动。一人缚其两足。四面牵曳。惟露骨受杖。头面触地，地尘满口中。受杖者多死；不死，必去败肉斗许，医治数月乃愈。”让注重道统与仪礼的士大夫如此不堪，岂止“非礼”二字可以形容？“公卿之辱，前此未有。”[④] 有明一代，廷杖不绝于书，真个是君叫臣死臣不得不死，何况还有——

① ［清代］张廷玉等：《明史》卷95《刑法三》，北京：中华书局，1974年版，第2330页。
② ［清代］张廷玉等：《明史》卷192《杨慎传》，北京：中华书局，1974年版，第5082页。
③ ［清代］张廷玉等：《明史》卷95《刑法三》，北京：中华书局，1974年版，第2330页。
④ ［清代］张廷玉等：《明史》卷95《刑法三》，北京：中华书局，1974年版，第2330页。

满街的特务

说起来，中国历朝历代都设有特务机构，汉有“大谁何”，三国时有“校事”，唐有“丽竟门”，五代有“侍卫司狱”，宋有“内军巡院”，清代有“粘杆处”，但都不如明代繁多和隐秘，明代除了著名的“锦衣卫”“东厂”之外，还有“检校”“西厂”“内行厂”等。《明史》卷128《宋濂传》特别记载了一个故事：被明太祖朱元璋誉为“开国文臣之首”，学者称为太史公、宋龙门的翰林学士承旨、知制诰、《元史》总纂官宋濂某天在家里与几个老朋友饮酒叙旧。第二天，明太祖朱元璋便问宋昨天有没有喝酒，一起喝酒的客人都是谁，又吃了什么菜？宋均据实一一回答。朱元璋听罢笑道：“诚然，卿不朕欺。”[①] 他的耳目即是“检校”，成员各式各样，甚至包括道士与僧人，“专主察听在京大小衙门官吏不公不发及风闻之事，无不奏闻”[②]，足迹无处不在，成天做告发人隐私的勾当，“伺察搏击”[③]，“谗毁大臣”，刘基、徐达、李善长、周德兴等大明王朝的开国元勋被猜疑和诽谤就是他们造的孽[④]。曾任兵部、吏部两部尚书的吴琳告老还乡，回湖北黄冈，明太祖不放心，派人侦查，远远看见一位老农先是坐在一张小杌子上，不一会儿起身插秧，样子很是谨慎，特务上前问：“吴尚书是住在这里吗？”老农回答：“我就是。”特务回京复命，明太祖方才放心。[⑤]

然而对其他人（尤其是各位朝官和文人），明太祖从来都是放心不下。他有一个特务网（“检校”）还嫌不够，又增设了另外一个机构——著名的“锦衣卫”，最高长官称“指挥使”，为正三品（高出许许多多社稷大臣）。

---

① ［清代］张廷玉等：《明史》卷128《宋濂传》，北京：中华书局，1974年版，第3787页。

② ［明代］刘辰《国初事迹》。

③ ［清代］张廷玉等：《明史》卷139《夏煜传》，北京：中华书局，1974年版，第3919页。

④ ［清代］张廷玉等：《明史》卷139《李仕鲁传》，北京：中华书局，1974年版，第3989页。

⑤ ［清代］张廷玉等：《明史》卷138《吴琳传》，北京：中华书局，1974年版，第3965页。

它的前身是吴元年（1367）设立的“拱卫司”，洪武二年（1369）改“亲军都尉府”，洪武十五年（1382）改称“锦衣卫”，掌“直驾侍卫巡查缉捕”。其中，“直驾侍卫”不过是名义上的职务，“巡查缉捕”才是他们工作的重心，对象是“不轨妖言”，“不轨”指的是政治上的反对派（反对党），“妖言”指的是要求改革现状的社会人士。对此，吴晗先生分析说：“锦衣卫的建立，为的是便于有计划地栽赃告密，有系统地诬告攀连，有目标地灵活运用，更方便地在法外用刑。”① “幽系残酷，害无甚于此者。”② 治国如此，可想而知。《剑桥中国明代史》直言批判那是一个“监视和恐怖加剧的年代”③。

而这，并非朱家父子的唯一恶行。或许是因为皇位的来历不甚光明正大（内心有愧），明成祖鼓励告密，当时臣下都处在他的严密监视之下，甚至连皇太子也不能幸免。户科都给事中胡濙（1375－1463）在国内巡查建文帝踪迹，至永乐十六年（1418）奉命出巡江浙，秘密至南京侦查皇太子的行为，将所见所闻秘密如实写成报告，这才解除了明成祖的疑虑。与此同时，他的一举一动也都有人汇报明成祖，甚至连他拒绝接受3筐樱桃的事都一清二楚，可见告密已经严重到何种程度。④ 为此，明成祖于永乐十八年（1420）八月（一说永乐七年）设立了由宦官掌管的“东厂”“令刺事”⑤。一如前文所说，在明代以前，虽然各朝都曾使用特务刺事，不过偶尔为之，并没有形成一整套的机构和制度。明朝则专门设置了各种特务机构，行事开始制度化，甚至凌驾于六部之上。其中，“东厂”即是一个地道的特务组织。至此，外有“锦衣卫”，内有“东厂”，明王朝的臣民都处在严密的监视之下。“谁

① 吴晗：《朱元璋传》，海口：海南出版社，1993年版，第179页。

② ［清代］张廷玉等：《明史》卷95《刑法三》，北京：中华书局，1974年版，第2335页。

③ ［美国］牟复礼、［英国］崔瑞德主编：《剑桥中国明代史1368－1644》（上卷），北京：中国社会科学出版社，1992年版，第144页。

④ ［清代］张廷玉等：《明史》卷169《胡濙传》，北京：中华书局，1974年版，第4535页。

⑤ ［清代］张廷玉等：《明史》卷314《宦官一》，北京：中华书局，1974年版，第7766页。

稍有越轨行为，马上就会被最高统治者知道，真可谓水银泻地无孔不入了。”①

然而，明宪宗（1464－1487年在位）犹嫌不足，于成化十三年（1477）正月设立了西厂（全称“西缉事厂”），用御马监掌印太监汪直为提督，其权力超过东厂，活动范围自京师遍及全国各地。《明通鉴》云：“（汪直）气焰熏灼，凡西厂逮捕朝臣，初不俟奏请。”一旦怀疑某人，就立刻加以逮捕，事先不必经过皇帝同意，而造成大量冤案。更严重的是，汪直通过控制西厂，逐渐干扰朝政，开启了宦官通过特务系统与朝廷官员勾结的先例。这些特务单位拥有独立处理刑案的权力，不受执法单位（刑部、大理寺和都察院）的约束。在大明的边远地区，民众凡是看见骑大马、着锦衣、说京腔之人，如见猛兽一般，纷纷躲避。地方官吏则用重金贿赂以免祸。无论何处何人，只要有“不轨妖言”或对厂卫头目不恭，便可能立即遭杀身之祸。可想而知，在这样一种情势之下，帝国的政治与社会风气有否可能健康。何况还有另外一群眼高手低和趋炎附势的文人与士大夫！

书生误国

清人戴笠《流寇长篇》卷17记载了一则与《明史》不同的崇祯皇帝遗诏，云：“朕自登极十七载，三邀天罪，致虏陷地三次，逆贼直逼京师，诸臣误朕也。朕无颜见先皇于地下，将发覆面，任贼分裂朕尸，可将文臣尽行杀死，勿坏陵寝，勿伤我百姓一人。”其中，“可将文臣尽行杀死”一语不无怨怼，但也不无实情。

在李自成进京之后，明朝官员为了能挤进大顺政权，可谓无所不用其极，算是八仙过海各显神通了。当时的内阁首辅、文渊阁大学士魏藻德，和

---

① 晁中臣：《明成祖传》，北京：人民出版社，1993年版，第278页。

前内阁首辅、武英殿大学士陈演等大臣，于崇祯十七年三月二十日（1644 年 4 月 26 日），也即李自成进京的第二天即前往拜谒李，表示效忠之意。庶吉士周钟为复社精英、明末江南文人领袖，大顺政权丞相牛金星因他素有文名，令其作《士见危授命论》，并向李自成推荐了他。周因此扬扬自得，逢人即夸耀牛金星知遇，骑马访客经过崇祯皇帝停尸处，视而不见。① 中允梁兆阳吹捧李自成“救民水火，……真神武不杀，直可比隆唐虞，若汤武不足道也。”② 年轻的庶吉士张家玉呢，给李自成恭敬地上了一道《陈情书》，文中称：“前朝翰林院庶吉士张家玉谨百拜，称贺大顺皇帝陛下”，而当时李并没有登基称帝。礼部主事王孙蕙在李自成入城之时，告诉家人不用害怕，说“吾自有定心丸在此”，他叫家人取来竹竿，上挑一块黄布，上面写道：“大顺永昌皇帝万万岁”，9 个大字悬于门前。③ 至于说因文章诗词被誉为“江左三大家”之一的龚鼎孳（1615－1673）不肯殉节的借口居然是“我原欲死，奈小妾不肯何？”顺便说一句，他的小妾即是名列“秦淮八艳”之一的顾媚，时人以字称呼顾横波。④ 史料统计，当年三月二十三日（1644 年 4 月 29 日）在午门外听用的明朝各级官员高达 4000 人，而此时，明朝还没有倾亡呢，还占有大半壁江山。然而，官僚和文人的所作所为谄媚之极、不堪入目，难怪崇祯皇帝不无怨恨。因为他知道，以上不过大明王朝文臣的劣迹之一。

此前，在李自成还只是明王朝的一名驿卒之时，大明王朝的文臣也是丑态百出。《明史》卷 305《宦官二》记载：司礼秉笔太监魏忠贤（1568－1627）每次出行，都乘坐华美的辇车，上面是青色的车盖，身后是用羽毛装饰的旗帜，4 匹骏马像飞一样奔跑。铙钹声、鼓声和响箭声，响彻天地。身着锦衣、腰系玉带，手拿宝刀的卫士跟随左右，各级官员、伶人、奴仆相

① ［清代］计六奇：《明季北略》卷 22，北京：中华书局，1984 年版，第 605 页。
② 同上。
③ ［清代］钱士馨《甲申传信录》卷 5。
④ ［清代］计六奇：《明季北略》卷 22，北京：中华书局，1984 年版，第 631 页。

随，数以万计。百官奏章，派信使骑快马报告方能执行。他所经过的地方，士大夫们拜伏于地，高呼“九千岁”。当时，朝廷内外争相向他献媚，各个督抚，如兵部尚书阎鸣泰、蓟辽总督刘诏、山东巡抚李精白、吏部给事中姚宗文等，争先恐后称颂魏忠贤的功德，各地纷纷建立生祠。一般武士、商人与奸宄之徒竞相仿效。即使皇族成员如楚王朱华煃、中书朱慎鉴，元老贵戚像丰城侯李永祚，朝廷大臣如尚书邵辅忠、李养德、曹思诚，总督如张我续和孙国桢、张翌明、郭允厚、杨维和、李时馨、汪若极、何廷枢、杨维新、陈维新、陈欢翼、郭如暗、郭希禹、徐溶等，在向明熹宗朱由校（1620－1627年在位，崇祯皇帝的堂兄）汇报时不论大事小事，无一不赞颂魏忠贤，呼为“厂臣”，不称名字。大学士黄立极、施凤来、张瑞图等人草拟圣旨，也一定说“朕与厂臣”，而没人敢直呼魏的名字。山东出现麒麟，巡抚李精白画了图像传报朝廷，黄立极等人拟旨批复说：“厂臣修德，故仁兽至。”[①]更荒唐和无耻的是，监生陆万龄甚至建议以魏忠贤配祀孔子，以魏的父亲配祀孔子的父亲，理由是“孔子作《春秋》，忠贤作《要典》（魏及党羽诬陷东林党人的文件汇编）。孔子诛少正卯，忠贤诛东林。宜建祠国学西，与先圣并尊”[②]。灵魂的丑陋至此，已无可救药。对此，近世史家蔡东藩先生云：“当日明臣，除杨、左诸人外，大都贪鄙龌龊，毫无廉耻。”

其中，焦芳（1434－1517）可谓代表人物。那是弘治十八年（1505），太子朱厚照登基，即为著名的明武宗（正德皇帝）。武宗登基后，刘瑾、马永成、高凤、罗祥、魏彬、丘聚、谷大用、张永8位宦官均受倚重，时人称为“八虎”，刘为“八虎”之首，且最受武宗信任，任司礼监掌印太监，而且掌管着京城最精锐的守卫部队。他们不仅专权跋扈、为非作歹，还诱使年

---

① ［清代］张廷玉等：《明史》卷305《宦官二》（魏忠贤），北京：中华书局，1974年版，第7824－7825页。

② ［清代］张廷玉等：《明史》卷306《阉党》（阎鸣泰），北京：中华书局，1974年版，第7870页。

少的武宗吃喝玩乐，在宫中模仿街市的样子设立了许多店铺，太监扮作老板、百姓，武宗则扮作富商，以此取乐。后来甚至模仿妓院，让宫女假扮妓女，明武宗饰演嫖客，这急坏了正直的大臣们。兵部尚书兼武英殿大学士谢迁（1449－1531），吏部尚书、华盖殿大学士刘健（1433－1526）和少傅兼太子太傅李东阳（1447－1516）等人纷纷劝谏。年少贪玩的明武宗自然不会听劝，直到被告知天象有变，上天在警示他，才有所表示，将刘瑾先贬至南京。大臣们坚决要求杀刘，为了让明武宗下定决心，大臣们联合了当时在京的各部主要官员，准备第二天联名上奏。孰料礼部右侍郎焦芳因为与正直之士多有不合，“深结阉宦以自固”[①]，在当天晚上向刘透漏了这个消息，刘大惊失色，赶忙召集其他 7 人连夜到明武宗面前哭诉求情。武宗不辨好坏，竟然赦免了他们——不仅如此，还在他们的怂恿下将司礼监、东厂、西厂都交给了他们掌管。随后，刘投桃报李，“遂引芳入阁（迁吏部尚书兼文渊阁大学士），表里为奸”。最终酿成“刘瑾之乱”，焦芳事事听从刘瑾，每次拜访刘，必称“千岁”，自称“门下”。以堂堂大学士身份认而自甘卑贱至此，以至大盗赵鐩也义愤填膺，以不能手刃焦芳父子以谢天下而“死有余恨”。更严重的是，开启了内阁大臣与内廷太监沆瀣一气的恶例。

细说起来，汉、唐、宋各代都有干预朝政的阉宦，朝政却不由他们主持。至明代，宰相和六部尚书虽然都是朝政的主管，可是政府文件的批答却是先由宦官口传圣旨，然后才由内阁票拟——宰相和六部尚书不过是阉宦的听差罢了。[②] 所以，清代历史学家赵翼云：“明末书生误国”[③]，诚然不虚。在刘瑾被明正典刑之后，谏官揭发其党羽，《明史》卷 306《阉党》详细罗

① ［清代］张廷玉等：《明史》卷 306《阉党》（焦芳），北京：中华书局，1974 年版，第 7835 页。

② ［明代］黄宗羲《明夷待访录》，北京：中华书局，2011 年版，第 172 页。

③ ［清代］赵翼撰，王树民校正：《廿二史札记校正》，北京：中华书局，1984 年版，第 806 页。

列了一份名单，只见斯文扫地、骇人听闻：包括内阁成员有焦芳、刘宇、曹元；六部尚书有吏部张彩、户部刘玑、兵部王敞、刑部刘璟、工部毕亨、南京户部张澯、礼部朱恩、刑部刘缨、工部李善；六部侍郎有吏部柴升、李瀚，前户部韩福，礼部李逊学，兵部陆完、陈震，刑部张子麟，工部崔岩、夏昂、胡谅，南京礼部常麟、工部张志淳等……从这份名单中完全可以看到一个时代的操守乃至一个王朝的未来。很难想象，如此多饱读诗书的朝臣和文人会依附于一群生理和心理都不健全的太监。

结语

如果以当下最热门的 GDP 主义论之，明王朝无疑是一个“伟大的”王朝，它的 GDP 近当时世界的 1/3，然而这样一个拥有庞大的经济实体的明王朝却于 1644 年轰然崩溃！它的两个对手和它完全不属于同一个重量级：李自成的大顺政权本质上还是一群流寇，多尔衮的大清王朝不过“小荷才露尖尖角”，一个部族而已，无论人口、兵力还是经济实力大约都只是明王朝的一个零头，遑论文化与精神气质了。可是，就是这样两个对手，前者逼迫大明王朝的天子自杀身亡，后者占有了明王朝的全部资产，取而代之成为中国之主，何解？

说起来，历史老人至少给过明王朝一次自我拯救的机会。万历元年（1573），吏部尚书、建极殿大学士张居正代高拱为首辅，迄万历十年（1582）张去世，10 年中张居正实行了一系列改革措施。《明史》卷 213《张居正传》云：“慨然以天下为己任，中外想望风采。”时人潘博云：“方明隆万之际，明之政已驰矣。自世宗（嘉靖皇帝）西内静摄，君荒于上，臣纵于下，将嬉于边，士嚣于庠。纪纲万事，群堕于冥昧之中。而瓦解土崩之祸，将隐于晏安无事之日。”可谓已经到了覆亡的边缘。至张居正为相，“尊主权、

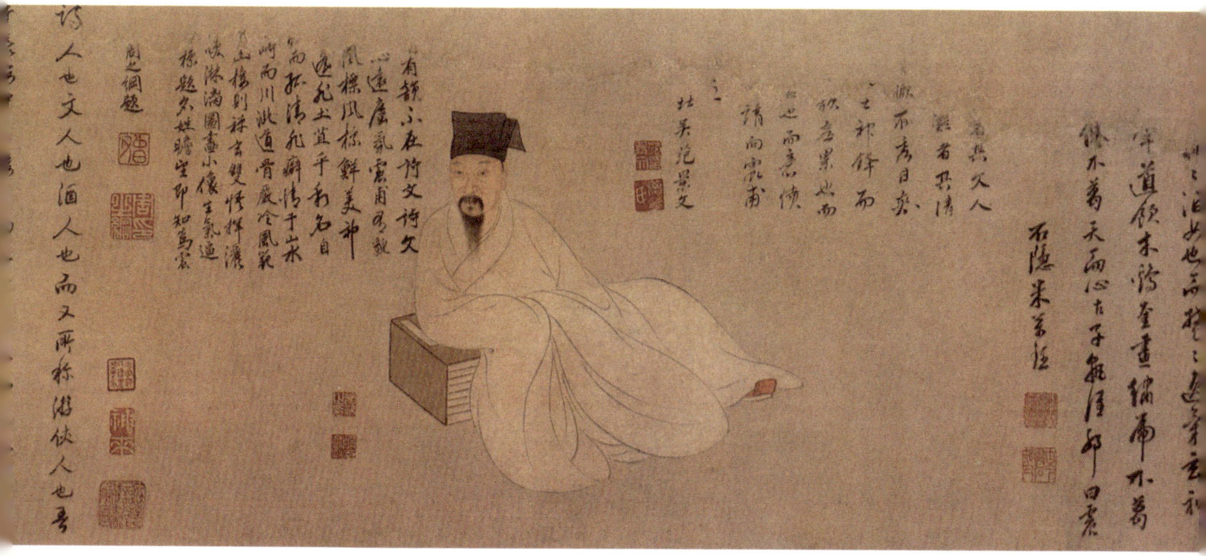

▲葛一龙像

［明代］曾鲸

纸本设色

32.5×77.5cm

北京故宫博物院藏

课吏职、信赏罚、一号令为主。虽万里外，朝下而夕奉行”①。方才10年时间，“百官凛凛，各率其职，纪纲就理，朝廷肃然，其效固旦夕立见者也。为政十年，海内安宁，国富兵强。尤长于用人，筹边料敌，如在目前”②。历史显示，万历前10年为明王朝最为富庶和安定的年岁。孰料天不假时，万历十年六月二十日，张居正猝然病逝。4天后，也即同年十二月十四日，陕西道御史杨四知便上书弹劾张居正14项大罪，拉开了反对派复仇的序幕。曾经对张居正万般呵护的万历皇帝朱翊钧下令抄家，并削尽其宫秩，迫夺生前所赐玺书、四代诰命，以罪状示天下，甚至险遭开棺鞭尸。他的家属或饿死或流放，至于他在世时所用的官员有的削职，有的弃市。“终万历世，无敢白居正者。”③

而清算张居正造成的直接后果便是在万历四十七年（1619）“萨尔浒之战”中明军惨败。在这一场决定明朝与后金（即25年之后的大清王朝）命运的决战中，明军共损失兵力约45800余人，战死将领300余人，丧失骡马28000余匹，损失枪炮火铳20000余支，元气大伤，后金军的胜利，不但使其政权更趋稳固，而且从此占据了辽东战场的主动权，不以明朝为不可替代。而明军自遭此惨败之后，处处陷入被动，到天启年间（1621－1627），辽阳、沈阳、广宁等重镇相继失守，明朝退守辽西，彻底丧失战场主动权，由进攻转为防御，后金则由防御转为进攻。明王朝逐渐失去大部分辽东领土，山海关以外仅余少部分辖区如锦州、宁远、杏山、塔山等，直到明崇祯十七年（1644）四月二十二日，吴三桂降清，清军入关，开始建立在全国的统治。回想张居正在世之时，“用曾省吾、刘显平都蛮之乱，用凌云翼平罗

① ［清代］张廷玉等：《明史》卷213《张居正传》，北京：中华书局，1974年版，第5645页。

② ［明代］唐甄《潜书》。

③ ［清代］张廷玉等：《明史》卷213《张居正传》，北京：中华书局，1974年版，第5652页。

旁（罗定）之乱，并拓地数百里；用李成梁、戚继光委以北边，辽左屡捷，攘地千里；用潘季驯治水而河淮无患”[①]。当然，至1619年时，张居正已近百岁，不可能还在世。但是，在他之后如果能继续执行他的改革政策和用人方针，而不是人亡政息，大明王朝应该不至于陷入如此境地。其中，固然存在万历皇帝的个人原因，在亲政之后为了树立至高无上的威信，打击功高震主的张居正，扫其余党可谓自掘坟墓，以至清代的《明史》编撰者也不无感慨地说：“明之亡，实亡于神宗。”[②] 与此同时，朝官和文人们不顾天下安危，从一己之心出发，在张去世后纷纷弹劾尤其不足取。他们忘了，至张居正去世5年后，在北京的户部太仓、兵部常盈仓存银超过1400万两，此外在南京的几座银库还有储备银250万两，各省银库也都小有盈余。[③]

从某个角度讲，这是明朝文人误国的又一例铁证。正所谓“成也萧何败也萧何”。大明王朝的建立有赖于朱升、刘基、宋濂等优秀士大夫，但是它的衰亡同样源于焦芳、魏德藻、马士英等不良文人——后者的龌龊私欲不仅葬送了他们自己的性命，也葬送了他们赖以安身立命的大明王朝。再想起顾炎武不胜感慨云：“八股之害等于焚书，而败坏人才有甚于咸阳之郊所坑之四百六十余人也。”[④] 于是，“学问空疏，遂成明代士人与官僚之通病。掌握独裁权的皇帝，往往深居渊默，对朝廷事不闻不问，举朝形成群龙无首之象，而明代风习又奖励廷臣风发言事。于是以空疏之人，长叫嚣之气，而致以议论误国”[⑤]。他们眼界是极高的，汉唐多不在他们的眼里。所以在国家财政濒临破产、军队少有战斗力、张居正不得不出来施行改革之时，居然可见这样的高论：“吾辈谓张公柄用，当行帝王之道，今观其议论，不过富国强

---

① ［清代］谷应泰《明史纪事本末》。

② ［清代］张廷玉等：《明史》卷21《神宗二》，北京：中华书局，1974年版，第295页。

③ ［英国］崔瑞德、［美国］牟复礼：《剑桥中国明代史1368－1944》（下卷），北京：中国社会科学出版社，2006年版，第142页。

④ ［明代］顾炎武《日知录集释》卷16。

⑤ 钱穆：《国史大纲》（下），北京：中华书局，1995年版，第698页。

兵而已，殊使人失望。”[1] 只是在辽东经略熊廷弼（1569－1625）被下狱中、女真首领努尔哈赤（1559－1626）再次兵临城下之时，满朝文武竟然作声不得，最后“一队夷齐下首阳”，如同李香君（1624－1653）苦情等待的侯方域（1618－1655）一样，做了大清王朝的降臣。

纵观有明一代，上下交争、相摧相激，整个帝国自创建伊始即笼罩着一片戾气。其中，尤其是士人“褊躁操切”，舆论常含杀气，[2] 他们在整体上既没有两汉士大夫的恢弘气象，也失去了唐宋文人的温润气质，于是乎可想而知——当君王不忌杀，而士大夫们又失中和，结果也就是——上无有道之君，下无天下之才，加之长城与海禁有如两道紧箍咒，最终让原本就没有“天下帝国”雄心的明王朝以皇帝自杀告终。

---

① ［明代］张居正《答福建巡抚耿楚侗谈王霸之辩》。

② 赵园：《明清之际士大夫研究》，北京：北京大学出版社，1999 年版。其第 1 章《易代之际士人经验反省》专著“戾气”一节，详细论述了明代士人的“戾气”的发生及后果。

第二十一卷

清朝：在希望中陨落

从中国角度看，清朝无疑是居于前列的，而且它的皇帝也都不是昏君，甚至都可以说勤勉有加；然而，若从世界角度看，清朝无疑是落后的，不昏庸的皇帝终究也未能真正洞察世界大势。尽管如此，清朝还是有过机会。不幸的是，清朝都错过了！

如果不带任何偏见，大清帝国的陨落无疑是中国历史上最大的不幸之一。无论它的疆域、人口还是GDP占世界比例都居中国历朝之冠——数据显示，清朝全盛时领土面积高达1310万平方千米，超过唐代（全盛时为1251万平方千米），“是人类历史上最大的帝国”；① 人口高速增长至43000万，是唐代的4－5倍（全盛时约8000万－9000万）；GDP占全世界的32.9%，超过此前最高的汉代（31.9%），同时在世界上也是名列前茅，是对中国历史有过大贡献的一个朝代。可以说，是清朝才最后奠定了今日中国之基础。此外，在文学与艺术等领域，清朝也建树颇多，诸多在当代被视为中国符号的作品和艺术形式，如小说《红楼梦》、京剧等，也都诞生或成型于清朝，纺织业和瓷器更是在清朝时达到一个新的高峰——尤其是瓷器，在清代中叶大量输出欧洲和北美市场，以“满足西方日益增长对‘中国风’（Chinoiserie）的喜好”②。

换言之，这样一个在人类历史上都屈指可数的大帝国是如何在武昌城头寥寥数声枪响之后便轰然倒塌的呢？自1644年入关至1911年，大清帝国已经存续了267年。其中，康熙（1661－1722年在位）、雍正（1723－1735年在位）、乾隆（1736－1795年在位）三朝（共135年，超过清朝一半时间）还被时人及后世许为“康乾盛世”，尤其是乾隆一朝，国库常年存银6000

① ［法国］阿兰·佩雷菲特著，王国卿、毛凤支、谷炘、夏春丽、钮静籁、薛建成译：《停滞的帝国——两个世界的撞击》，北京：生活·读书·新知三联书店，2013年版，第468页。

② ［加拿大］卜正民主编，［美国］罗威廉著，李仁渊、张远译：《哈佛中国史》卷6《大清：最后的中华帝国》，北京：中信出版社，2016年版，第76页。

万－7000万两，最高达7800万两左右，“为国朝府藏之极盛”①，以至乾隆帝也曾经不无得意地自诩说：“关门以西，万有余里，悉人版图。如左右哈萨克、东西布鲁特，及回部各城，以次抚定，现在巴达克山诸部落，皆知献俘自效，捧檄前驱，以亘古不通中国之地，悉为我大清臣仆，稽之往牒，实为未有之盛世。”② 其时，“发仓赈粟蠲免钱粮动千万计”，疆域之广、赋税之丰，为何会不堪一击？俗语云：“百足之虫，死而不僵”，何况一个偌大和富庶的帝国！是革命者具有异能，还是祸起萧墙？

从中国角度看，清朝无疑是居于前列的，而且它的皇帝也都不是昏君，甚至都可以说勤勉有加；然而，若从世界角度看，清朝无疑是落后的，不昏庸的皇帝终究也未能真正洞察世界大势。但是，尽管如此，清朝还是有过机会，让它不至于在希望中陨落；而且，这种机会不止出现过一次。不幸的是，清朝都错过了！

戊戌变法：被扼杀的新希望

公元1787年那年已是乾隆五十二年，英国国王乔治三世（1738－1820）派遣国会议员喀塞卡特勋爵出使中国，不料途中病故，事情搁浅。1792年，乔治三世又以庆贺乾隆皇帝83岁寿辰为由，派遣马戛尔尼勋爵（1737－1806）出使中国，并就贸易问题与中国磋商。同年9月14日，乾隆皇帝在承德避暑山庄接见了英国使团，但对于他们的真实目的：①允许英国商人在北京设立商馆，在舟山、宁波、天津等处公开贸易；②请求在舟山附近小岛和广州附近划拨一个区域专供英商居住和储货之用；③请求减轻和优待英国商船入港商税——乾隆皇帝一一拒绝了。他在敕谕中说：“天朝物产丰盈，无所不有，

① ［清代］魏源：《圣武记》卷11《兵志兵饷》。

② 《高宗实录》卷599。

原不借外夷货物以通有无"，并强调："天朝尺土俱归版籍……若别国纷纷效尤，恳请赏给地方，居住买卖之人，岂能各应所求？且天朝亦无此体制，此事尤不便准行。"①

在交涉未果的情况下，马戛尔尼只能离开北京，返回伦敦。但英国并没有就此罢休，于1816年又派遣阿美士德勋爵出使中国，但在天津因"叩头"问题与中国官员再次发生争执，而被嘉庆皇帝（1796–1820年在位）直接拒绝，甚至没有让进北京城而打道回府。至此，英国企图利用外交手段和清朝建立关系，以取得某些贸易特权的目的彻底失败。不过，其中行程也让他们多少了解了中国这样一个老大帝国。马戛尔尼在归国后不久即说过一句意味深长的话："中华帝国只是一艘破烂不堪的旧船，只是幸运地有了几位谨慎的船长才使它在近150年期间没有沉没。它那巨大的躯壳使周围的邻居见了害怕。假如来了个无能之辈掌舵，那船上的纪律与安全就都完了。"船"不会立刻沉没。它将像一个残骸那样到处漂流，然后在海岸上撞得粉碎"，"永远不能修复。"② 至1840年，此话不幸而被言中——在乾隆皇帝去世不到50年之后，英国直接用炮舰轰开了中国的大门，于1841年5月27日强迫清朝签下了中国近代史上第一份不平等条约——《中英广州条约》，继而还有《中英南京条约》《中英南京条约补充条款》《中英虎门条约》，在割让香港岛之外，再赔款白银高达3440万两；至1860年秋，又伙同法国入侵北京，火烧圆明园，强迫清朝签订了《中英北京条约》和《中法北京条约》。而在此前后，美、俄、葡、德等国也都强迫清朝签下了近百份不平等条约，割地赔款无数。

至甲午战争爆发，一个小小的日本国竟然全歼了天朝的整个水师，并且强迫清朝政府签订了屈辱的《马关条约》，割让台湾岛及其附属各岛屿、澎

---

① 《高宗实录》卷1435。

② ［法国］阿兰·佩雷菲特著，王国卿、毛凤支、谷炘、夏春丽、钮静籁、薛建成译：《停滞的帝国——两个世界的撞击》，北京：生活·读书·新知三联书店，2013年版，第403页。

湖列岛与辽东半岛给日本，赔偿日本2亿两白银——这样一种奇耻大辱既深深地刺伤了每一个中国人的民族感情，但也同时焕发了人们的觉醒。战后，除了那些企图苟安者“以为和局已定，泄沓相仍”之外，一切关心国家前途与命运的有识之士都在从不同的角度痛定思痛：中国应该向何处去？

当时，“西方的思想和价值观念首次从通商口岸大规模地向外扩展，为1890年代中期在士绅文人中间发生的思想激荡提供了决定性的推动力”①。其中，不能不提及康有为（1858－1927），在19世纪80年代，他已经在家传的理学之外受到多种知识的陶冶，这包括非儒家的中国古典哲学、大乘佛教和西方思想（基督教的和世俗的）的影响，因而除了精神上普度众生的宏愿之外，他还有一种由于中国民族危机的增长而产生的更加具体的关心，欲以天下为己任，而于光绪十四年（1888）冬天，趁至京城应试，上书清政府（即《上清帝第一书》），提出“变成法、通下情、慎左右”的革新主张。②他力图以西方发达国家为模式，通过变法维新全面改造大清王朝，把衰弱、落后的中国引进近代化发展轨道，强国富民。至光绪二十一年（1895）春天，当得知《马关条约》的屈辱内容之后尤感悲痛，愤而与学生梁启超（1873－1929）、麦孟华（1875－1915）等人一起集结了一千多名各省举人，发起了一场声势浩大的上书请愿运动，反对清政府签署丧权辱国的《马关条约》，史称“公车上书”。他警告清政府“割地之事小，亡国之事大，社稷安危，在此一举”③。与此同时，康有为还与帝党首领、军机大臣翁同龢（1830－1904）在变法的迫切性等问题上取得共识。在此前后，其他一些朝士也相继为更新图强献计献策，纷纷提出“自强之术”，虽然彼此的角度不

① ［美国］费正清、刘广京主编：《剑桥中国晚清史1800－1911》，北京：中国社会科学出版社，1985年版，第272页。

② 康有为：《上清帝第一书》，转引自孙孝恩、丁琪：《光绪传》，北京：人民出版社，1997年版，第284页。

③ 康有为：《上清帝第二书》，转引自孙孝恩、丁琪：《光绪传》，北京：人民出版社，1997年版，第286页。

同、内容各异，但学习西方革新图强以求存是为共同的出发点。并且随着民族危机的不断加深，一些要求革新图强的官员士大夫与康有为的变法维新遥相呼应。这些来自朝廷内外要求更张、图强雪耻的呼声，给原本就有“兴革”“自强”思想和忧患意识的光绪帝以新的和有力的推动。他于光绪二十一年闰五月二十七日（1895 年 7 月 19 日）郑重颁谕全国：“自来求治之道，必当因时制宜，况当国事艰难，尤应上下一心，图自强而弭隐患。”① 号召君臣上下协力同心奋发图强。随即不久，一些希望国家复兴的各级官员先后呈折从不同角度表露了对更张图强的态度。尤其是《中俄密约》和《中德胶澳租借条约》的签订，让光绪帝和一些爱国官员与知识分子意识到变法的紧迫性和重要性。

至光绪二十四年正月初三日（1898 年 1 月 24 日），李鸿章（1823 – 1901）、翁同龢、兵部尚书荣禄（1836 – 1903）及刑部尚书廖寿恒（1839 – 1903）、户部左侍郎张荫桓（1837 – 1900）在总理衙门西花厅接见了康有为。已有改革之志的光绪帝为了尽快和康有为沟通，加速准备推行变法，他在诸臣接见康有为的第 6 天，谕令总理衙门大臣进一步重申“自后康有为如有条陈，即日呈递，无许阻隔，并命康有为具折上言”。同日，康有为即提出变法方案《上清帝第六书》（又称《应诏统筹全局折》），由总理衙门进呈给了光绪帝。此后，康有为又相继递上了《上清帝第七书》，以及《俄皇彼得大帝变政考》和《日本变政考》两本书，希望光绪皇帝仿照俄国“以君权变法”，同时“取鉴于日本制维新”推行新政，明确地为中国变法维新提供了两个样板。与此同时，在全国，以“开民智救国难”为号召的报刊也呈现“风起云涌”之势。救亡图存的呐喊声响彻古老中国的上空。到光绪二十四年四月中，内外大势已益发明朗。帝国主义列强瓜分中国的险恶意图已经大白于天下。继德国占胶州、俄国据旅大之后，英国又以政治讹诈手段将富饶

① 《德宗实录》卷 369。

◀ 玄奘西行图（又名《玄奘法师像》）
[南宋] 佚名
绢本工笔重彩
135. 1×59. 9cm
日本东京国立博物馆藏

的长江流域纳入其势力范围，并且强“租”威海卫；法国出兵广州湾；日本要求福建及其沿海不得割让他国。亡国危机已经迫在眉睫。

在此存亡攸关之际，光绪帝不希望自己成为一个亡国之君，“决意变法”，而于光绪二十四年四月二十三日（1898 年 6 月 11 日）颁布《明定国是诏》，诏曰：“嗣后中外大小诸臣，自王公以及士庶，各宜努力向上，发愤为雄，以圣贤义理之学，植其根本，又须博采西学之切于时务者，实力讲求，以救空疏迂谬之弊。”① 并于四月二十八日（6 月 16 日）首次召见了康有为和张元济（1867－1959），共同议定了变法的方针、策略和步骤、方式等具体事宜。那一年岁在戊戌，史称“戊戌变法”。

随后，革新建议和其他一些图强要求都通过他发布的诏书像雪片一样飞向全国上下，在短短的两三个月内，便在古老帝国的政治思想界卷起了“除旧革新”的浪潮。到此，从甲午战争后兴起的奋发图强的救亡运动迅速形成激荡全国的革新高潮。衰弱落后、任人欺凌的近代中国迎来了一场前所未有的变革洗礼。在 1898 年 6 月 16 日至 9 月 21 日短短的 102 天的变法期间，光绪帝先后发布了有关革新的各种谕旨和密诏多达 205 种——最多的一天（9 月 12 日），即颁发了 11 条维新谕旨，无论其广度和深度都远远超过了洋务运动时期学习西方的程度。光绪帝不仅大力提倡仿效外国在中国发展近代工矿、交通、商务、邮政及编练陆海军和办学、译书等；还把效法西方的改革扩展到农业、财政、思想舆论、社会风情、民政吏治以及政治规则等各个方面。而其中有些改革，如裁撤绿营兵、废弃驿站，尤其是取缔八旗子弟的寄生制等，更是直接触及“祖制”的改革措施。因此，革新的“诏书每下，薄海有识之士，皆感激涕零，私相劝奋”。于是，有的官员即在其奏折中兴奋满怀地指出：“朝廷变法自强，举行新政，此乃中国图存之命脉。”为之欢呼说：“皇上发愤自强，雷厉风行，破数百年积习之弊，造四万万苍生洽福。”

① 《德宗实录》卷 418。

因此，一切渴望国家复兴的人们，都从变法维新中看到了中国的光明未来。

然而，好景不长。在当时，像张之洞（1837－1909）这样的封疆大吏可算“有闻于时”的俊杰之士，尚且对变法维新投以保留意见——如在废八股的争议过程中，张之洞上了一道《妥议科举新章折》，在同意废除八股改试策论的同时，希望保留四书五经的地位，坚持儒家伦理中的道德精义不可废除的原则，也即“中学为体、西学为用”的思想。至于那些手握实权的顽固派大臣，鉴于其统治地位的危机，对于引进一些外国的皮毛技艺并不决然反对，但是他们都恐惧变法运动有违所谓的“祖制”。因此，在光绪帝颁布《明定国是诏》时，慈禧太后即对她的心腹庆亲王奕劻（1838－1917）和兵部尚书、协办大学士刚毅（1837－1900）以及直隶总督兼北洋大臣荣禄交底暗示：对光绪帝变法的“要紧处”，要力行“阻之”。因此，一系列重要的改革尚未公开推行就被扼杀，有的被改头换面使原意走形，即使有幸颁谕推行却未得到切实贯彻实施。因此，当光绪帝把改革步步深入推进到政治领域之时，必然遭受强烈抵制，甚至诬蔑，如在裁撤一些闲散衙门和冗员之后，一些守旧官僚便借此大肆造谣生事、兴风作浪，别有用心地叫嚷“有尚书则侍郎为冗，有郎中则员外为冗，凡额外主事员外郎中，无差兼而食俸尚浅者，皆可回籍候资”①。从而“讹言一夕数惊，皆惴惴不自保”②。至于那些丢官者，更是怀恨在心，伺机反扑。尤其是在光绪帝罢免礼部六堂官，并将李鸿章和户部尚书敬信（1832－1907）逐出总理衙门之后，守旧大臣人人危惧。

在慈禧太后心中，祖宗之法“尽善尽美”，绝不容许他人更动，至于其权势地位更是神圣不可侵犯。于是，当光绪帝摒弃顽固与保守势力，公开任用维新人士之时，慈禧太后绝对不能容忍——她不能容忍光绪帝触及她的“政治禁区”，这让慈禧太后感觉她的地位受到严重威胁，再也按捺不住，有

---

① 胡思敬《戊戌履霜录》卷1。

② 陈夔龙《梦蕉亭杂记》卷2。

所密谋，而于光绪二十四年八月初六（1898 年 9 月 21 日）早晨，趁光绪帝“入中和殿，阅礼部拟社稷坛秋祭文，甫出殿，即有侍卫太监及荣禄之兵一队，称奉太后命，引帝入西苑之瀛台”①。从此，光绪帝被囚于中南海瀛台涵元殿，失去自由。同日，顽固派还以光绪帝名义颁谕宣布还由慈禧太后“训政”，并下令向维新人士“开刀”，杀害了谭嗣同（1865－1898）等“戊戌六君子”，彻底终结了光绪帝亲政的可能性，但也因此葬送了中国在近代走向自强的第一次伟大的机会。

君主立宪：被浪费的救心丸

慈禧太后不曾料到，在刚刚经历中日甲午战争的耻辱之后，清王朝（因为她）又很快遭遇了八国联军的劫难。光绪二十六年七月二十日（1900 年 8 月 14 日）午后 3 时，借口“解各国使馆之围”，英军到达北京城南东交民巷，随后不久，日、俄、美、法、奥、意、德等国军队陆续进入北京城。慈禧太后挟持光绪帝于次日清晨向张家口方向奔逃，直至西安。

毋庸置疑，八国联军罪无可赦免；但是，从外交角度讲，慈禧太后和清政府不该贸然向各国宣战，并下旨进攻各国使馆；尤其是不该通饬各省督抚，“尽杀”境内所有洋人，不该相信杀了外国代表与传教士，便足以慑服国内外；不该相信凭借义和团的血肉之躯便可阻挡八国联军的枪炮。事实是，当德国公使克林德（1853－1900）在前往中国总理衙门路上被杀之后，便遭受了联军疯狂的报复。联军统帅、德军将军瓦德西（1832－1904）派遣洋兵到处搜杀义和团和曾经同情义和团或被认为同情义和团的百姓。他甚至“施行惩罚任务”，南至保定、北至宣化（张家口）。历史记载，联军所杀的中国人，百倍千倍于义和团及清军所杀的洋人。联军所劫掠的财产、焚烧的

---

① 黄鸿寿《清史纪事本末》。

房屋更是不计其数。至光绪二十七年七月二十五日（1901 年 9 月 7 日），更是强迫清政府签订了更为屈辱的《辛丑条约》，赔款全部本利至 1940 年付清时，总计白银 982238150 两。

反观日本，却能够在随后不久发生的日俄战争中取得“辉煌胜利”，在不到 10 年时间，相继战胜中国和俄国这两个老大帝国。当时，清朝的统治者却一致看好俄国（甚至制定了亲俄的外交方针），结果却大跌眼镜、异常震惊，立宪的“小日本”战胜了不立宪的“大俄国”（是役之后，中国东三省的治权从俄国人那里转到日本人手里），而中国，一如马戛尔尼说的那样：“只是一艘破烂不堪的旧船”，迫切需要保养和修复，甚至重造。然而，如何重造？在康有为的《上清帝第六书》中曾建议设立“制度局”，建立一个起草宪法的机构，而实行宪法的应该是一个“事实上的新政府”。康有为说得明明白白“开制度局而定宪法”，光绪皇帝也准备模仿西方资本主义国家，把“兴民权”“设议院”作为变法维新的重要内容与目标。通过日俄战争更是刺激了中国知识分子的神经，让他们从中看出专制国（俄国）永远无法战胜立宪国（日本）的道理——从深层分析，其政治架构其立宪体制，无疑是非常重要的一个因素。于是在光绪三十一年六月十四日（1905 年 7 月 16 日），清政府发布上谕，决定派遣五大臣出洋考察各国政治状况。这道以光绪皇帝的名义下发的谕旨上说：“方今时局艰难，百端待理，朝廷屡下明诏，力图变法，锐意振兴……兹特简派载泽、戴鸿慈、徐世昌、端方等随带人员，分赴东西洋各国，考求一切政治，以期择善而从。”① 一年后，5 位大臣通过对东西洋立宪各国政治架构与实践的考察，得出一个重要结论：君主立宪无碍于皇权，反而有利于皇权永固，有利于消弭革命，有利于抵御外患。

至 1906 年 9 月 1 日，慈禧太后宣布预备立宪，预备期限 12 年。因为预备时间过长，同时又连发谕旨，严禁地方绅士、学生干预政事，并严令禁止

① 见《德宗实录》卷 546。

演说、发电妄言等。这种倒行逆施的行为激起了国内外立宪党人的反对浪潮。在形势逼迫下，1908 年 9 月再次公布了预备立宪时间表，将预备立宪期限改为 9 年，9 年后召开国会。同时公布了《钦定宪法大纲》和《九年预备立宪清单》等立宪文件，规定中国的未来就是日本那样的君主立宪国家，将一个美好的未来用法律的形式规定起来，这是中国数千年文明史上不曾有的事情，意味着中国有可能脱胎换骨、浴火重生。他们不仅希望帮助自己的祖国富国强兵，而且希望世界大同。在晚清立宪派人物中，除康有为之外，胡礼垣（1847 – 1916）等人还寄希望于建设破除民族与国家界限的大同世界——果真如此，则中国不仅将如凤凰涅槃还将为世界带来福音。

孰料，光绪三十四年十月二十日（1908 年 11 月 13 日），即在颁布《钦定宪法大纲》后不到 3 个月，光绪帝突然驾崩；更让人意想不到的是，在他去世的第二天，慈禧太后也突然去世了。光绪帝的弟弟载沣（1883 – 1951）被任命为摄政王监国，光绪帝的隆裕皇后（1868 – 1913）被尊为隆裕皇太后，享有重大决策的最后决定权特别是否决权，载沣年幼的长子溥仪（1906 – 1967）被立为皇帝，改元宣统。从权力管理的角度讲，载沣与隆裕太后的政治结构远不及光绪与慈禧太后的二元结构，史家对载沣的评价是“目光短浅，不学无术”，不及他的兄长光绪帝的万分之一。但是，如果载沣能够顺应时势，却也无妨。他虽然答应提前于宣统五年（1913）召开国会，同时宣布立即成立“内阁”，却肆意删除了“责任内阁”中的“责任”两字。按照规划，清朝进入君主立宪时代的第一项任务是宣布组建一个责任政府，这标志着国家进入君主立宪门槛。然后由这个政府负责国会选举，等到国会正式召集时，就标志着国家进入完全立宪状态。这本是一个稳妥的政治日程表，载沣却曲解民意、自作聪明，以为可以敷衍了事。随后，又不及时纠正，于 1911 年 5 月 8 日宣布裁撤军机处，正式起用他所谓的内阁来“缓和空气”，但是以名声极坏的庆亲王奕劻为总理大臣，并且在公开任命的 13 名内阁成员中，满洲贵族占了 8 人，汉族官僚仅 4 人；不仅如此，在 8 名满洲贵族中皇族又占5人，他们分别是：理藩大臣、宗室寿耆（1859－?）；民政大臣、肃亲王善耆（1866－1922年，即著名的川岛芳子的父亲）；度支大臣、镇国公载泽（1868－1929）；农工商大臣、贝子加贝勒衔溥伦（1874－1927）和海军大臣、贝勒载洵（1885－1949），是一个名副其实的“皇族内阁”[①]，完全违背了“君主不担责任，皇族不组织内阁，为君主立宪国唯一之原则”[②]，枉顾民意与汉人士大夫的强烈情绪——让本来拥护他们的立宪党人极度失望，这些以绅士（传统的士大夫阶层）为主体的立宪派[③]原本反对，或者说并不热衷孙中山的革命，但满清贵族的贪婪和自负蒙蔽了自己的眼睛，大清王朝在他们自以为是之中失去了最后的救赎机会。最终，直接导致了反清情绪的高涨，促进了民族革命的爆发，满清贵族成为自己的掘墓人！

结语

假如当时清朝的王公贵族及握有权势的汉家大臣——如唐景崇（1844－1914）、盛宣怀（1844－1916）、徐世昌（1855－1939）与梁敦彦（1857－1924）等人能有若干人一如先贤慨然以天下为己任，且具有世界眼光，抱有立宪的诚意与改革的勇气，毅然决然以依旧尚存中国人心中的君主的权威，谋求宪政的确定，也不见得绝对不能挽回清王朝的颓势。

细说起来，至少在甲午战争之前，人心和舆论未尝对清政府不利。曾国藩的“中兴”、李鸿章的“洋务”还有张之洞的“中体西用”，已经给清王朝挽回不少声望。尤其是，鸦片战争以来的外侮多少转移了民众的仇恨，不

① 《宣统实录》卷52。

② 《清末筹备立宪档案史料》。

③ 其中著名人物包括梁启超、张謇、郑孝胥、谭延闿、汤化龙、梁善济、林长民、马相伯、张元济等。他们中间很多人都有举人以上功名，张謇更是高中状元，属于传统意义上的士大夫阶层。据张朋园先生统计，各省谘议局的议长、副议长，几乎都是进士或举人出身。详见张朋园《立宪派与辛亥革命》，长春：吉林出版集团有限责任公司，2007年版，第195－296页。

再那么憎恨清政府而改恨洋人。但是，清王朝在政策和行动上的一系列错误，让许多爱国的知识分子、志士还有民众对此彻底失望，而决心革命的人一天多过一天。是清朝统治者（既得利益集团）在这一时期的种种丑行告诉了全国人民：剩下的唯有“革命”一途，除此别无他法。于是乎，“辛亥革命”中的寥寥几声枪响就彻底击碎了一个已经延续了 267 年的庞大帝国，酿成中国历史上最大的悲剧之一……

其中，有一件事不能不重提。那是乾隆五十八年（1793），英国使者马戛尔尼勋爵访华，向乾隆皇帝递交了英国国王乔治三世（1738 – 1820）的信：希望两国互通有无，允许英国派驻中国使节，禁止随意加税，保障传教自由……时年 82 岁的乾隆皇帝给乔治三世的回信，几乎拒绝了对方所有请求，这意味着马戛尔尼出使中国、寻求贸易合作的目的彻底失败。因为此事，在过往的报道中，大清帝国是一个衰老、残败、垂死的帝国；乾隆皇帝是一个妄自尊大及至冥顽不化、只在乎细枝末节的君主。然而，随着诸多历史资料的发掘与重现，呈现出另一个不为人所知的爱新觉罗·弘历——至少，在马戛尔尼访华一事中，乾隆皇帝并不像之前看到所描述的那样腐朽，而是推测英国将对中国开战，而下令要求各地做好军备工作，防御英军进攻。据牛津大学当代中国研究学者沈艾娣教授介绍说，马戛尔尼离开北京时，乾隆皇帝颁布了很多加强军事防御、防止英国袭击的命令。英国使者的首次访华，让乾隆皇帝感受了英国对清朝的潜在威胁，乾隆皇帝认为军事防御迫在眉睫，而非盲目自大：对于外交礼仪斤斤计较。遗憾的是，此时的乾隆皇帝已经到了生命的最后时刻。尽管他长寿，却也未能万寿无疆，无法将自己的先见之明化作坚固的国家盾牌，挡住坚船利炮与异域文明冲击。于是，在他身后，是一个备受凌辱的中国！

而“如果这两个世界能增加它们之间的接触，能互相吸引对方最为成功的经验；如果那个早于别国几个世纪发明了印刷术与造纸，指南针与舵，炸药与火器的（最杰出的文明）国家同那个驯服了蒸汽，并即将驾驭电力的

（第一个爆发工业革命的）国家把各自的发现融合起来，那么中国人与欧洲人之间信息和技术交流必将使双方都取得飞速的进步”。作为政治家和历史学家，阿兰·佩雷菲特先生对于1893年马戛尔尼访华一事不无感慨道：“那将是一场什么样的文化革命呀！”[①] 从某个角度讲，当下中国再次处于两种文明融合与再造国家的前夜，我们能避免曾经的浅陋、偏见与顽固，走向文明之花盛开的彼岸吗？

---

① ［法国］阿兰·佩雷菲特著，王国卿、毛凤支、谷炘、夏春丽、钮静籁、薛建成译：《停滞的帝国——两个世界的撞击》，北京：生活·读书·新知三联书店，2013年版，第2页。

跋

公元2016年06月18日，中国农历丙申年五月十四日。

那是一个花正好、月将圆的日子，人却不见。

卧床一年多的母亲“走”了。

因为一直在病中，她老人家“走”得并不安详。

生前受了不少折磨。

或许是，上天也有感于她老人家的疼痛——那一夜，突然风雨大作、草木动摇。在众人的记忆中，多年以来，故乡都未曾有过那般急骤的暴雨，伴着雷鸣电闪，一如传说中的天悲地泣。

不过，至次日凌晨，天即放晴。

族里的老人说，母亲生前为人良善，上天记着呢，会给一个好天气，好让儿孙、亲友们送别母亲最后一程。

只是，再好的天气也掩盖不了心之伤悲。

尽管母亲膝下的儿女都已成人，或为人妻，或为人父，如大姊更是做了奶奶，对生死早已有了更为深刻的理解，对母亲的大归也早已有了心理准备。但是，当母亲真的走了，都还是怎么都接受不了。那一种痛，无以言表。

用太太的话说，“家里空了”，“人也空了”，无所适从。往年，母亲安在的时候，逢年过节总有方向——思念的方向、牵挂的方向，即便向母亲“请假”说暂时不归，在外游玩，也是心有所系，就算走得再远，也仿佛有母亲的手牵着。如今，则如是风中飘絮，不知向着何处？于是一年多来，常常梦见母亲，梦见她老人家坐在父亲生前最喜欢的那张红色的眠椅上（家乡土话，学名摇椅）与我们说着过去的故事。

母亲出身一个乡绅之家。外祖父家的田产山林颇丰，却不是一位守财奴，而是为人开明、与人为善、不重男轻女。因此，母亲自小就和舅父们一样，接受了传统的正规教育。可惜，好景不长……

母亲说，当年外祖父的家可阔气呢。记得她多次转述外祖母的话说，红军驻扎家乡时，还曾住在外祖父家的祖屋。然而，当她自己成家之后，却上无片瓦、下午寸土，一家人住在清扫出来的牛栏里（听母亲好几次亲口说过，我就出生在牛栏）。不仅如此，为了节省家用，母亲还自己挑肥种菜，甚至在冬天上山砍柴。那时，家里赤贫如洗，仅且靠着父亲的一点微薄的收入养着一家六口，另外还有已经变得一无所有、家徒四壁的我的祖父和祖母，因而根本买不起鞋子，置办不起冬衣，于是，在很多的时候，母亲就赤着脚、穿着单衣走在冰天雪地里……

若非历史的变故，母亲不至于如此。无论外祖父，还是祖父的背景，母亲都不至于如此辛苦，以一介柔弱的女身在采石场做工，贴补家用。须知，母亲是外祖父最小的女儿，外祖父对她自小便疼爱有加，不忍有一点委屈。每每回忆起她的童年，母亲的那种幸福感总是溢于言表。殊料，白云苍狗、旋乾转坤……如家人般亲切的（李）大夫说，母亲的病根即源于曾经的过度辛苦，伤了元气，积劳成疾。尽管大夫也知道在那些非常岁月，母亲也难以做到爱惜自己的身体，但他忍不住还是“埋怨”母亲，一介女流，如何承受冬天的寒气自足底入骨……

算命的先生说，母亲可能过不了55岁——因为母亲多病，尤其是血压高得惊人，另外在采石场做工时曾经扭伤了腰，当时无力根治。好在菩萨保佑，母亲也算高寿，等到了她的重外孙女出世。然而，就我们姊弟而言，母亲应该长命百岁才对。至少，应该等到她的重外孙女学会说话和走路，可以走到她的面前叫一声“太外婆”——这些都不过是我们姊弟几个的梦想。

母亲走了！记忆中的开始，母亲还留着一条长长的、粗黑的、很多人都赞美有加的辫子；慢慢地，慢慢地，就变成满头的白发——母亲的白发生得很早。还未到60岁，就差不多全白了。邻居叔叔、阿姨们都很羡慕，认为很美，很有风度，然而我们姊弟几个心里明白，这是母亲急剧衰老的表征，各种病症一齐涌来。尤其是自父亲去世之后，她老人家每天都要服用一大把各式各样的药丸。我清晰地记得，有红色的、橙色的、黄色的、绿色的、蓝色的和白色的，每天两次，早晚各一次。母亲开玩笑说，那些都是她的仙丹——终究没能起死回生。

我深刻地理解，这是生命的归宿，无人也无力可以抗拒。母亲，包括我（们）自己，都将归于尘土，都将去到同一个地方。世间所念，唯一张相片、一篇记忆而已。

然而，正所谓往事已矣！

唯愿天下母亲康健！

唯愿明天更好！

文木

2017年07月31日初稿

2019年11月05日修改

附表说明

插图说明

图书在版编目（CIP）数据

古典中国的侧面 / 文木著. — 北京：中国工人出版社，2019.10
ISBN 978-7-5008-7299-3

Ⅰ.①古…　Ⅱ.①文…　Ⅲ.①中国历史－通俗读物　Ⅳ.①K209

中国版本图书馆CIP数据核字（2019）第253567号

古典中国的侧面

出 版 人	王娇萍
责任编辑	傅　娉
责任印制	黄　丽
出版发行	中国工人出版社
地　　址	北京市东城区鼓楼外大街45号　邮编：100120
网　　址	http://www.wp-china.com
电　　话	（010）62005043（总编室）（010）62005039（印制管理中心） （010）62379038（社科文艺分社）
发行热线	（010）62005049　（010）62005042（传真）
经　　销	各地书店
印　　刷	三河市东方印刷有限公司
开　　本	710毫米×1000毫米　1/16
印　　张	25
字　　数	375千字
版　　次	2020年2月第1版　2020年2月第1次印刷
定　　价	78.00元